인간·역사 교육과 어린이 교육

박재순 지음

인간·역사 교육과 어린이 교육

지 은 이 · 박재순
펴 낸 이 · 성상건
편집디자인 · 자연DPS

펴 낸 날 · 2023년 7월 25일
펴 낸 곳 · 도서출판 나눔사
주 소 · (우) 10270 경기도 고양시 덕양구 푸른마을로 15
301동 1505호
전 화 · 02)359-3429 팩스 02)355-3429
등록번호 · 2-489호(1988년 2월 16일)
이 메 일 · nanumsa@hanmail.net

ISBN 978-89-7027-897-1-03370

값 15,000원

인간·역사 교육과 어린이 교육

박재순 지음

나눔사

머릿말

20세기의 가장 위대한 철학자로 일컫는 마틴 하이데거는 인간을 '세상에 던져진 존재'이며 '죽음을 앞두고 염려와 불안 속에서 사는 존재'라고 규정했다. 이것은 인간을 밖에서 겉으로 보고 하는 말이 아닐까? 최근에 과학자들이 밝혀주는 대로 인간의 몸과 맘에는 우주의 나이테가 새겨져 있고 생명 진화의 역사가 압축되어 있으며 인류 역사가 축적되어 있다. 그렇다면 인간은 세상에 던져진 존재가 아니라 세상을 몸과 맘속에 품고 있는 존재일 것이다. 인간이 우주, 생명 진화, 인류 정신의 역사를 품은 존재라면 인간은 얼마나 존귀한 존재이며 기쁘고 보람찬 존재일까?

또 수십억 년 생명 진화의 역사는 개체 생명의 죽음을 통하여 진화와 향상을 이루어왔다. 오랜 세월 생명과 인간은 죽고 살고 또다시 죽고 사는 과정을 거쳐서 생명을 이어오고 진화와 향상, 초월과 고양을 이루어온 것이다. 죽음 앞에서 염려와 불안에 떠는 인간이라면 어떻게 삶을 제대로 힘 있게 살 수 있겠는가? 일찍이 예수는 가난하고 병든 이들에게 염려한다고 키가 자라고 목숨이 늘어나는 것은 아니라면서 '염려하지 말라'고 가르쳤다. 죽을 각오를 하고 죽음을 넘어서 살아야 한다는 것은 기독교 신앙의 진리일 뿐 아니라 보편적 생명의 진리다.

자기를 자각하고 죽음을 넘어서 사는 생명의 진리에 따라 살 때 비로소 참다운 인간이 되어 인간답게 살 수 있다. 그러나 인간이 자기를 자각하고 생명의 진리를 따라 사는 일은 자연히 본능적으로 되는 일이 아니다. 인간이 되고 인간답게 사는 인간교육은 인간이 저마다 스스로 자기를 형성하고 완성해가는 인간의 자기교육이다. 이러한 인간의 자기교육은 가정과 학교, 종교와 사회에서 교육과 훈련을 통해서만 겨우 준비될 수 있는 일이다. 그것은 평생 죽을 때까지 힘쓰고 애쓸 일이다. 그런데 오늘 우리 사회는 인간교육이 불가능한 사회가 되었다. 돈과 기계가 지배하는 사회에서 인간은 돈과 기계에 예속되고 인간의 생명과 정신은 갈수록 고갈되고 있다. 인간교육을 해야 할 가정은 파괴되고 있고, 입시 경쟁교육에 매달리는 학교에서는 교사가 학생에게 매를 맞고 있다. 종교는 사회의 신뢰를 잃은 지 오래다.

돈과 기계가 지배하는 인간사회는 환경위기(기후 위기)를 불러왔다. 인류의 생존을 위협하는 환경위기를 극복하려면 물질가치와 계산가치를 넘어서 생명가치와 정신가치를 존중하는 가치관과 세계관을 확립하고 그런 사회를 형성해야 한다. 인공지능을 비롯한 4차산업혁명은 인간사회의 급속한 재편을 요구한다. 기업과 기계를 중심으로 사회를 재편하면 인간은 돈과 기계에 예속되고 말 것이다. 돈과 기계의 주인이 되어 인간답게 살려면 인간이 어떤 존재인지를 일깨워주는 인간교육이 필요하고 인간의 생명가치와 정신가치를 중시하는 사회로 우리 사회를 바꾸어 나가야 한다.

우주와 자연 생명과 인류의 역사를 자기 속에 품고 사는 인간은 역사적 존재일 뿐 아니라 공동체적 존재다. 인간교육은 인간 자신을 자각하는 인성교육일 뿐 아니라 인간이 자신의 사명을 다하는 역사교육이고 서로 살리고 서로 협력하는 공동체 교육이어야 한다. 이 책의 1부에서는 인간교육과 민주시민교육으로서 안창호의 교육사상을 제시하고 한국 근현대의 시대정신과 민족정신을 구현한 삼일독립운동을 체화하는 역사교육을 논의하였다. 2부에서는 몸·맘·얼을 살리는 어린이 교육의 정신과 철학, 자세와 방법을 밝혔다.

나는 특별히 2부에 제시한 어린이 교육의 생명철학을 정립하고 제시하는 데 힘썼다. 안창호·이승훈의 교육 운동과 사상을 탐구하고 유영모와 함석헌의 민주적이고 영성적인 생명철학을 오랜 세월 연구한 끝에 나는 인간과 인성을 이해하는 생명철학에 도달하였다. 생명 진화와 천지인 합일의 관점에서 형성한 생명철학을 바탕으로 나는 자연 생명 세계의 품 안에서 어린이를 신명나는 아이로 키워야 한다는 것을 역설하였다. 신명나는 아이로 자라게 하려면 어린이가 자연 생명 세계의 품속에서 하늘의 달과 별과 해를 보면서 자유롭게 뛰놀고 노래하고 춤추며 동무들과 사귀도록 해야 한다. 햇빛과 바람, 물과 흙의 아름다움과 소중함을 몸과 맘으로 느끼고 체험하며 꽃과 나무, 벌레와 곤충과 짐승들의 아름다움과 신비를 체험하고 깨닫도록 이끌어야 한다.

세 살 버릇 여든 간다는 속담은 인생의 깊은 진실을 담은 말이다. 어린아이 때 인성과 인간 됨의 바탕과 틀이 놓이고 몸, 맘, 얼의 틀거리와 지향이 결정된다. 또한 영혼의 세계가 열리고 감성과 지성과 영성의 높낮이가 정해진다. 따라서 어린이 교육은 가르치는 내용도 중요하지만 가르치는 관점과 자세, 방향과 목적이 더욱 중요하다.

어린이 교육을 담당한 학부모와 교사들이 잘못하면 어린이의 인성과 영혼을 해치고 어린이의 감성과 지성과 영성에 나쁜 영향을 줄 수 있다. 어린이 교육을 한다면서, 어린이의 정신과 영혼을 오염시키고 짓밟는다고 생각하면 이 얼마나 두렵고 끔찍한 일인가! 어린이를 돌보고 보살피는 부모와 교사는 마땅히 어린이 교육의 정신과 철학, 자세와 방법을 공부하고 체화해야 할 것이다. 이 책에서 제시한 '몸·맘·얼을 살리는 어린이 교육'의 철학과 방법이 어린이 교육을 맡은 학부모와 교사들에게 도움이 되기를 바란다.

2023년 6월 지은 이

차 례

| 머릿말 | • 4

1부
인간교육과 역사교육

1장 나라의 근본과 인간교육의 백년대계를 세우기 위하여

1. 나라의 근본과 인간교육 16
 1) 적폐의 청산과 인간교육의 필요 16
 2) 민주공화와 민족통일을 위한
  인간교육(민주시민교육)은 어디서 시작할 것인가? 18
2. 나라의 근본을 세우고 인간 교육의 귀감이 된 안창호 21
 1) 나라의 근본을 세운 안창호 21
 2) 교육독립운동과 인간교육의 귀감인 안창호 28
 3) 안창호, 이승훈, 유영모, 함석헌으로
  이어지는 정신과 철학의 계보를 열다. 29
3. 안창호의 인간교육철학 34
 1) 안창호의 인간교육철학 37
  ㄱ. 도산의 진리 체험과 교육철학의 새로움 37
  ㄴ. 개조의 필요와 철학 43

2) 인격개조와 민주시민의 형성 48
ㄱ. 인격개조의 내용과 방법 48
ㄴ. 개조의 철학과 참된 행복 62
3) 인간의 자기 개조와 교육의 방법 69
ㄱ. 개조의 방법 69
ㄴ. 적극적으로 나아가는 수양 71
4. 나라의 근본을 세우는 인간교육, 어떻게 할까? 75

2장 역사교육 : 삼일운동의 체화

1. '삼일운동의 체화'에 대한 논의 80
2. 삼일운동을 주체와 전체로 온전히 이해하기 86
1) 삼일운동의 의미와 품격 86
2) 삼일운동의 전체적 맥락 89
3) 삼일운동의 사상 95
4) 삼일운동의 정신과 얼 97

3. 나의 주체와 전체로 삼일운동을 받아들이기 103
4. 나의 주체와 전체인 얼의 형성 107
1) 한 맺힌 넋에서 사회와 역사의 주체인 얼로 107
2) 얼의 발견 109
3) 얼, 본능과 이성과 신령의 통합 113
5. 체화를 위한 신학과 철학의 패러다임 변화 119
1) 이성철학에서 생명철학으로 119
2) 종교개혁 신학의 '믿음만!'에서 '체화'의 영성으로 123
3) 철학적 이성과 신학적 영성을 통합하는 생명철학으로 124
6. 삼일운동의 주체화를 위한 실천 방법 130
1) 어떻게 체화하는가? 131
2) 삼일운동을 체화한 사람 136

2부
몸·맘·얼을 살리는 어린이교육

1. 교육의 혁신(탈바꿈) 149

2. 생명 167

1) 생명이란 167

2) 생명의 본성 167

3) 생명의 근본활동 170

4) 생명진화와 천지인합일 172

5) 생명과 시간이해 176

3. 인성과 어린이 181

1) 인간과 인성 이해 181

2) 인성과 관련된 개념들에 대한 정리 190

3) 유아, 어린이 205

4. 교육의 방향과 목적 213
1) 어린이교육을 위한 시대정신과 사명 213
2) 교육이란 218
3) 교육의 목적 229
4) 어린이 교육 237
5. 교육내용과 방법 246
1) 인성교육의 내용 247
2) 어린이인성교육 방법 10가지 253
6. 교사와 부모의 마음가짐과 자세 272

1부

인간교육과 역사교육

1장

나라의 근본과 인간교육의 백년대계를 세우기 위하여

안창호의 인간교육 철학을 중심으로

민주국가에서 나라의 근본은 국민 곧 인간이다. 나라의 근본을 바로 세우는 것은 국민인 인간의 삶과 정신을 바로 세우는 것이다. 인간교육은 인간의 삶과 정신을 바로 세우는 것이다. 도산 안창호는 허물어진 나라의 근본을 바로 세우기 위해 평생 민족의 자주독립과 통일을 위해 헌신했고 인간교육의 백년대계를 세우기 위해 흥사단을 조직하였다.

1
나라의 근본과 인간교육

1) 적폐의 청산과 인간교육의 필요

오늘 정부는 나라의 적폐를 청산하기 위해 애를 쓰고 있으며 나름대로 성과를 거두고 있다. 그러나 드러나는 적폐를 청산하는 것은 그 가지와 잎을 잘라내는 것과 같아서 적폐의 뿌리를 뽑지는 못한다. 적폐의 뿌리가 깊이 박혀 있는 한 시간이 지나면 다시 적폐의 가지와 잎이 무성하게 자라날 것이다. 적폐의 뿌리는 무엇인가? 나라의 근본인 헌법정신과 이념을 짓밟고 훼손하는 것이다. 이 나라의 헌법정신과 이념은 헌법전문에 쓰여 있는 대로 삼일운동과 임시정부의 정신과 이념이다. 삼일운동과 임시정부의 이념과 정신은 온 국민이 나라의 주인과 주체가 되는 민주공화의 이념이고 온 민족이 하나로 떨쳐 일어나는 민족통일의 정신이다. 민주공화와 민족통일의 이념과 정신은 삼일운동과 임시정부 그리고 촛불혁명에 사무친 이념과 정신이다. 적폐의 뿌리를 뽑으려면 나라의 근본을 바로 세워야 한다. 공자께서 말씀하셨듯이 근본을 바로 세우면 도가 살아난다(本立道生). 나라의 근본을 바로 세우면 적폐가 사라지고 나라와 국민의 바른 정신과 기운이 살아날 것이다.

나라의 근본인 민주공화와 민족통일의 정신이 한국사회에서 갈수록 약해지고 있다. 삼일혁명, 4·19민주혁명, 촛불혁명을 통해 일시적으로 민주공화와 민족통일의 정신이 찬란하고 장엄하게 타오르기도 하지만, 우리 사회의 일상생활과 정치 경제 교육 문화의 모든 영역에서 나라의 근본정신은 쇠퇴하고 말라가고 있다. 그렇게 된 까닭은 두 가지다. 첫째 경제성장에 매달린 한국사회는 돈과 기계와 경쟁에 매이게 되었다. 시장과 기업의 논리가 중요하지만 그 논리가 국가사회를 전적으로 지배하면 국민은 모두 돈과 기계와 경쟁에 내몰린다. 그러면 민주공화와 민족통일의 정신은 쇠퇴하고 소멸할 수밖에 없다. 둘째 유치원에서 고등학교에 이르는 교육은 오랜 세월 입시경쟁과 주입식 지식교육에 머물렀다. 이런 교육을 계속하면 인간의 정신과 성품은 깊이와 품을 잃고 얕고 좁아진다. 그러면 당연히 민주공화와 민족통일의 정신도 약해지고 줄어든다.

한국사회가 돈과 기계와 경쟁에만 매달리고 경쟁교육과 지식 주입 교육만 한다면 나라의 근본을 바로 세울 수 없고 적폐의 뿌리를 뽑을 수 없다. 지역 자치를 위해서 민주시민의 생활공동체를 만들려고 해도 주민들이 서로 도우며 더불어 사는 삶에 대한 관심과 열정을 가지고 있지 않으면 풀뿌리 자치는 실현될 수 없다. 적폐를 청산하고 나라의 근본을 바로 세우려면 민주공화와 민족통일의 정신과 이념을 가진 인간교육을 해야 한다. 앞으로 4차 산업혁명이 진행되어 인공지능과 로봇이 산업사회와 경제를 주도하면 인간의 삶은 계산적인 기계화와 자동화에 더욱 예속되고 민주정신과 통일정신은 약화되고 고갈될 것이다. 인간이 사회의 주인과 주체가 되는 민주정신과 이념은 약해지고 서로 돌보고 보호하며 더불어 사는 협동과 통일의 정신은 소멸할 것이다. 민주와 통일은 인간의 근본문제다. 인간은 삶의 주인과 주체로서 서로 돌보며 더불어 사는 존재다. 그렇게 살 때 인간은 가장 인간다운 인간이 되고 가장 보람 있고 행복한 존재가 된다. 민주공화와 민족통일의 이념과 정신을 확립하고 실현하는 것은 한국근현대의 이념과 정신을 실현하는 것이며 한반도와 동아시아와 세계의 정의와 평화를 실현하는 것이기도 하다.

2) 민주공화와 민족통일을 위한 인간교육(민주시민교육)은 어디서 시작할 것인가?

덕력, 체력, 지력을 길러서 건전인격을 세우고 조직과 단체의 공고한 단결을 이룸으로써 민족의 독립과 통일을 이루려고 했던 안창호와 흥사단에게 인간교육은 곧 민주시민교육이었다. 국민주권을 실현하는 민주시대의 인간교육은 타율적인 주입식 교육이 될 수 없다. 국민을 국가산업의 인력자원으로 보거나 국가의 병력자원으로 본 국가주의사회는 부국강병을 추구하는 국가의 이념과 목적을 주입시키고 인력과 기능을 육성하는 교육을 추구했다. 국민이 나라의 주인과 주체인 민주국가에서 국가의 이념과 목적은 국민이 나라의 주인과 주체로서 사는 것이며 국민을 나라의 주권자로서 돌보고 보호하고 섬기는 것이다. 그러므로 민주국가의 국민교육은 국민이 국가의 주인과 주체가 되는 교육이고 국민교육은 국민의 자기 교육이 되어야 한다. 인간교육은 기본적으로 인간이 스스로 참된 인간이 되기 위하여, 사람들이 스스로 참 인간이 되게 하고 자신도 스스로 참 인간이 되는 자기 교육이다

그러나 인간의 자기 교육은 저절로 자연적으로 되는 것은 아니다. 인간의 자기 교육을 위해서는 인간과 역사, 국가와 세계에 대한 깊은 철학적 연구와 인간교육의 내용과 방법에 대한 연구와 노력이 요구된다. 민주공화와 민족통일을 지향하는 인간교육은 고대와 중세의 철학과 종교의 가르침에 의존할 수도 없고 외국의 교육이론과 사상에 의존할 수도 없다. 내가 나로 되고 참 인간이 되는 인간교육, 민주와 통일을 실현하는 국민이 되는 국민교육은 '스스로 하고 스스로 되는' 교육이므로 근본적으로 우리 역사와 우리 삶에서 그 교육의 정신과 철학, 목적과 방법을 찾아내고 스스로 만들어내야 한다. 인간교육, 민주교육은 기본적으로 스스로 하고 스스로 되는 자기 교육이므로 스스로 정신과 철학, 목적과 방법을 찾아내고 만들어내야 한다. 그리하여 가장 주체적이고 창조적이면서 세계 보편적인 정신과 가치를 지향하는 인간교육이 되어야 한다.

근현대 한국민족은 민주공화와 민족통일을 추구하고 실현하고 완성하기 위해 온갖 시련과 역경을 거쳐 왔다. 근현대 한국민족의

정신과 삶 속에 민주공화와 민족통일의 정신과 이념이 사무쳐 있다. 근현대 한국민족은 민주공화와 민족통일의 정신과 철학을 형성하고 실현하고 완성하려고 애를 써왔다. 삼일혁명, 임시정부, 4·19민주혁명, 6월 시민항쟁, 촛불혁명은 근현대 한국민족의 정신과 철학을 밝히 드러낸 것이다. 우리 민족이 무엇을 바라고 무엇을 이루려고 했는지 뚜렷이 보여준 것이다. 한국민족이 근현대의 역사에서 추구하고 이루려고 했던 민주공화와 민족통일의 정신과 철학은 헌법전문에서 밝힌 삼일혁명과 임시정부의 정신과 철학에서 가장 분명하게 확인할 수 있다. 삼일혁명과 임시정부의 정신과 철학을 제대로 깊이 연구하면 한국민족과 헌법전문의 정신과 철학을 분명히 알 수 있을 것이다.

2
나라의 근본을 세우고 인간 교육의 귀감이 된 안창호

1) 나라의 근본을 세운 안창호

민주공화와 민족통일의 길을 연 안창호

나라가 망해가고 식민지가 되는 과정에서 나라의 자주독립과 민족의 통일을 위한 운동에 안창호는 누구보다 더 순수하고 치열하고 흔들림 없이 헌신하고 희생하였다. 그는 조선왕조에서 소외와 차별을 받던 평안도 가난한 농민의 아들로 태어났다. 어려서 한학과 유교경전을 배우고, 17세 때 서울 선교사 학교에서 기독교정신과 과학을 배웠다. 유교를 통해 몸과 맘, 말과 행동을 바르게 하는 법을 익혔다. 기독교에서 모든 책임과 잘못을 자기에게 돌리고 자기를 변화시키고 겸허하게 섬기는 심정과 자세를 배웠다. 과학을 배움으로써 그는 모든 일에는 원인과 결과가 있으며 좋은 원인을 만들면 좋은 결과에 이른다는 합리적이고 적극적인 생각을 갖게 되었다. 그는 독립협회와 만민공동회에 참여하여 민주정신과 원리를 배우고 민중을 깨워 일으켜 민족의 독립과 통일을 이루는 운동에 앞장섰다.

독립협회와 만민공동회를 이끈 서재필과 윤치호는 양반가문의 자제였고 관직을 가졌고 미국에서 유학한 지식인 명망가였다. 이들은 오만한 지식인 엘리트로서 서구문명을 목표와 표준으로 삼고 한국 민중을 불신하고 멸시했다. 이들은 민중 계몽에 힘썼지만 민중의 무지와 무기력, 게으름과 더러움을 혐오하였다. 안창호는 서재필과 윤치호에게서 민주주의와 민주적 토론 법을 배우고, 서구문명의 이념과 원리를 배웠다. 그러나 이들과는 달리 안창호는 민중을 깊이 신뢰하고 사랑하고 존중하였다. 그가 맨 처음 평양의 쾌재정에서 청중 앞에 섰을 때 그의 나이는 만 20세가 되지 못했다. 그 자신이 가난한 평민의 아들이었고 내세울 권위와 명망이 없었다. 그의 고향인 평양에서 연설할 때 청중은 그의 부모나 친척과도 같은 고향의 어른들이었다. 그가 높은 관리들과 어른들인 청중 앞에서 사회 권력층의 불의와 부정, 억압과 착취를 비판하고 위기에 빠진 나라를 구하고 정의로운 사회를 이루어가자고 외쳤을 때, 청중은 발을 구르고 손뼉을 치고 환호하였으며 관리들도 함께 박수를 쳤다. 그는 연설을 통해서 부모와 같은 청중과 하나로 되는 감격을 체험하였고 민중에게 엄청난 힘과 지혜가 숨어 있음을 확인하였다.

쾌재정의 연설에서 민중과 하나로 되는 깊은 경험을 한 안창호는 민중을 신뢰하고 사랑하면서 민중 속으로 들어가 민중과 함께 일어나는 운동을 벌였다. 1902년에 미국으로 유학 간 안창호는 직접 노동을 하면서 가족의 생계를 꾸려나갔다. 길거리에서 상투 잡고 싸우는 한인동포들을 보고 안창호는 유학 공부를 중단하고서 한인노동자들을 교육 훈련 조직하는 일에 헌신하였다. 그리하여 1905년에 한인동포들의 '보호하고 단합함'을 강령으로 내세운 공립협회(共立協會)를 조직하였다. 그는 민이 사랑으로 서로 '보호하고 단합함'이 문명부강의 뿌리와 씨라고 하였다.[1] 민이 사랑으로 서로 보호하고 협동하고 단합하는 것이 민주주의와 문명의 기본 토대이고 뿌리라고 본 것은 그가 철저한 민주공화의 정신에 이른 것을 말해준다.

민이 서로 보호하고 단합하는 것이 안창호에게는 인생과 역사에서 가장 보람 있고 행복하고 중요한 일이었다. 그는 미국과 멕시코에서 노예처럼 살던 한인노동자들 속으로 들어가 그들을 깨워 일으켜 서로 보호하고 협동하는 아름다운 공동체 사회를 만들었다. 한인노동자들은 자존감을 가지고 경제적으로 윤택한 생활을 하게 되었을 뿐 아니라 신뢰와 존경을 받는 생활을 하게 되었다. 안창호는 농장주(기업주)들과 지역사회 그리고 그 지역 유지들로부터 신뢰와 공감과 찬양을 받는 한인공동체 사회를 만들었다. 그가 일하는 곳에서는 민주공화의 세계가 열렸다. 그가 세운 공립협회는 1908년에는 미주, 하와이, 멕시코, 한국, 중국, 블라디보스톡에 수많은 지회를 두게 되었다. 공립협회를 확대 개편한 대한인국민회 중앙총회가 미국에서는 일제를 제쳐놓고 한국정부의 구실을 하게 되었으며 상해 임시정부를 후원하는 주요기관이 되었다.

일제가 한국의 주권을 빼앗은 을사늑약이 일어나자 안창호는 미국에서 동지들과 '대한신민회 취지서'를 작성하고 한국으로 돌아가

---

1) 안창호, "공립협회 1주년 기념연설", 주요한 편저, 『안도산전서』 흥사단 2015. 581쪽.

서 신민회를 조직하고 교육독립운동을 일으켰다. 그가 조직한 신민회는 최초로 민주공화정을 정치이념으로 제시한 단체였다. 그는 신민회를 통해서 민족교육운동을 벌이고 독립전쟁을 준비하였다. 그는 일제의 지배에서 벗어나 나라의 주권을 되찾기 위해서 독립전쟁을 일으키려고 하였다. 그러나 독립전쟁을 일으키기 위해서는 국민 한 사람 한 사람의 민주적 자각이 일어나고 민족 전체가 하나로 단결하고 통일되어야 한다고 보았다.

그에게 민족통일은 독립운동을 위한 수단과 방법이면서 독립운동의 목적이었다. 민족이 단결하고 통일되어야 힘을 모아서 독립운동을 하고 독립전쟁을 할 수 있다고 보았던 것이다. 그리고 통일된 민족만이 자주독립의 자격을 가지며 자주 독립에 이를 수 있다고 보았다.[2] 또한 독립운동의 목적은 민주적인 통일국가를 이루는 것이었다. 멀지 않은 날에 일제가 미국, 중국, 러시아와 전쟁을 하게 될 것이고 그 때 한국민족은 자주독립의 기회를 얻을 것이라고 그는 예견하였다. 그러나 그런 기회가 오더라도 한국민족이 단합하고 통일되어 있지 않으면 자주 독립을 얻지 못할 것이며 또 잠시 독립을 얻더라도 오래 유지하지 못할 것이라고 하였다.[3] 따라서 그는 독립운동을 시작할 때부터 죽을 때까지 줄기차게 민족의 단결과 통일을 위해 혼신을 다해서 헌신하고 노력하였다.

민족의 독립과 통일을 위해서 안창호는 먼저 국민 한 사람 한 사람을 나라의 주인과 주체로 깨워 일으켜야 한다고 보았다. 한국민족

2) 안창호, '물방황', 주요한 편저 『安島山全書』 흥사단 2015. 653쪽. 안창호, '6대사업', 같은 책. 666쪽 이하 참조.

3) 안창호, "재미한인회 실제 책임" 주요한 편저 『安島山全書』 흥사단 2015. 589쪽.

을 깨워 일으켜 통일된 의식을 갖도록 하려고 안창호는 전국을 돌아다니며 민족을 깨워 일으키는 연설을 하였다. 그는 무엇보다도 나라의 주인과 주체로서 민족을 자각시키고 통일시키는 애국가가 필요하다고 생각했다. 그리하여 안창호는 충군애국을 고취하려고 윤치호가 지은 황실찬미가인 무궁화가(無窮花歌)를 바탕으로 현행 애국가1~4절을 새로 지었고, 무궁화가의 후렴을 그대로 애국가에서도 사용했다. 애국가 후렴에 나오는 무궁화를 나라와 민족을 상징하는 꽃으로 보고 무궁화처럼 우리 민족의 생명력은 무궁하다고 역설하였다. 1907년 2월부터 1910년 4월까지 안창호는 대성학교를 세워 청년학생들을 기르고 청년학우회를 조직하여 전국을 돌아다니며 자주독립과 민족통일의 정신을 민족의 가슴에 심어주었다. 안창호의 연설을 듣고 크게 감동하고 공감한 이승훈은 평안북도 신민회 책임자가 되어서 오산중학교를 세우고 안창호의 교육이념과 정신에 따라서 민족교육운동에 헌신하였다.

안창호는 민주적으로 자각한 사람들이 서로 협동하고 단결하려면 먼저 건전한 인격을 기르고 단결하고 협동하는 훈련을 해야 한다고 생각했다. 한일합병을 앞두고 다시 미국으로 망명한 안창호는 민족통일을 상징하는 8도의 청년대표들을 뽑아서 흥사단을 창립하였다. 흥사단은 덕력과 체력과 지력을 길러서 건전한 인격을 형성하고 공고한 단결을 훈련하려고 만든 단체였다. 건전한 인격을 가지고 단합한 지도자들이 민족의 단합과 통일을 이룸으로써 일제와 맞서 싸워서 민족의 자주독립을 쟁취하자는 목적으로 흥사단이 만들어진 것이다.

삼일혁명의 정신과 철학을 형성하고 실천한 안창호

안창호가 일으킨 신민회의 교육독립운동과 대한인국민회(공립협회)의 민주공화 운동은 한국민족의 가슴에 자주독립과 민족통일의 불씨를 심어주었다. 애국가를 지은 해인 1907년에 안창호는 비밀독립단체로 신민회를 조직하고 전국을 돌아다니며 애국독립을 고취하는 연설을 하였다. 그는 한국이 국제적으로 위태로운 지경에 있음을 경고하고 정부당국자가 부패하고 국민이 무기력함을 한탄하였으며 우리 민족의 결함을 지적하기도 했다. "지금 깨달아 스스로 고치고 스스로 힘쓰지 않으면 망국을 누가 막으랴 하고 (안창호의) 눈물과 소리가 섞이어 흐를 때는 만장이 느껴 울었다. 그는 뒤이어서 우리 민족의 본연의 우미성(優美性)과 선인의 공적을 칭양하여 우리가 하려고만 하면 반드시 우리나라를 태산반석 위에 세우고 문화와 부강이 구비된 조국을 이룰 수 있다는 것으로 만장 청중으로 하여금 서슴지 않고, '대한 독립 만세'를 고창하게 하였다."[4] 안창호가 대한독립만세운동을 일으킨 10 여년 후에 삼일운동이 일어났다. 삼일운동은 한국 사람들이 모여서 태극기를 흔들고 애국가를 부르며 '대한독립만세!'를 부른 운동이었다. 한 사람 한 사람을 나라의 주인과 주체로 깨워 일으켜 민족의 자주독립과 통일을 이루려는 안창호의 교육독립운동과 민주적 조직운동은 한국민족의 가슴에 스며들었다가 삼일운동으로 살아났다.

삼일운동은 민족대표들의 호소와 자극으로 시작되었으며, 각 지

4) 이광수, 『도산 안창호』 하서 2007[6]. 23쪽.

역의 민중이 자발적으로 계획하고 조직하고 협력하여 전국적으로 일어난 자생적 민중운동이었다. 나라의 주인과 주체로서 민중이 스스로 일어나 '대한독립만세!'를 외침으로써 민족의 독립을 선언했다. 이 점에서 삼일운동은 민족의 한 사람 한 사람을 나라의 주인과 주체로 깨워 일으켜 나라를 되찾고 바로 세우려 했던 안창호·이승훈 등의 교육독립운동이 열매를 맺은 것이다. 조직적으로 삼일운동을 계획하고 추진하고 주도한 것은 천도교라고 할 수 있다. 그러나 민이 나라의 주인과 주체로서 스스로 일어나 나라의 자주독립을 선언한 것은 안창호의 교육독립운동과 민주통일정신과 맥을 같이 하는 것이다. 역사적으로도 민족의 자주독립운동은 독립협회와 만민공동회서 시작되어 안창호 이승훈의 교육독립운동을 거쳐 삼일운동에 이르렀다고 볼 수 있다. 민을 나라의 주인과 주체로 깨워 일으켜 독립을 이루겠다는 일념이 독립협회와 만민공동회에서 시작되었고 안창호의 교육독립운동과 애국운동을 통해 심화되었고 삼일운동으로 결실을 보았던 것이다. 실제로 안창호가 조직한 청년학우회의 총무로서 안창호의 심복이었던 최남선이 독립선언서를 썼고 안창호의 교육 이념과 정신을 받아들여 평생 교육독립운동에 헌신한 이승훈은 민족대표들을 이끌어 삼일운동을 주도하였다. 안창호가 한국민족의 가슴에 심어놓은 민족의 독립과 통일을 위한 사상적 정신적 불씨가 삼일혁명으로 살아난 것이다.

임시정부를 낳은 어머니 안창호

임시정부를 조직할 때나 임시정부를 이끌 때나 임시정부를 지원하기 위해 국민대표회의를 소집하고 대독립당을 추진하고 한국독립당을 조직할 때 안창호는 임시정부를 낳고 기른 어머니와 아버지의 심정과 자세를 가지고 생각하고 말하고 행동하였다. 그의 사상과 실천은 이후 한국독립운동의 중심에서 계승되고 발전되었다. "전 민족적 항일 투쟁노선과 사회 민주주의적 독립국가 건설론이 포함된 이 같은 안창호의 생각은 그 후 민족주의 각 정당들과 임정을 포함한 우리 독립운동계에 공통으로 계승되고 발전되었다."[5)]

2) 교육독립운동과 인간교육의 귀감인 안창호

한국근현대의 가장 두드러진 특징은 민족의 자주독립운동이 교육독립운동으로 전개된 것이다. 전봉준이 일으킨 동학농민혁명운동이 교육과 훈련과 준비 없이 일어났다가 장엄하게 실패하고 수십만 농민이 살육을 당한 후 민중에 대한 교육과 훈련이 필요하다는 자각이 크게 일어났다. 동학농민혁명운동이 실패한 직후에 국민을 깨워 일으키는 애국계몽운동이 일어났고 독립협회가 설립되고 만민공동회가 열렸다. 애국계몽운동을 심화 발전시켜서 안창호는 신민회를 조직하고 교육독립운동을 전개하였다. 안창호를 이어서 이승훈은

5) 박만규,「안창호의 대공주의에 관한 두 가지 쟁점」『한국독립운동사연구』 61집(2018.2).

오산학교를 세우고 교육독립운동을 이어갔다.

일본 도쿄대학을 정년퇴임한 오가와 하루히사 교수는 근현대 한중일 정치 사상가들을 연구한 전문학자다. 그는 한중일 근현대 정치가와 사상가들 가운데 안창호와 이승훈처럼 사랑으로 겸허하게 사람을 교육하는 일에 헌신한 인물은 없다고 하였다. 안창호와 이승훈처럼 진실하고 정직하게 사랑과 정성으로 겸허하면서 높은 인격을 가지고 사람을 사람답게 기르는 일에 집중한 사람은 일본과 중국에서는 찾아보기 어렵다는 것이다. 안창호 이승훈의 교육독립운동은 한중일 근현대에서 가장 두드러지고 특별한 일이다. 더 나아가서 세계근현대에서도 나라를 잃고 식민지가 된 민중을 깨워 일으켜 참 사람이 되게 하고 민족의 자주독립과 통일에 이르려고 한 것은 매우 특별하고 중요한 일이라고 생각된다.

3) 안창호, 이승훈, 유영모, 함석헌으로 이어지는 정신과 철학의 계보를 열다.

안창호는 일찍이 한학과 유교경전을 공부했고 17세에 서울에서 선교사 학교에서 기독교정신과 과학사상을 배우고 익혔다. 1896년에 독립협회가 창립되고 만민공동회가 열리자 안창호는 여기에 적극 참여하여 민주정신과 원리를 배웠으며 민중을 깨워 일으킴으로써 민족의 자주독립을 이루는 운동에 앞장섰다. 안창호는 역사 문화적 주체성을 가지고 서양의 문화와 정신을 깊이 받아들임으로써 동서 문화가 합류하고 융합하는 세계사적 지평의 한 가운데 서게 되었다.

나라가 망하고 민족이 큰 고통을 겪는 과정에서 안창호는 생명체험과 민중체험을 깊이 하였다. 민족의 고통 속에서 안창호는 깊은 사상과 철학을 낳았다. 그는 자신의 몸과 맘속에서 생명과 정신을 깊이 자각하고 체험하였다. 그리고 한국역사의 한 가운데서 민중을 만나서 민중과 하나로 되는 깊은 체험을 하였다. 자신의 생명과 정신을 깊고 높게 실현하고 완성하려고 했으며 민중과 함께 서로 돌보고 더불어 사는 삶을 추구했고 민족의 단합과 통일을 이루어 민족의 독립과 세계평화에 이르려고 하였다. 그의 사상과 철학은 대학교에서 이론적으로 배운 것이 아니고 서재에서 책을 읽고 만들어낸 것도 아니었다. 그는 인생과 역사에서 깨닫고 체험하고 실천한 것을 바탕으로 통합적이고 체계적인 사상과 철학을 이끌어냈다.

그의 철학은 생명의 본성과 목적을 실현하고 완성하는 생명철학이고 생활철학이었다. 생명의 본성은 물질의 제약과 속박에서 해방된 자유와 기쁨을 가진 것이고 사랑으로 서로 소통하고 사귀고 하나로 되자는 것이다. 안창호는 평생 생의 기쁨과 사랑을 잃지 않았다. 또한 생명체는 세 가지 본성과 특징을 가진다. 스스로 하는 자발적 주체성, 내적으로 통일된 전체성, 새롭게 진화 발전함. 다시 말해 주체성과 전체성과 진화가 생명의 세 가지 본성이다. 생명의 철학자 안창호는 기쁨과 사랑을 가지고 주체의 자발성과 헌신성, 전체의 통일성, 진화와 혁신을 추구하고 실현하려고 했다.

안창호의 철학과 사상을 이어받아 유영모와 함석헌은 씨ᄋᆞᆯ철학을 만들었다. 이승훈은 안창호의 교육정신과 이념을 가지고 교육독립운동을 펼쳤다. 이승훈이 세운 오산학교에서 유영모와 함석헌은 스승과 제자로 만났다. 삼일운동에 참여한 함석헌은 평양고보를 자퇴하고 오산학교에 편입했으며, 일찍이 오산학교 교사로 일했던 유영모는 삼일운동으로 이승훈과 조만식이 감옥에 갇히자 오산학교의 교장으로 오게 되었다. 안창호의 교육정신과 이념이 살아 숨 쉬던 오산학교에서 삼일운동의 역사적 상황과 분위기 속에서 유영모와 함석헌은 만났으며 평생 한국근현대의 정신과 철학, 안창호의 정신과 철학을 심화 발전시키는 일에 헌신하였다.

유영모와 함석헌의 철학을 연구하면 기본 내용과 정신이 안창호의 철학과 일치한다는 것을 확실히 알 수 있다. 안창호, 유영모, 함석헌의 성향과 기질은 서로 다르지만 철학의 기본 내용과 정신은 일치한다. 유영모는 금욕과 명상 속에서 깊은 정신세계를 탐구하고 동서고금을 회통하는 철학을 형성했고, 함석헌은 정치, 사회, 종교, 문화, 교육의 여러 영역을 아우르는 자유롭고 활달한 사상과 철학을 펼쳤다. 그러나 유영모와 함석헌은 과학적이고 합리적인 이성철학, 주체와 전체를 일치시키며 주체 '나'를 확립하고 혁신하는 민주철학, 민족과 인류의 통일을 추구하고 실현하는 통일철학을 추구했다는 점에서 안창호와 일치한다.

유영모와 함석헌은 안창호와 마찬가지로 비과학적 운명론적 결정론적 사고와 신화적 교리, 모호하고 혼란스러운 종교적 감정과 행태를 깨끗이 청산하였다. 이들은 민중에 대한 깊은 신뢰와 사랑과 존중을 가지고 민을 역사와 사회의 중심에 세웠다. 유영모가 『대학』

에 나오는 '친민(親民)'을 '씨알 어뵘'(민을 어버이 뵙듯 함)으로 풀이한 것은 민을 어버이처럼 받들고 섬긴 안창호의 민중관과 일치한다. 유영모와 함석헌은 민을 씨울이라고 함으로써 민에게 자존감과 품격을 주었다. 씨울은 인간의 무궁한 생명력과 스스로 하는 자발적 주체성과 우주적 신적 생명의 초월적 전체성을 나타내고 표현한다.

유영모는 일찍이 과학교사를 지냈으며 '생각'을 삶과 철학의 중심에 놓았다. 그는 '생각함'으로써 내가 나로 되고 새롭게 변화할 수 있다고 보았다. 그는 '나'를 깊이 탐구하여 나를 확립하고 나의 탈바꿈과 변화를 이룸으로써 모두 하나로 돌아가는 귀일(歸一)을 거쳐 참된 통일에 이르려고 하였다. 유영모의 가장 핵심적 말은 '솟아올라 나아감'이다. 솟아올라 나아감으로써 내가 새롭게 변화하고 귀일하고 통일에 이를 수 있다고 하였다.[6)]

함석헌은 안창호와 이승훈의 교육독립운동을 계승하여 철학적으로 심화 발전시키고 완성하였다. "생각하는 백성이라야 산다."고 함으로써 그는 민의 주체적 자각을 역설하였다. 그의 철학은 민에 대한 깊은 신뢰와 사랑과 존중에서 시작되었다. 그가 "거울에 비친 네 얼굴을 먼저 사랑하고 존경하라."[7)] 고 한 것은 안창호의 애기(愛己)사상과 일치한다. 그리고 그가 인간혁명론을 통해 인간의 자기 혁신을 주장한 것[8)]은 안창호의 인간 개조론과 일치한다. 그는 인간의 스스로 하는 주체와 하나로 통일된 전체가 참이고 선이고 아름다움

---

6) 박재순, 《다석 유영모-동서사상을 아우른 생명철학자》(서울, 홍성사, 2017) 200쪽 이하, 367쪽 이하 참조.

7) 함석헌, "살림살이", 『함석헌전집 2권』 한길사 1983. 313쪽.

8) 함석헌 "인간혁명", 『함석헌전집 2권』 100쪽.

이라고 하였다. 스스로 하는 주체가 없는 것, 전체의 하나 됨이 깨진 것은 참도 아니고 선도 아니고 아름다움도 아닌 것이다. 나다운 나, 창의적이고 개성적인 '나'가 참이고 선이고 아름다운 것이다. 전체와 이어지고 전체가 하나임을 드러내고 표현하고 실현 하는 것이 참이고 선이고 아름다움이다. 그는 또한 인간과 역사를 생명진화의 과정에서 보았다. 고통과 시련 속에서 자아가 깨지고 새로워짐으로써 죽음을 넘어 새롭게 나아가는 것이 생명과 역사의 진리다.[9)]

안창호, 이승훈, 유영모, 함석헌은 권리주장과 이해관계보다 더 깊고 높은 생명의 근원과 사명에서 인간과 역사를 이해했다. 민을 신뢰하고 사랑하고 존중했다는 점에서, '나'를 사랑하고 존중하고 새롭게 하려고 했다는 점에서 상생과 공존의 삶을 실현함으로써 민족통일과 세계평화에 이르려 했다는 점에서 인간의 자기 교육과 변화를 추구했다는 점에서 네 사람은 하나의 역사적 철학적 계보를 형성한다.

9) 박재순 『함석헌의 철학과 사상』 (서울, 한울 2012) 43쪽 이하, 129쪽, 141~4쪽.

3

안창호의 인간교육철학: 나는 어떻게 민주시민이 되는가?

정신과 철학의 근본적 변화(paradigm shift): 새로운 기축시대로의 전환

이제까지 인류의 정신과 철학은 2,500년 전에 공자, 노자, 석가, 소크라테스, 히브리 기독교 정신[예레미야-예수]에 의해 열린 기축시대의 정신과 철학에 의해 형성되고 규정되었다. 이들은 인간의 내면적 본성에서 궁극적 가치와 힘(仁, 자비, 로고스)을 발견하고 보편적 진리와 윤리의 체계를 제시하였다. 신분계급질서와 체제 속에서 살았던 이들은 인간의 본성이 변함없는 궁극적 실재라 보았고 인간을 삶과 역사의 창조적 주체로 제시하지는 못했으며, 동서를 아우르는 세계 보편적 정신과 철학을 확립하지 못했다. 이들은 진리를 깨닫고 체험한 자신들을 믿고 따르거나 자신들이 깨닫고 체험한 진리의 내용과 방식을 믿고 따르라고 민중에게 요구하였다. 이들과 민중 사이에 민주적이고 쌍방향적이며 서로 소통하는 관계와 운동이 이루어지지 못했다. 소크라테스는 합리적이고 비판적인 이성과 진리를 앎

세웠으나 무지한 민중에 대해서 오만하고 일방적인 자세로 일관했다. 민중 속에서 민중과 더불어 살았던 예수도 민중에게 믿고 따를 것을 역설했을 뿐 민중이 이성적으로 스스로 생각하고 판단하여 주체로서 생각하고 행동하도록 이끌지는 못했다. 20세기의 성인으로 일컬어지는 간디조차도 일방적이고 권위적으로 민중운동을 이끌었을 뿐 민주적이고 쌍방향적인 지도력을 보여주지 못했다.

이전 시대와 근현대를 구분 짓는 세 가지 변화는 민주화, 과학화, 세계화다. 근현대에 이르러 민주화가 진행되면서 국민(인간)은 역사와 사회의 창조적 주체이며 서로 주체로서 국가의 공동주권자라는 원칙이 확립되었다. 민주시대에는 서로 주체로서 민주적이고 쌍방향적인 지도력과 관계와 운동이 요구된다. 과학기술이 획기적으로 발달하면서 인간이 자연과 삶과 역사(국가)의 창조적 주체로 등장했고 자연 만물과 생명의 본성뿐 아니라 인간의 본성조차도 바꿀 수 있게 되었다. 과학기술사회가 되면서 원인과 결과가 작용하고 지배하는 사회질서 속에서 살게 되었고 미신적이고 결정론적 사고를 벗어나 과학적이고 합리적으로 생각하고 행동하게 되었다. 세계화가 이루어지면서 동서를 통합하고 개인과 인류 전체를 아우르는 통합적인 정신과 실천이 요구되었다.

안창호는 누구보다도 확고한 민주정신과 통일정신을 지닌 인물이었다. 그는 모든 국민이 나라의 주인과 주체이며 공동 주권자임을 내세우는 민주정신과 민족과 국가를 유기체적 생명공동체로 파악하는 통일정신을 확립했다. 안창호는 민주적이고 쌍방향적인 지도력과 관계와 운동을 실현한 전형적 인물이다. 그는 민중을 믿고 민중을 섬기고 받들면서 민중이 주인과 주체로 깨어 일어나도록 겸허히 민중에게 호소하였다. 그의 교육독립운동은 민중을 나라와 역사의 주인과 주체로 섬기고 민중이 주인과 주체로 깨어 일어나도록 민중에게 호소한 운동이다. 삼일운동은 민중이 깨어 일어나 독립만세운동을 일으키도록 지식인 지도자들이 겸허히 민중에게 호소한 운동이다. 안창호의 교육독립운동과 삼일운동은 민주적이고 쌍방향적인 운동의 전형이다.

안창호는 인간의 내적 본성과 인격뿐 아니라 민족의 본성과 성격을 새롭게 변혁함으로써 인간을 삶과 역사의 새로운 주체가 되도록 이끌었다. 그는 또한 누구보다도 철저하게 과학적이고 합리적으로 생각하고 행동하였다. 자연과 역사와 도덕의 세계에서 원인과 결과를 중시하는 과학적 사고를 바탕으로 무실역행을 주장했다. 안창호는 어려서 한학을 배움으로써 동아시아 정신문화를 체득하였고 선교사학교와 독립협회 그리고 미국 활동을 통해서 서양의 기독교정신과 과학사상과 민주정신을 깊이 받아들이고 체화하였다. 그는 동서의 정신문화를 아우르는 세계 보편적인 정신과 철학을 확립하였다.

안창호는 민주화, 과학화, 세계화를 가장 잘 구현하고 실현한 인물이었다. 그는 '나'의 주체를 확립하고 나의 자아를 끊임없이 새롭게 형성하고 변화시킴으로써 '나'를 중심에 세운 '나'의 철학자였다. 그는 과거의 철학과 종교에 남은 미신적이고 결정론적이며 모호한 낡은 잔재를 말끔히 씻어내고 과학적이고 합리적인 사고와 행동의 철학을 제시하였다. 그는 민족의 독립과 통일을 위해 헌신하고 희생했으면서도 세계평화와 정의로 나아가는 길을 활짝 열었던 세계적인 철학자다. 안창호는 기축시대의 생각과 행동의 방식과 형태를 근본적으로 바꾸었으며 새로운 기축시대의 정신과 철학의 세계를 열었다.

1) 안창호의 인간교육철학

인간교육은 스스로 인간이 되고 인간답게 사는 인간의 자기 교육이다. 그것은 인간이 자기를 인간으로 형성하고 인간다운 인간으로 되도록 이끌고 돕는 교육이다. 국가와 세계의 사회적 차원에서 보면 인간교육은 민주시민을 형성하고 교육하는 일이다.

ㄱ. 도산의 진리 체험과 교육철학의 새로움

스승 도산의 깨달음과 민중체험

도산은 쾌재정의 연설과 종로 만민공동회의 연설을 통해 민중(민족)과 하나로 되는 깊은 체험을 하였다. 이 때 도산은 가진 것 없고 이름 없는 새파란 젊은이였다. 높은 관리들과 민중들 앞에서 그는 오직 성심을 다해서 진실을 말하였다. 그가 관리들의 무능과 부패와 학정 속에서 나라가 망해가고 있음을 거리낌 없이 떳떳하게 밝혔을 때 민중은 손뼉을 치고 발을 구르며 환호했고 높은 관리들도 함께 박수를 칠 수밖에 없었다. 이 때 도산은 자신의 몸, 맘, 얼이 하나로 되고 민중(민족)과 온전히 하나로 되는 놀라운 생명[진리, 역사, 하나님, 가치, 의미] 체험을 하였다. 민중과 하나로 되는 체험이 인간이 할 수 있는 가장 크고 높은 체험이다.

도산의 이러한 진리 체험이 가지는 정신사적 위치를 생각해 보자. 인간이 할 수 있는 진리 체험을 네 가지로 나누어 볼 수 있다. 첫째 자연환경과 만물 속에서 신령한 힘과 불멸의 가치를 발견하였다. 물활론(애니미즘) 단계다. 둘째 국가의 권력자와 국가에서 신령한 힘과 불멸의 가치를 발견하였다. 국가주의 종교단계다. 셋째 인간 자신의 본성과 내면에서 궁극적 힘과 가치를 발견하였다. 공자, 노자, 석가, 소크라테스와 같은 성현들의 기축시대다. 인간 내면의 본성(자비, 사랑, 로고스)에서 궁극적 힘과 가치를 발견함으로써 나와 남(만물)을 아우르는 보편적 윤리[황금률]를 발견하였다. 이것은 나와 이웃(만물)과의 신비한 일치의 체험이다. 천인합일, 신인합일, 범아일여, 물아일체, 무위자연, 보편진리로 포현되는데, 이러한 초시간적 초월적 신비·진리체험은 개인의 주체가 전체(천, 신, 만물, 진리)에 매몰되는 경향이 있다.

넷째 인간은 역사와 사회의 구체적 현실 속에서 살아가는 민중(나와 다른 인간들의 공동체적 집단)에게서 하나님을 발견하고 민중과 하나 되는 체험을 할 수 있다. 민중체험은 내 속에서 하나님을 발견하는 실존체험과 이웃·만물에게서 하나님을 발견하는 신비 체험을 포함하는 체험이다. 이것은 역사와 사회의 구체적인 민중들과 하나로 되는 체험이니 가장 깊고 높고 큰 진리체험이다. 역사와 사회의 구체적 현실에서 이루어지는 이 체험에서는 개인의 주체가 깨어 있으면서 고통 받고 억압받는 민중과 하나 됨으로써 참된 주체와 전체의 일치, 참된 사랑과 정의에 이른다. 이것은 인간이 할 수 있는 가장 알뜰하고 절실하며 깊고 높고 큰 체험과 깨달음이다.

넷째의 진리 체험은 인간의 주체를 발견하고 실현해가는 근현대의 진리 체험이다. 이것은 근현대를 사는 우리 모두가 알게 모르게 체험하고 실현해가는 진리다. 그리고 넷째의 진리 체험 속에는 첫째, 둘째, 셋째의 진리 체험이 승화 고양되고 통합되어 있다. 도산의 위대한 점은 이런 깊고 큰 체험과 깨달음을 끝까지 이어가며 심화 발전시켰다는데 있다. 그의 민중·생명체험은 자연환경과 인간과 역사와 세계(국가)를 깊이에서 전체로 높고 크게 볼 수 있게 했다.

도산의 진리 체험은 쾌재정의 연설에서 이루어졌고 그의 철학과 사상의 씨가 이 때 심겨지고 그 뿌리가 깊이 박혔다. 그가 1906년 봄에 공립협회 1주년 기념강연에서 민이 서로 '보호하고 단합함'이 문명부강의 뿌리와 씨라고 한 것을 보면 민주와 통일을 지향하는 그의 철학과 사상이 뿌리를 깊이 내리고 싹이 트고 있음을 알 수 있다. 그 해 말에 미국에서 동지들과 함께 작성한 '대한신민회 취지서'는 이미 그의 사상과 정신, 경륜과 방책이 깊고 높고 크게 확립되어 있음을 보여준다. 그는 이미 사상과 정신, 경륜과 방책에서 거의 완벽한 준비를 해 가지고 1907년 초에 한국에 왔고 신민회를 조직하고 대성학교를 설립했다. 그가 한국에 돌아와서 했던 수많은 강연이 듣는 사람들의 몸과 맘을 사로잡고 그를 따르게 했던 것은 한민족을 하나로 만들 수 있는 깊은 철학과 사상, 경륜과 방책이 그의 강연에 담겨 있었기 때문이다.

도산의 교육사상과 철학의 새로움

도산의 진리 체험은 생명체험이고 역사체험이다. 생명과 역사는 스스로 하는 주체 '나'를 가진 것이며 전체가 하나로 이어지고 통일된 것이고 늘 새롭게 진화 발전하는 것이다. 자발적 주체, 통일적 전체, 진화 발전(개조)의 세 가지 원리가 그의 철학과 사상 속에 확립되어 있다. 도산은 그의 철학의 기본내용과 실천방법을 4대 정신(무실·역행·충의·용감)과 3대 교육(덕력의 교육, 체력의 교육, 지력의 교육), 인격개조와 활사개공(活私開公), 대공사상과 공사병립, 정의돈수(사랑공부)와 애기애타 등으로 제시했다. 그의 철학의 기본내용과 실천방법은 단순한 도덕교육과 소박한 조직 활동의 차원을 넘어서 생명과 영, 인격과 정신의 깊고 높은 자리에서 하늘과 땅을 아우르는 우주적 보편적 정신에 비추어 이해되고 해석되어야 한다. 도산의 인격과 정신이 얼마나 깊고 높으며 그의 기상과 뜻이 얼마나 크고 장엄한가를 그의 삶과 말과 글을 살펴보면 알 것이다.

도산은 주체인 나를 확립하고 주체인 나와 민족전체의 일치(大公)에 이르려 했다. 그는 한 사람 한 사람 개인의 주체를 확립하고 민족 전체의 단결과 통일에 이르기 위해서 인격과 민족성의 개조를 추구했다. 생명과 역사 속에서 인간과 민족국가를 보았으므로 도산은 인간과 민족의 본성을 근본적으로 개혁하고 창조할 수 있다고 보았다. 인간의 기본 틀 거리인 인격(人格)을 개조(改造)한다는 것은 인간의 성격과 성품을 근본적으로 새롭게 개혁하고 창조한다는 말이다. 한 사람 한 사람의 덕력과 체력과 지력을 기르고 인격을 개조하여 주체를 확립하고 개인의 주체와 민족 전체의 일치에 이르고, 민족의 성격과 풍습을 개조함으로써 민족 전체의 단결과 통일과 독립에 이른다는 도산의 철학은 '나'를 살리고 힘 있게 하여 공(公)의 세계를 열어가는 활사개공의 철학이며 그대로 인간(인성, 전인)교육의 철학이다.

안창호가 말한 개조는 생명과 정신의 본성과 목적을 실현하고 완성하는 것이며 자연만물과 물질의 물성과 가치, 이치와 의미를 드러내고 실현하고 완성하는 것이다. 생명진화와 역사의 진보 속에서 인간과 민족의 본성을 보면 인간과 민족의 본성은 진화 발전할 수 있고 변화 고양될 수 있다. 아메바에서 인간까지 생명이 진화한 것이라면 생명의 본성은 끊임없이 창조되고 진화 발전되어 온 것이다. 생명진화와 인류역사 속에서 형성된 인간과 민족의 본성도 새롭게 개혁되고 창조 변화되고 진화 발전할 수 있다. 역사와 사회 속에서 인격과 민족성의 개조를 추구한 도산의 철학과 사상은 매우 현대적이고 역동적이며 도덕적이고 영성적 차원을 지니고 있다. 도산 철학의 진정성은 도산 자신의 삶과 정신과 실천에서 실증되었다. 도산은 나를 사랑하고 존중하지만 나 안에 갇혀 있지 않았고 가정을 사랑하고 존중했지만 가정 안에 머물러 있지 않았다. 생명이 물질 안에서 물질을 초월하여 끊임없이 진화 발전해 가듯이 도산은 나와 가정, 단체와 사회 속에서 그것들을 넘어서 위로 올라가고 앞으로 나아가려고 하였다.

인간본성의 근본적이고 역동적 변화를 말하는 도산의 이러한 인간관은 기존의 모든 인간관, 동양의 인간관, 고대 그리스의 인간관, 근현대 서구의 인간관과 다르다. 유교는 하늘로부터 타고난 인간의 주어진 본성(本然之性)을 지키거나 실현하려고 했다. 도교는 자연 질서와 변화의 길과 방식에 순응하는 인간을 추구했다. 불교는 시공간적 구체적 현실을 부정하거나 초월한 초시간적, 초역사적 불성(佛性)을 추구했다. 그리스의 이성철학은 인간과 인간의 본성을 철저히 이성의 관점에서 봄으로써 관념적이고 이상적인 인간이해에 머물렀다. 그리스철학이 추구한 Idea(이데아)와 Theory(이론)은 모두 본다는 의미를 지닌 말이다. 이데아와 테오리는 순수한 이성이 본 것일 뿐이다. 이성의 관조(觀照)는 인간의 본성을 이성적으로 이해하고 설명할 수 있지만 인간의 본성을 혁신하고 새롭게 창조할 수 없다. 근현대 서구의 이성주의철학은 순수 이성의 계산과 논리를 추구한 수학적 사고, 물질적 인과관계와 작용을 탐구한 자연과학적 사고를 바탕으로 연구하고 교육하는 학문체계를 확립했다. 수학적 논리와 계산을 바탕으로, 물질적 인과관계와 작용을 탐구하는 자연과학적 연구는 자연적으로 주어진 인간과 인간 본성을 현상적으로 설명하고 소개할 뿐 인간과 인간의 본성을 새롭게 변화시키거나 탈바꿈할 수 없다. 이처럼 기존의 철학과 사상에서는 인간의 본성을 변화시키는 인성교육(전인교육)을 할 수 없고 인간혁명을 말할 수 없다.

ㄴ. 개조의 필요와 철학

인간의 자기개조와 해방

생명진화와 인류역사를 통해 생명과 인간은 주위의 관계와 환경 속에서 쉼 없이 자신을 변화시키며 형성해온 존재다. 인간은 자신을 스스로 형성하는 창조자이며 자신에 의해 형성되는 피조물이다. 인간이 자신을 새롭게 변화시키고 형성하는 일은 남이 대신할 수 있는 일이 아니라 자기가 스스로 할 일이다. 이러한 생명과 인간의 진리를 파악한 안창호는 '개조'라는 연설에서 인간을 '개조하는 동물'이라고 했다. 그는 개조라는 주제를 평생 생각했으며, 과거의 모든 성현들의 가르침을 한 마디로 하면 '개조'로 줄일 수 있다고 하였다. 기독교의 회개도 결국 인간의 개조를 뜻한다고 보았다. 인간은 누구나 행복을 추구하는데 행복의 어머니는 문명이고 문명의 어머니는 개조하는 인간의 노력이라고 했다. 인간은 주변의 환경, 사회를 개혁하고 개조하여 문명을 이루지만 가장 중요하고 근본적인 것은 인간의 개조다. 안창호는 민족의 개조, 사회와 자연환경의 개조를 말했지만 그러나 이 모든 개조는 인간 자신의 개조에서 시작되고 인간의 개조로 귀결된다고 하였다. 인간의 개조는 남이 할 수 없고 자신이 스스로 해야 한다고 보았으므로 안창호는 인간의 자기 개조를 역설하였다.[10)]

---

10) 안창호, '개조',『안도산전서』 641~7쪽.

그가 창설한 흥사단의 이념과 목적은 인격을 개조하여 건전한 인격을 형성하는 인격수련과 교육에 있다. 인간교육은 근본적으로 인간이 자신을 새롭게 변화시키는 것이다. 인간 자신의 변화는 기본적으로 자기 스스로 이루어야 한다. 이것이 인간교육의 기본 원리다. 인격개조를 통해 건전한 인격을 이루려는 흥사단의 이러한 교육이념과 목적은 개인의 수양과 교육에 머물지 않고 조직과 단체의 공고하고 신성한 단결을 이루며 조직과 단체의 공고한 단결을 통하여 민족 전체의 자주독립과 통일에 이르자는 것이다.

안창호는 과거의 성현들의 가르침을 한 마디로 '개조'로 파악했지만 그의 인간 개조 사상은 근현대의 특징과 성격을 지니고 있으며 과거의 철학이나 종교에서 말하는 인간 개조의 사상과는 다르다. 과거의 인간 개조 사상은 변화하는 역사와 사회의 맥락을 벗어나 있으며 인간의 주체성과 전체성의 역동적 일치와 혁신에 이르지 못하고 보편적 진리나 실재에 인간의 주체를 귀속시키는 경향이 있다. 그러나 안창호는 한 사람 한 사람의 건전한 인격을 형성하고 조직과 단체의 공고하고 신성한 단결을 이룸으로써 민족 전체의 독립과 통일에 이르려고 하였다. 역사와 사회의 구체적 현실 속에서 인간의 개별적 주체를 확립하여 민족(세계) 전체와의 역동적 일치를 추구하고 서로 주체로서 서로 보호하고 구원하는 민의 주체를 지향한다는 점에서 그의 인격개조론은 민주적이고 현대적인 민의 주체적 자각을 담고 있다.

개조의 필요와 철학

인간의 자기 개조를 말하는 안창호의 인간 철학은 생명과 정신의 근본적인 성격과 지향을 나타낸다. 그는 인간을 개조하는 동물이라고 갈파했는데 이것은 생명진화와 인류역사의 진실을 드러낸다. 인간의 생명과 정신은 생명진화와 인류역사를 통해서 자신과 타자, 주위환경을 끊임없이 새롭게 개조해왔다. 인간과 생명은 생명진화와 인류역사 속에서 스스로 자신을 형성하고 형성되어 왔다. 그런 의미에서 인간은 자신의 창조자이며 피조물이다. 안창호가 말했듯이 사람은 다른 동물들과 달리 적극적이고 의식적으로 주체적으로 자신과 이웃을 개조하는 존재다. 그의 말대로 인간은 개조하는 동물이다. 지성과 영성을 지닌 인간은 자신의 과거와 현재를 극복하고 새로운 미래를 열어갈 수 있는 존재가 되었듯이 자연의 본성과 본질을 넘어서서 그 본성과 본질을 개조하고 변혁할 수 있는 존재가 되었다. 인간은 여전히 자연이면서 자연의 굴레와 속박을 벗어나 자연의 본성과 본질을 개혁하고 창조할 수 있는 자유로운 존재가 된 것이다. 개조(改造)는 말 그대로 개혁과 창조다. 안창호가 문명의 어머니를 인간의 개조하는 노력이라고 한 것은 인간의 개조가 민주와 문명의 토대이며 목적인 것을 의미한다. 그리고 그가 말했듯이 인간의 개조하는 모든 노력은 결국 개조하는 주체의 자기 개조로 귀결된다. 자아와 환경을 개조하는 인간으로서의 자각은 민의 주체적 자각이 이루어진 근현대의 인간에게서 비로소 가능해진 것이다.

인간의 본성과 자아는 개조와 혁신 속에 있다

생명진화와 인류역사에서 보면 인간의 주체로서의 자아는 고정된 실체나 본성이 아니고 배타적 초월적 존재도 아니다. 인간의 생명과 정신의 주체는 생명진화와 인류역사의 오랜 과정에서 끊임없이 스스로 변화하고 스스로 형성된 것이다. 물질이나 박테리아에서 파충류, 포유류를 거쳐 인간의 이성과 영성에 이르기까지 생명의 본성은 끊임없이 변화와 진화를 거쳐 왔다. 생명과 정신은 끊임없이 자기 부정과 초월을 통해 자기 변화와 창조의 길을 걸어온 것이다. 생명과 인간의 주체와 전체는 본성과 현상의 개조와 탈바꿈의 진리를 실현해왔다. 인간의 몸과 맘속에는 물질과 박테리아에서 파충류, 포유를 거쳐 감성과 지성과 영성을 진화 발전시켜 온 생명진화와 인류역사가 압축되어 있다. 인간의 몸과 맘속에는 파충류, 포유류가 살아 있다. 몸, 맘, 얼로 이루어진 인간은 물체, 기계가 될 수도 있고 본능과 욕망에 휘둘리는 파충류가 될 수도 있고 감정에 따라 움직이는 포유류가 될 수도 있다. 그러나 인간은 합리적 지성을 가진 인간이 될 수도 있고 영성과 신성을 가진 위대하고 거룩한 존재가 될 수도 있다. 그러므로 사람은 스스로 자신을 만들고 스스로 사람이 되어야 하는 존재다. 인간의 본성과 자아는 개조와 혁신 속에 있다.

수 백 만 년 수 억 년 동안 인간의 본성과 성질이 형성되었기 때문에 임의로 쉽게 인간의 본성과 성질을 개조하고 바꿀 수 없다. 박테리아, 아메바에서 인간에 이르기까지 생명진화를 이루어왔으므로 생명과 정신의 본성은 끊임없이 탈바꿈하며 진화 고양되어온 것이다. 애벌레가 고치를 거쳐 나비가 되듯이 박테리아에서 인간으로 탈바꿈하였다. 따라서 인간의 생명과 정신은 개조 변화될 수 있다. 그러나 인간의 개조, 교육은 타자에 의해서 강제로 타율적으로 될 수 없다. 인간의 교육, 개조는 스스로 하는 것이다. 인격의 개조는 인간이 제 인격을 스스로 개조해야 한다. 인간교육의 원리는 스스로 하고 스스로 되는 것이다. 그러므로 안창호는 인간의 자기 개조를 말하였다.

인간다운 인간이 된다는 것은 저마다 자유로운 책임적 주체이면서 서로 보호하고 단합하는 존재가 되는 것이다. 그것이 민주가 되고 나라를 이루는 것이다. 민주사회에서 서로 주체로서 서로 보호하고 협동하기 위해서는 자기가 자유로운 주체인 나가 될 뿐 아니라 이웃, 타자를 자유로운 주체로 인식하고 존중하며 서로 단합 통일되어 함께 협동 협력할 수 있어야 한다. 그러나 인간은 자유롭고 협동적인 존재로 확립되어 있지 않다. 자신과 타자에게서 자유로운 존재가 되어야 하고 다른 주체들과 협동하는 존재가 되어야 한다. 인간은 기성품처럼 완성되어 태어나는 것이 아니라 끊임없이 자신을 새롭게 하고 스스로 새롭게 되어야 할 존재다. 이 점에서 안창호가 말하는 자기개조의 교육철학은 인간의 잠재력을 실현하는 자아실현의 심리학이나 교육학과는 근본적으로 다른 것이다.

2) 인격개조와 민주시민의 형성 : 나는 어떻게 민주시민이 되는가?

ㄱ. 인격개조의 내용과 방법

안창호에게 인간 자아는 이웃 동료의 자아와 서로 보호하고 협동하는 열린 자아이고 주위 환경과 서로 살리고 더불어 사는 관계를 가지고 있다. 그에게 주위 환경을 깨끗하고 아름답게 하는 것은 곧 인간 자신을 깨끗하고 아름답게 하는 것이다. 몸을 바르고 단정하게 하고 행동거지를 올바르게 가지는 것은 곧 그의 정신과 영혼을 바르고 깨끗하게 하는 것이다.[11] 너와 나와 그가 하나의 생명공동체 속에서 하나로 결합되어 있다. 그리고 안과 밖, 자아와 환경이 하나로 이어져 있다.

환경과 나의 일치: 환경과 강산의 개조

도산은 사람을 교육하고 훈련하기에 앞서 먼저 길거리를 쓸고 마당을 쓸고 집안을 깨끗이 하고 변소를 깨끗이 했다. 삶의 터전과 나, 환경과 사람이 분리되지 않는다. 그는 주위의 물건 하나도 깨끗하고 아름답고 보람 있게 하였다. "(안창호는) 문짝 한 끝, 화분 하나도 몸소 여러 상점을 돌아서 골라잡았고, 그것을 걸 곳에 걸고 놓을 곳에 놓는 것도 다 깊이 생각하여서 그 중 좋은 길을 취하였다. '아무렇

11) 이광수, 『도산 안창호』 하서 2007. 147~8쪽.

게나' '되는 대로' '어물쩍 어물쩍' 하는 것을 도산은 '거짓'과 아울러 조국을 망하게 한 원수라고 보았다."[12] 그는 자기가 사는 지역을 사랑했고 자기가 사는 자리를 깨끗하고 아름답고 값지게 만들었다. 따라서 그의 정신과 생각이 그가 사는 자리와 주위에 표현되고 실현되었으며 아름답고 깨끗한 환경은 그의 삶과 정신을 아름답고 깨끗하게 하였다. "그는 잠시 셋집이나 셋방살이를 하더라도 그 집 그 방을 곱게 단장하였다. 깨끗이 쓸고 닦고 문장(紋章)을 치고 그림을 걸고 화분을 놓고 뜰에 화초를 심고, 이 모양으로 자기가 있는 곳을 아름답게 하였다. 그래서 상해나 남경에서도 도산의 거처를 찾으려면 그 동네만 알면 그만이었다. 그 중에 가장 깨끗하고 아름다운 집이 도산의 거처임에 틀림없었다.···거처 즉 환경은 거기 사는 자의 정신에 영향을 주는 동시에 그의 정신의 표현이라고 보았다."[13]

도산이 생각한 애국자의 애정은 국토와 민족 전체를 포용한다. "그에게는 국토의 일초일목(一草一木)과 한 덩어리 돌, 한 줌 흙이 다 내 집의 것이요, 국민의 남녀노소가 다 내 식구다. 그러므로 그는 어느 산의 한 귀퉁이 사태 난 것을 볼 때에 제 살이 뜯긴 듯이 아프고, 어느 동포 한 사람이 잘못함을 볼 때에 제가 잘못한 듯이 슬프다."[14] 안창호에게 자연환경과 국토는 인간의 자아와 분리된 것이 아니었다. 자연환경과 주위환경 그리고 국토를 깨끗하고 아름답고 가치 있게 만드는 것은 인간과 인간의 자아를 깨끗하고 아름답고 가치 있게 만드는 것이다. 그러므로 그는 강산의 개조를 말하였다.

---

12) 이광수, 『도산 안창호』 하서 2007. 165~6쪽.
13) 앞책. 147~8쪽.
14) 이광수, 『도산 안창호』 하서 2007. 253~4쪽.

"이제 우리나라에 저 문명스럽지 못한 강과 산을 개조하여 산에는 나무가 가득히 서 있고 강에는 물이 풍만하게 흘러간다면 그것이 우리 민족에게 얼마나 큰 행복이 되겠소. 그 목재로 집을 지으며 온갖 기구를 만들고 그 물을 이용하여 온갖 수리에 관한 일을 하므로 이를 좇아서 농업, 공업, 상업 등 모든 사업이 크게 발달됩니다. 이 물자 방면뿐 아니라 다시 과학 방면과 정신 방면에도 큰 관계가 있소. 저 산과 물이 개조되면 자연히 금수, 곤충, 어오(魚鰲)가 번식됩니다. 또 저 울창한 숲과 잔잔한 물가에는 철인 도사와 시인 화객이 자연히 생깁니다. 그래서 그 민족은 자연을 즐거워하며 만물을 사랑하는 마음이 점점 높아집니다. 이와 같이 미묘한 강산에서 예술이 발달하는 것은 사실이 증명하오. 만일 산과 물을 개조하지 아니하고 그대로 자연에 맡겨 두면 산에는 나무가 없어지고 강에는 물이 마릅니다. 그러다가 하루아침에 큰 비가 오면 산에는 사태가 나고 강에는 홍수가 넘쳐서 그 강산을 헐고 묻습니다. 그 강산이 황폐함을 따라서 그 민족도 약하여집니다."[15]

강산을 개조하여 산에 나무가 가득 하고 강에 물이 풍만하게 흘러간다면 우리 민족의 산업이 발달할 뿐 아니라 철인 도사와 시인 화객이 생겨난다고 하였다. 강산의 개조가 인간의 개조이고 민족의 개조였다. 이것은 인간(민족)의 자아와 강산을 '서로 주체'로 본 것이다. 안창호가 말한 강산의 개조는 인공적으로 운하를 만들고 댐을 만들어 강산을 인위적으로 바꾼다는 것이 아니다. 자연을 더욱 자연스럽고 풍성하게 하고 국토를 더욱 아름답고 풍부하게 하자는 것이다. 자연환경과 주위환경 그리고 나라 땅을 사랑한 안창호는 자연환경과 나라 땅도 생명의 주체와 전체로서 물성과 이치에 따라 온전히 실현되고 풍성해지기를 바랐다. 그는 자연환경과 나라 땅을 주체와 전체로 존중하고 배려한 것이다.

15) 안창호, '개조', 주요한 편저, 『安島山全書』 증보판. 흥사단 2015. 643~4쪽.

생명은 안과 밖, 자신과 환경이 분리될 수 없는 것이다. 환경에는 자연뿐 아니라 사회와 역사도 포함된다. 인간은 생명체로서 주변 환경과 분리될 수 없다. 생명과 자연환경은 서로 깊게 결합되어 있다. 신토불이라 하지만 그보다 더 깊게 인간은 주위환경과 결합되어 있다. 인간의 생명과 정신 속에는 밖의 환경과 사물이 깊이 들어와 있고 인간의 생명과 정신이 환경과 사물에 깊이 반영되어 있다. 안창호는 언제나 주변의 사물과 환경을 소중하고 아름답고 깨끗하게 가꾸었다. 사물과 환경을 깨끗하고 아름답고 소중하게 만드는 것이 곧 자신의 생명과 정신을 깨끗하고 아름답고 소중하게 만드는 것이었다.

그가 길과 마당, 집안을 깨끗하고 아름답게 한 것은 단순히 보건위생이나 환경미화를 위해서 한 것이 아니다. 사람의 생명과 정신이 환경에 표현되고 실현되는 것처럼 환경도 인간의 삶과 정신에 반영된다. "도산은 집과 주위 환경의 정결과 정돈이 민족 개조의 중요 과목이요 제1과목이라고 생각했다. 몸가짐과 거처부터 개조 일신하지 않으면 문명한 독립 국민이 되지 못한다고 생각했다."[16] 안창호에게는 주위환경, 땅, 나무 한 그루, 물건 하나하나가 모두 깊은 의미와 가치를 지닌 것이고 주체와 전체로서 배려하고 존중해야 할 것들이었다. 그는 작은 물건 하나도 쓰고 버리는 소모품으로만 여기지 않고 그것이 있어야 할 곳을 찾아서 있어야 할 자리에서 주체로서 그리고 전체와 연결된 것으로서 소중하고 의미 있게 제 구실을 하게 하였다. 나와 환경을 서로 주체로 보고 물건 하나하나를 주체와 전

16) 이광수, 도산 안창호 하서 2007. 165~6쪽.

체로 존중하고 배려하는 것은 신토불이, 물아일체를 뛰어넘는 훨씬 깊고 높고 세련되고 구체적인 정신과 철학의 경지를 드러낸다.

나와 나라의 일치를 위한 개조: 나와 민족의 개조

국가는 민의 생명공동체

1907년 5월에 한 '삼선평 연설'에서 도산은 나라가 살아 있는 민중의 생명공동체임을 명확하게 말했다. "예전에는 왕씨나 이씨 한 사람의 나라였다. 이제는 민중 한 사람 한 사람 우리의 어깨 위에 나라를 짊어지고 있다. 이제 낡은 생각을 버려라. 나라는 이제 우리의 나라다." '살아 있는 우리'의 나라이므로 나라는 살아 있는 사람들의 생명공동체다. 민의 나라는 한 몸을 이룬 생명체다. "손가락 하나가 아프면 온 몸이 아프다. 오장육부와 지체들이 서로 연결되고 통하는 것이다. 몸의 장부와 지체 사이에 병이 들면 생맥(生脈)이 돈절(頓絶)되어, 깨지고 끊어지면 몸 전체가 막혀버린다. 국가 중에 생맥이 끊어진 자리가 있으면 국민 한 사람 한 사람의 생명을 홀로 보전할 도리가 있으리오. 그런즉 나라 사랑(愛國)하기를 제 몸 사랑(愛身)하듯 할 것 아닌가!"[17] 이 글에서 나와 나라를 일치시키는 도산의 민주적 국가이해가 뚜렷이 나타난다. 도산의 국가이해에는 국가주의적 요소가 말끔히 제거되어 있다.

---

17) 안창호, '삼선평 연설', 『안도산전서』 583~5쪽.

도산의 이러한 민주적 국가이해는 매우 새롭고 심오한 것이다. 군주제를 폐지하고 민주공화정을 내세우는 사람은 이 시기에 한국에서는 찾아보기 어려웠을 것이다. 일본의 보호를 받고 있지만 아직 조선왕조와 황실은 존재하고 있었다. 도산이 조직한 신민회는 한국 근현대사에서 최초로 민주공화정을 정치이념으로 내세운 단체다. 도산은 미국에서 공립협회를 조직하고 '대한신민회취지서'를 쓸 때 이미 민주공화정의 이념과 원리를 확실하게 제시하였다. 삼선평 연설에서 도산은 아주 명확하게 민이 나라의 주인이고 주권자임을 밝히고 있다. 더 나아가서 민이 주인인 나라를 하나의 생명체로 파악하였다. 손가락 하나가 아프면 몸 전체가 아프듯이 민 하나가 아프면 나라 전체가 아픈 것이다. 몸의 장부와 지체 사이에 병이 들어 생맥이 깨지고 끊어지면 몸 전체가 막혀버리듯이 나라 가운데 생맥이 끊어진 데가 있으면 국민의 생명을 보전할 수 없다. 이처럼 국민과 국가는 유기체적 생명으로서 전체 하나로 이어져 있고 통합되어 있다.

여기서 도산은 국민이 곧 나라이고 나라가 곧 국민이라는 생각에 이른다. 나라가 국민이고 국민이 나라이므로 나라가 온전해야 국민의 몸도 온전하다. 국민이 제 몸을 온전하게 지키려면 나라가 온전하도록 나라를 사랑하고 지켜야 한다. 그러므로 도산은 국민이 나라를 사랑하는 것은 곧 제 몸을 사랑하는 것이라고 하였다. 국민이 곧 나라이므로 나라를 사랑하는 것은 곧 국민을 사랑하는 것이다. 나라의 주인과 실체와 주체는 국민이다. 나라가 잘 되고 못 되는 것은 오로지 국민 자신에게 달려 있다. 국민은 전적으로 나라를 책임져야 할 나라의 주인이고 주체다. 사람은 제 몸의 주인이고 주체다. 사람이 제 몸을 스스로 책임져야 하듯이 나라의 주인인 국민은 스스로 나라를 책임져야 한다.

나의 습관과 능력의 개조

안창호는 인간의 고정된 본성이나 실체를 말하지 않았다. 안창호는 인간의 자아와 인격을 고정된 실체나 본성으로 보지 않고 습관과 행동으로 보았다. 그리고 습관과 행동에서 작용하는 것은 힘이다. 무기력한 습관과 행동이 있고 활력 있는 습관과 행동이 있다. 갈수록 힘이 떨어지게 하는 습관과 행동이 있고 갈수록 힘이 나는 습관과 행동이 있다. 안창호는 생명과 역사의 현실을 힘의 관점에서 보았다. 생명과 역사의 현실에서 실제로 작용하는 것은 힘, 능력이다. 생명과 역사의 현실에서는 힘이 있으면 어떤 일이든지 할 수 있고 힘이 없으면 아무 일도 할 수 없다. 아무리 좋은 뜻과 생각이 있고 구상과 계획이 있어도 힘이 없으면 아무 일도 이루어질 수 없다. 힘은 생명과 역사의 구체적 현실을 나타낼 뿐 아니라 변화의 과정을 나타낸다. 원리와 법칙, 관념과 이념은 그 자체로서는 현실적으로 아무런 변화를 가져올 수 없다. 원리와 법칙, 관념과 이념은 힘이 작용하는 구체적 현실과 과정에서 반영될 수 있지만 그 자체로서 독자적으로 작용할 수 없다. 그것들은 힘이 작용하는 현실과 과정에서만 반영될 수 있다. 그것들은 힘이 작용하고 실현되는 과정과 양식의 성격을 나타내는 것일 뿐이다. 그러므로 안창호는 힘을 가장 근본적이고 현실적인 것으로 보았다. 공허한 담론과 이론을 배격하고 실용적이고 현실적인 생각과 행동을 강조했기 때문에 안창호는 힘을 가장 중요하고 근본적인 것으로 보았던 것이다. 안창호는 민족의 자주독립과 통일을 가장 중요한 과제와 사명으로 보았기 때문에 민족의 개조를 말했다. 그가 능력 없는 민족을 개조하여 능력 있는 민족으로 만들자는 것이었다. 그리고 민족을 개조한다는 것은 민족을 구성하는 한 사람 한 사람을 능력 있는 인간으로 만드는 것이었다. 그리고 각 개인의 개조는 남이 할 수 있는 것이 아니라 각각 자기가 자기를 개조해야 한다고 하였다. 안창호는 인격의 개조와 민족의 개조에 대하여 이렇게 말했다.

> "이 능력 없는 우리 민족을 개조하여 능력 있는 민족을 만들어야 하겠소. 어떻게 하여야 우리 민족을 개조할 수 있소? 한국 민족이 개조되었다 하는 말은, 즉 다시 말하면 한국 민족의 모든 분자 각 개인이 개조되었다 하는 말이오. 그런고로 한국 민족이라는 한 전체를 개조하려면 먼저 그 부분인 각 개인을 개조하여야 하겠소. 이 각 개인을 누가 개조할까요? 누구 다른 사람이 개조하여 줄 것이 아니라 각각 자기가 자기를 개조하여야 하겠소. 왜 그럴까? 그것은 자기를 개조하는 권리가 오직 자기에게만 있는 까닭이오. 아무리 좋은 말로 그 귀에 들려주고 아무리 좋은 글이 그 눈앞에 벌려 있을지라도 자기가 듣지 않고 보지 않으면 할 수 없는 일이오. 그런고로 우리는 각각 자기 자신을 개조합시다. 너는 너를 개조하고 나는 나를 개조합시다. 곁에 있는 김군이나 이군이 개조 아니 한다고 한탄하지 말고 내가 나를 개조 못하는 것을 아프게 생각하고 부끄럽게 압시다. 내가 나를 개조하는 것이 즉 우리 민족을 개조하는 첫 걸음이 아니오? 이에서 비로소 우리 전체를 개조할 희망이 생길 것이오."[18]

---

18) 안창호, '개조', 안도산전서 645~6쪽.

민족을 개조한다는 것은 민족을 구성하는 한 사람 한 사람의 '나'를 개조하는 것이다. '나'의 개조는 저마다 자기 스스로 하는 것이라고 안창호가 말한 것은 아주 당연한 것처럼 보이지만 인간교육에서 매우 근본적이고 중요한 원리를 밝힌 것이다. 인간교육은 내가 나를 개조하고 교육하는 것이다. 그리고 나의 개조는 추상적 관념적 개조가 아니다. 안창호는 나를 개조하는 구체적인 방법으로서 습관의 개조를 역설했다. 안창호가 습관의 개조를 말한 것은 그가 추상적 관념적으로 인간을 생각하지 않고 인간에 대하여 구체적이고 현실적으로 생각하고 행동한 것을 나타낸다. 안창호는 습관을 개조함으로써 '나'를 개조할 수 있다고 말하였다.

> 그러면, 나 자신에서는 무엇을 개조할까. 나는 대답하기를 "습관을 개조하라" 하오. 문명한 사람이라는 것은 그 습관이 문명스럽기 때문이오. 야만이라 하는 것은 그 사람의 습관이 야만스럽기 때문입니다. 그러므로 여러분의 모든 악한 습관을 각각 개조하여 선한 습관을 만듭시다. 거짓말을 잘 하는 습관을 가진 그 입을 개조하여 참된 말만 하도록 합시다. 글 보기 싫어하는 그 눈을 개조하여 책 보기를 즐겨하도록 합시다. 게으른 습관을 가진 그 사지를 개조하여 활발하고 부지런한 사지를 만듭시다. 이밖에 모든 문명스럽지 못한 습관을 개조하여 문명스러운 습관을 가집시다. 한번 눈을 뜨고 한번 귀를 기울이며 한번 입을 열고 한번 몸을 움직이는 지극히 작은 일까지 이렇게 하여야 하오. 어떤 사람이 말하기를 "그까짓 습관 같은 것이야…"하고 아주 쉽게 압니다마는 그렇지 않소. 저 천병과 만마는 쳐 이기기는 오히려 쉬우나 (습관을 개조하는) 이 일에 일생을 노력하여야 하오.[19)]

19) 앞 글. 646쪽.

또한 안창호는 능력 없는 민족을 개조하여 능력 있는 민족으로 개조하자고 하였고 능력 없는 인간을 능력 있는 인간으로 개조하자고 하였다. 그리하여 그는 능력 있는 인간, 능력 있는 민족을 만들기 위해서 습관의 개조를 말했다. "악한 습관을 개조하여 선한 습관을 만듭시다. 거짓말을 잘 하는 습관을 가진 그 입을 개조하여 참된 말만 하도록 합시다. 글 보기 싫어하는 그 눈을 개조하여 책 보기를 즐겨하도록 합시다. 게으른 습관을 가진 그 사지를 개조하여 활발하고 부지런한 사지를 만듭시다. 이밖에 모든 문명스럽지 못한 습관을 개조하여 문명스러운 습관을 가집시다. 한번 눈을 뜨고 한번 귀를 기울이며 한번 입을 열고 한번 몸을 움직이는 지극히 작은 일까지 이렇게 하여야 하오."[20]

습관을 개조함으로써 능력 없는 인간, 능력 없는 민족이 능력 있는 인간과 민족으로 된다는 생각도 안창호의 구체적이고 현실적이며 실질적인 생각과 실천을 보여준다. 능력 있는 인간을 만들기 위해서 안창호는 3대 교육으로서 덕력을 기르고 체력을 기르고 지력을 기르자고 했다. 인격개조를 위해서 덕력과 체력과 지력을 기르는 것을 말했다는 점에서 안창호는 실체론적 본성론이나 관념론적 주체이해에 빠지지 않았다. 생명과 역사의 구체적 현실 속에서 인간의 주체적 자아를 생각했기 때문에 습관의 개조를 말했고, 능력 없는 인간에서 능력 있는 인간으로, 덕력과 체력과 지력을 기르는 구체적이고 현실적인 인간의 개조와 교육을 생각한 것이다.

---

20) 앞 글. 646~7쪽.

몸을 고치고 가정을 고치라

안창호는 인간의 개조와 교육을 추상적으로 이론적으로 생각하기보다 구체적이고 실천적으로 생각했다. 그래서 그는 민족과 인간의 개조를 "우리의 몸을 고치고 우리의 가정을 고치는 것"에서 시작한다. 병들고 약한 몸을 건강하게 고치고, 도타운 믿음과 따뜻한 사랑이 없는 가정, 가난하고 나약한 가정을 서로 믿고 사랑하는 풍성한 가정으로 고쳐야 한다. 이것은 날마다 할 일이고 사람이 해야 할 가장 큰 일이다. 안창호는 자기의 몸과 가정을 고치는 일에 힘쓰지 않는 사람은 세상을 속이는 사람이고 스스로 속는 사람이라고 하였다. "오늘에 할 일 중에 가장 우리가 할 큰일은 우리의 몸을 고치고 우리의 가정을 고치는 것입니다. 우리의 경영하는 모든 일이 이 두 가지 기초 위에서 되겠습니다. 이것은 오늘에 불가불 할 일이요, 늘 할 일입니다. 만일 우리가 우리 몸부터, 우리 집부터 고치는 것을 큰 일로 보지 않는다고 하면 우리는 세상을 속이는 사람이요, 우리가 스스로 속는 사람입니다. 내가 이런 주의를 주장한 사람 중의 한 사람이요 여러 동지의 특수한 사랑을 받는 사람 중의 하나인 줄 압니다. 그런데 나는 오늘에 할 일을 늘 못하는 것이 큰 한탄이외다. 시간이 부족한 관계로 못하는 한도 있고, 능력이 부족한 관계로, 물질의 부족으로 한함도 있으되, 그 중에 가장 크게 한탄할 그 관계는 나의 허위의 죄악 때문입니다. 오늘에 우리의 일이 생각대로 되지 못함을 한하다가는 나의 죄를 스스로 책하는 그것을 막을 수 없습니다. 그러나 나는 나의 생명을 다하여 나의 오늘에 할 일을 그 오늘마다에 다하여 보려고 힘씁니다."[21]

인간은 저마다 자기의 삶과 제 나라의 주인과 주체이므로 책임적 관념과 주인의식을 가져야 한다. 자기 삶과 나라의 주인과 주체인 인간은 저마다 제가 저를 고치고 힘 있게 해야 한다. "자기의 몸과 자기의 집을 자기가 건지지 않으면 건져 줄 이가 없는 것과 자기의 국가와 자기의 민족을 자기가 구하지 않으면 구하여 줄 이가 없을 줄 아는 것이 곧 책임심이요 주인 관념입니다."[22] 인간은 자기 삶과 나라의 주인이고 주체이므로 자기가 자기를 구원하고 자기 민족을 스스로 구원해야 한다. 안창호는 개인의 삶, 가정과 민족, 국가를 구분하면서도 결합시켰다. 저마다 제 몸과 가정을 고쳐서 건강한 몸과 가정을 가질 때 민족과 국가를 구원할 수 있다.

나와 민중의 일치: 고난 받는 민중이 사랑으로 서로 돕고 구한다(患難相濟)

삼선평 연설에서 도산은 나라가 망하게 된 책임을 남에게 돌리고 나라를 구원할 주체를 밖에서 찾는 견해들과 주장들을 비판하였다. 맨 먼저 우리가 하늘, 하나님을 믿으면 하늘이 우리를 도울 것이라는 주장을 비판한다. 하늘은 이미 지난 4000년 동안 우리나라를 알뜰하게 보살피고 도와주셨다는 것이다. 지금 나라가 망하게 된 것은 하늘이 돕지 않아서가 아니라 나라의 구성원들인 우리가 잘못했기 때문이다. 도산은 "하늘은 스스로 돕는 자들을 돕는다."(God helps

21) 안창호, "동지들께 주는 글", 주요한 편저, 『安島山全書』 증보판. 흥사단 2015. 535~6쪽.
22) 앞 글. 537쪽.

those who help themselves.)는 서양의 속담을 중요하게 여겼다. 동양에서 "지성(至誠)이면 감천(感天)"이란 말이나 "사람이 할 일을 다 하고 하늘의 뜻을 기다린다."(盡人事待天命)는 말은 이러한 서양의 속담과 비슷한 말이다. 사람이 제 할 일을 충실히 하지 않고 하늘(하나님)이 해주실 것을 기대하는 것은 잘못된 태도이다. 도산은 유태인은 하늘을 믿다가 망하고 인도인은 불(佛)을 믿다가 망하였다고 단언한다. 더 나아가서 계룡산의 진인(眞人)을 믿는 것도 어리석은 일이고 먼 나라 미국이나 영국을 믿는 것도 허망하다는 것을 설파하였다.

밖에서 구원자가 와서 우리를 구원해 줄 것을 기대하는 심리와 자세는 자신이 역사와 사회의 주인과 주체임을 몰랐던 고대와 중세의 무지하고 무기력한 민중의 심리이고 자세다. 이것은 지배자의 권력 아래 예속된 신민(臣民), 농노, 노예들이 가졌던 심리이고 태도다. 이것은 결코 근현대 민주시민의 심리와 자세가 될 수 없다. 근현대의 가장 두드러진 특징과 원리는 민을 자기 삶의 주인과 주체로 보는 것이다. 근현대에 이르러 비로소 민은 역사와 사회를 형성하고 변혁하고 창조하는 주체로 인정되고 존중되었다. 밖에서 남이 와서 나를 구원해 줄 것을 기대하는 것은 종살이 하던 노예의 심리와 태도이다. 근현대의 민주시민은 함께 일어나서 서로 주체로서 서로 돕고 보호하면서 단합하여 스스로 구원해야 한다. 인간을 구원하는 하나님, 예수, 불성, 천성(天性), 도(道), 진리가 만일 있다면 그것은 모두 오늘 살아 있는 민의 삶과 정신 속에 그 뒤에 그 위에 그 곁에 있는 것이다. 그 모든 것들은 민중의 속에서 민을 깨우고 민에게 힘을 주고 민에게 힘이 되는 것이다. 민이 스스로 일어나서 서로 주체로서 함께 일어나 서로 돕고 보호하고 합심 협력하여 단합하게 하는 것이다. 환난을 서로 구원해가도록 민을 돕고 이끄는 것이다. 그러므로 밖에서 구원자가 와서 우리를 구해 줄 것으로 믿고 기다리는 것은 고대와 중세의 낡고 부패한 거짓 신념과 주장일 뿐이다.

환난을 당한 나라와 민족을 구하기 위해서 도산은 평생 동포들과 함께 나라의 독립과 통일을 위해 헌신하고 희생하였다. 그의 일생은 한 마디로 환난상구(患難相救)의 삶이었다. 고난 받는 동포(민중)가 사랑으로 서로 돕고 구원함으로써 민족의 독립을 이룬다는 도산의 주장은 인류역사에서 항구적 의미를 가진 진리다. 도산은 평생 서로 불쌍히 여기고 서로 구원하는 환난상구(患難相救)의 삶을 살자고 부르짖었고 그 자신이 서로 불쌍히 여기고 구원하는 삶을 살았다.[23)]

도산의 이러한 자기개조의 교육철학은 유교에서 말하는 수신제가치국평천하(修身齊家治國平天下)의 사상과 비교된다. 그가 몸과 가정을 고친다는 것은 수신제가와 일치하고 나라의 독립과 통일을 이루려고 한 것은 치국과 관련되며 세계정의와 평화에 이르는 대공정신을 말한 것은 평천하와 비교된다. 그러나 도산은 쾌재정의 연설에서 나라의 독립과 통일을 이룸으로써 세계정의와 평화에 이르려 했다는 점에서 치국과 평천하에서 시작했다고 생각한다. 거기서 시작해서 건전한 인격을 이루고 가정과 단체의 공고한 단결을 이루고 나라의 독립과 통일에 이르려 했다. 치국평천하와 환난상구 사이에 건

---

23) 환난상구에 대한 도산의 생각과 실천에 대해서는 안창호, "동지들께 주는 글", 안도산전서 543쪽. 1920년 6월 15일 일기. 주요한 편저, 『安島山全書』 증보판. 흥사단 2015. 932쪽. 이광수, 『도산 안창호』 하서 2007. 217~8, 245~8쪽. 윤병욱, 『도산의 향기, 백년이 지나도 그대로: 안창호의 세계와 사상』 기파랑 2012. 478~480쪽 참조.

전인격을 형성하고 몸과 가정을 고치고 습관과 행동을 고치는 일이 있다.

ㄴ. 개조의 철학과 참된 행복

안창호는 행복의 어머니를 문명에서 찾고 문명의 어머니를 개조하려는 노력에서 찾았다. 개조하려는 인간의 모든 노력은 인간의 자기 개조로 귀결되고 인간의 자기 개조에서 나온다. 결국 최고의 행복은 인간이 자신을 개조하는데 있다.[24] 또한 안창호는 문명 부강의 뿌리와 씨를 민이 사랑으로 서로 '보호하고 단합함'이라고 했다. 인간이 자신을 개조하는 목적은 사랑으로 보호하고 단합하는 존재가 되자는 것이다. 대전형무소에서 아내에게 보낸 편지에서 안창호는 행복은 화평에서 오고 화평은 사랑에서 나온다고 하였다.[25] 1919년 상해의 교회에서 한 설교 '사랑'에서도 사랑이 '행복의 최고 원소'라고 하였다. 그리고 "우리가 서로 사랑한즉 하나님이 우리의 속에 들어오오"라고 하여 서로 사랑하는 것이 가장 위대하고 행복한 순간임을 말하였다.[26] 인간이 자기를 개조한다는 것은 사랑할 수 없는 자기를 사랑할 수 있는 자기로 변화시키는 것이다. 사랑으로 서로 보호하고 협동할 수 없는 인간이 사랑으로 서로 보호하고 협동하는 인간으로 되는 것이 인간이 자기를 개조하는 것이다. 인간의 개조와 변화는 사랑을 받을 때 사랑 안에 있을 때 가장 잘 이루어진다. 사랑으

24) 안창호, '개조', 주요한 편저, 『安島山全書』 증보판. 흥사단 2015. 642~3쪽.
25) 주요한 편저, 『安島山全書』 증보판. 흥사단 2015. 1037쪽.
26) 안창호, '사랑', 주요한 편저, 『安島山全書』 증보판. 흥사단 2015. 648, 650쪽.

로 서로 보호하고 협동할 때 사람은 사랑으로 서로 보호하고 협동하는 사람으로 된다.

사랑은 인간의 자기 개조가 이루어지는 동인이고 과정이며 목적이다. 그러므로 안창호는 병든 사람과 환난에 빠진 사람을 지극한 사랑과 정성으로 돌보고 보살폈다. 사랑 안에서 사람은 가장 깊이 감동을 받고 힘이 나고 새롭게 변화된다. 안창호가 생각한 행복은 인간이 자신을 개조하여 건전한 인격을 이루고 사랑으로 보호하고 단합하는 삶을 사는데 있다. 서로 보호하고 단합하는 것이 사랑으로 화평을 이루는 것이다. 안창호에게 인간의 최고 궁극적 행복은 사랑으로 서로 보호하고 단합(협동)하는 건전한 인격이 되기 위하여 자신을 새롭게 변화시키는데 있다. 인간의 생명과 정신, 습관과 버릇이 새롭게 변화되고 탈바꿈하여 새롭게 되는 것이 최고의 행복이다. 안창호는 인간 자신의 개조, 창조와 진화, 새로운 변화와 탈바꿈에서 궁극적 행복을 찾았다.

행복에 대한 이러한 안창호의 생각은 철학사적으로 매우 새롭고 의미 있는 것이다. 인간의 자기 개조에서 최고의 행복을 보는 안창호의 행복관은 그리스의 고대철학자 아리스토텔레스의 행복관과 아주 다르다. 아리스토텔레스는 인간의 궁극적 행복이 '이성의 관조'[27]에 있다고 보았다. 이성의 관조는 순수하게 주어진 그대로 이론과 이치, 수리와 도형을 보는 것이지 생명과 정신의 본성과 존재를 창조하고 변화시키는 것이 아니다. 이성의 관조는 창조와 변화를 일

27) 이성의 관조를 행복의 최고 상태로 본 아리스토텔레스의 견해에 대해서는 새뮤얼 이녹 스텀프·제임스 피저 『소크라테스에서 포스트모더니즘까지』 이광래 옮김 열린 책들 2004. 2011(14쇄). 163쪽.

으키지 못한다. 이성의 관조는 순수 이론적 수학적 학문적 기쁨이고 행복이다. 안창호는 인간 자신의 생명과 정신을 질적으로 새롭게 변화시켜서 고양과 향상에 이르는 인간의 자기변화를 행복이라고 하였다. 자기의 본성과 습관을 개조하는 것은 자기가 자기의 창조자와 피조물이 되는 것이니, 가장 근본적이고 궁극적인, 가장 창조적이고 혁신적인 일이다. 서양의 근현대철학도 이성적 과학주의적 철학에 머물렀기 때문에 사물과 생명과 인간의 창조적 변화를 말할 수 없었다. 기본적으로 자연을 그대로 받아들이고 인식하고 이해하는 철학에 머물렀다. 서구의 근현대철학은 자연철학이다. 인간의 본성을 자연으로 보고 그 본성을 그대로 긍정하고 받아들이는 철학이다.

동양의 철학도 자기 본성의 개조에 이르는 철학은 아니다. 인간의 본성을 하늘로부터 타고난 본연지성으로 보고 그대로 존중하고 지키려고 했다. 무위자연을 말한 도교도 자연의 도에 순응하는 삶을 추구했을뿐 자기존재의 혁신과 창조를 말하지 못했다. 불교의 불성도 인간의 자연적 본성을 초월한 것이며 인간의 욕망과 감정과 지성을 포함한 본성을 새롭게 변화시키려고 하지는 않았다. 불성은 인간의 자연적 본성과 대립되어 있다. 안창호는 역사와 사회의 구체적 현실 속에서 인간의 본성과 정신을 새롭게 하려고 했다.

안창호는 인간의 본성이 고정되어 있다고 생각하지 않았다. 그는 인간의 변함없는 본성을 말한 적이 없다. 그는 인간의 자기 개조를 말했고 덕·체·지를 말하고 덕력과 체력과 지력을 길러야 한다고 주장했다. 그는 인간은 당연히 새롭게 변화될 수 있고 보다 나은 존재가 될 수 있다고 보았다. 그가 끊임없이 줄기차게 강조한 '앞으로 나아감'은 보다 나은 상태로 되는 것을 뜻했고 나아짐, 진화와 진보를 뜻했다. 인간의 자기 개조는 인간의 본연지성을 유지하고 지키는 것과는 전혀 다른 것이다.

행복을 위한 인간의 자기 개조

교육의 목적은 건강하고 행복한 인간이 되는 것이다. 건강하고 행복한 인간의 몸과 맘과 얼은 저마다 제 구실을 잘 하면서 몸과 맘과 얼이 하나로 통하고 고양되고 향상된다. 아리스토텔레스에 따르면 행복은 좋음(善) 그 자체를 실현하는 것이고, 좋음은 기능을 잘 하는 것이다. 조각가에게는 조각을 잘 하는 것이 좋은 것이다. 피리 연주자에게는 피리를 잘 부는 것이 좋은 것이다. '좋음, 잘'은 기능을 탁월하게 발휘하는데 있다. 인간의 좋음(善)은 인간의 고유한 기능인 이성의 능력을 잘 발휘하는 것이다. 그리스인들에게 덕(arete, 德)은 탁월한 능력이다. 기능을 잘 발휘하는 것이 좋음이고 '잘'이다. 좋음('잘')이 선이다. 좋음 자체, 가장 좋음(最高善)에 이르는 게 행복이다. 인간의 고유한 기능은 이성을 잘 사용하는 것, 생각을 잘 하는 것이다. 이성의 기능을 잘 하는 것이 관조(觀照)다.28) 관조는 보고 알고 이해하고 깨닫는 것이다. 이론을 탐구하는 이성적인 관조의 삶이 좋은 삶, 행복한 삶, 건강한 삶이다. 행복, eudaimonia는 좋은 정신, 영혼을 뜻한다. 로고스가 영혼의 본질과 신성을 나타낸다고 보았던 아

---

28) 《소크라테스에서 포스트모더니즘까지》 163쪽.

리스토텔레스는 인간의 로고스인 이성이 잘 관찰하고 관조하면 좋은 영혼이 되고 행복한 삶이 된다고 생각했다. 그러나 이성의 관찰과 관조로는 생명의 주체와 전체의 일치에 이르지 못하고 몸, 맘, 얼의 창조적 진화와 신생이 일어나지 않는다. 관찰과 관조로는 감성과 지성과 영성의 통합적인 실현과 완성이 이루어지지 않는다. 따라서 그것은 인간의 참된 행복과 건강에 이를 수 없다.

인간본성의 근본적이고 역동적 변화를 말하는 안창호의 인간관은 기존의 모든 인간관, 동양의 인간관, 고대 그리스의 인간관, 근현대 서구의 인간관과 다르다. 유교는 하늘로부터 타고난 인간의 주어진 본성(本然之性)을 지키거나 실현하려고 했다. 도교는 자연 질서와 변화의 길과 방식에 순응하는 인간을 추구했다. 불교는 시공간적 구체적 현실을 부정하거나 초월한 초시간적, 초역사적 불성(佛性)을 추구했다. 그리스의 이성철학은 인간과 인간의 본성을 철저히 이성의 관점에서 봄으로써 관념적이고 이상적인 인간이해에 머물렀다. 인간의 이성은 인간의 본성을 이성적으로 이해하고 설명할 수 있지만 인간의 본성을 혁신하고 새롭게 창조할 수 없다. 서양의 근현대철학은 자연질서와 환경을 탐구하는 이성주의적 과학철학이었다. 자연환경을 지배와 이용의 대상으로 보고 정복하고 파괴했으나 인간의 자연적 본성, 타고난 본성은 바꾸거나 변경할 수 있는 것이라고 보지 않았다. 인간의 본성은 자연(nature)이며 자연으로서 인간의 주어진 본성은 그대로 존중하고 지켜야 할 것이었다. 근현대 서구의 이성주의철학은 순수 이성의 계산과 논리를 추구한 수학적 사고, 물질적 인과관계와 작용을 탐구한 자연과학적 사고를 바탕으로 연구하고 교육하는 학문체계를 확립했다. 수학적 논리와 계산을 바탕으로, 물질적 인과관계와 작용을 탐구하는 자연과학적 연구는 자연적으로 주어진 인간과 인간 본성을 현상적으로 설명하고 소개할 뿐 인간과 인간의 본성을 새롭게 변화시키거나 탈바꿈할 수 없다. 이처럼 기존의 철학과 사상에서는 인간의 본성을 변화시키는 인성교육(전인교육)을 할 수 없고 인간혁명을 말할 수 없다.

유교에서 인간의 최고행복은 중용(中庸)을 지켜서 삶과 정신이 조화와 균형을 이루는 중화(中和)에 이르는 것이다. 유교에서 중용(中庸)의 중(中)은 천성, 하늘로부터 타고난 본성(天然之性)을 그대로 지키는 것이다. 중용 첫 머리에서 "천명지위성(天命之謂性) 솔성지위도(率性之謂道) 수도지위교(修道之謂教)"라고 한 것도 인간의 본성을 그대로 따르고 지킨다는 의미를 담고 있다. 인간의 본성은 하늘이 준 것이고(天命之謂性), 본성을 따르는 것이 도(道)이며(率性之謂道) 도를 닦는 것이 교(教)다(修道之謂教). 여기서는 인간의 본성을 창조적으로 새롭게 형성하고 변화시킨다는 생각이 없다. 유교는 인간의 궁극적이고 이상적인 경지를 중화(中和)로 보았다. 중화(中和)는 욕망과 감정이 일어나도 고르게 조화를 이루어 일어나지 않은 것처럼 중(中)에 이르러 천성(天然之性)을 지키는 것이다. 본성은 변하지 않는 것이고 변해서는 안 되는 것이다. 중용의 덕성과 품성은 하늘로부터 타고난 인간의 본성(天然之性, 하늘의 도와 이치, 천명)을 지키는 것이고 하늘에 충실하고 하늘의 도리에 알맞게 되는 것이다. 감정이 일어나도 일어나지 않은 것처럼 내색하거나 표현하지 않는 것이다. 그러나 인성, 타고난 본성인 천성을 그대로 지키는 것으로는 생명진화와 천지인합일을 이룰 수 없다. 감정을 정화하고 승화하고 고양시키며 지성과 영성을 실현하고 고양시킬 수 없다. 인성은 하늘로부터 주어진 것이며 오랜 생명진화 과정을 거쳐서 형성된 것이고 오늘 나에게 전해진 것이다. 그리고 그것, 인간의 본성은 새롭게 변화되고 탈바꿈하여 심화되고 고양될 것이다.

생명은 물질의 법칙적 제약과 물성적 속박을 벗어나 해탈과 해방의 기쁨과 신명, 자유와 사랑, 자발적 헌신과 희생에 이른 것이다. 생명진화와 인류역사를 통해서 드러난 인간 생명의 본성은 그대로 있는 것이 아니라 새롭게 변하는 것이고 진화하고 고양되는 것이며 자기를 버리고 희생하고 초월하여 끊임없이 탈바꿈하고 새롭게 다시 태어나는 것이다. 생명은 늘 새롭게 되는 것이고 스스로 하는 것이다. 인간의 본성은 잘 이어받아 살려나가야 한다. 인간은 자연이면서 자연을 넘어서 있다. 자연의 본성과 본질을 변경하고 새롭게 창조할 수 있는 존재가 되었다. 인간은 자연의 본성과 본질을 변경하고 새롭게 창조할 수 있다. 내가 나의 본성을 새롭게 창조하고 변화시킬 수 있다. 안창호가 말한 '인간의 자기 개조'는 생명진화와 인류역사를 통해 드러난 생명과 정신의 본성과 목적, 사명에 일치하는 것이며 인간의 존재 이유와 목적을 실현하는 것이고 최고 행복과 보람을 이루는 것이다. 안창호는 기쁨과 사랑의 욕구와 감정을 적극적으로 표현했고 정화하고 고양시키려 했다. 그의 사랑공부와 적극적 수양법은 생의 욕구와 감정을 적극적으로 표현하고 실현하고 고양시키는 것이다.

3) 인간의 자기 개조와 교육의 방법

ㄱ. 개조의 방법: 기쁨, 사랑, 희망을 가진 나!

어떻게 사람은 능력 없는 사람에서 능력 있는 사람으로 자기를 개조할 수 있는가? 안창호가 생각한 능력은 생명과 정신의 능력이다. 따라서 덕력 체력 지력을 길러야 한다고 보았다. 그러면 어떻게 덕력, 체력, 지력을 가진 능력 있는 사람이 될 수 있는가? 안창호는 먼저 희망을 가진 사람이 되어야 한다고 보았다. 그에 따르면 희망을 가질 때 사람은 무기력과 무능력에서 벗어나 자신감을 가지고 능력 있는 사람이 될 수 있다. 안창호는 식민지 백성으로서 체념하고 절망에 빠져 무기력하게 사는 청년들에게 말하였다. "우리도 오늘부터 희망을 가지고 내일의 거울을 보아 봅시다. 우선 얼굴이 좋아질 것이요, 허리도 차차 펴질 것이올시다. 그리한즉 우리 가슴 속에 쌓여 있던 슬픔이 풀려 나가고 기쁨이 들어와서 그 자리를 채워가지고 이 세상 분투하는 마당에 내어 세울 것이니 우리 사람의 놋(뇌)[29] 속에 가장 먼저 잡아넣을 것이 '희망'이라 하오."[30]

생명은 물질의 속박과 제약에서 해방된 것이므로 본디 기쁘고 신

---

29) 놋, 노는 뇌(腦)를 가리키는 말 같다. Daum 한자사전에서 뇌(腦)는 노로 발음되기도 한다. "腦 뇌 노, 뇌 뇌, 골 뇌, 뇌수 뇌." 뇌, 노의 의미는 "1. 뇌 2. 머리 3. 심(心) 4. 머릿골 5. 중심"(Daum 한자사전)이다. 안창호는 '뇌수를 씻는다, 뇌수에 ~을 집어넣는다.'는 표현을 자주 썼다. "우리 국민의 뇌수가 홀연히 열리고"(대한신민회 취지서 『안도산전서』 1068쪽.) "흉금뇌수를 깨끗이 씻고 닦아서"(삼선평연설 안도산전서 583쪽.) "신사상과 신지식을 뇌수에 흘러들어가게 하여"(서북학생친목회 연설, 안도산전서 588쪽.)

30) 안창호, '불쌍한 우리 한인은 희락이 없소' 안도산전서 607쪽.

명나는 것이며 서로 주체로서 자유롭게 사랑하고 협동하려는 것이다. 그러나 생명은 물질 안에서 물질적인 육체를 가지고 물질에 의존해서 살아가는 존재이므로 물질적 육체적 본능과 욕망과 감정의 굴레에서 벗어나 자기부정과 초월을 통해 끊임없이 새롭게 자기를 개혁하고 창조해가야 한다. 물질적 속박과 제약에 갇혀 있는 생명은 자신의 본성과 목적을 실현하지 못한 채 상처받고 죽을 수 있으며 절망하고 좌절할 수 있다. 물질적 조건과 제약에 매인 인간은 쉽게 절망하고 좌절하여 무기력과 무능력에 빠진다. 물질의 제약과 속박 속에서 물질과 몸에 의존해서 살아가는 인간은 자신의 생명과 정신의 본성과 목적을 실현하기 위하여 끊임없이 물질적 신체적 제약과 속박에서 벗어나 자기를 부정하고 초월하며 자기의 물질적 육체적 본능적 생명을 정화하고 승화하고 탈바꿈하여 자기를 개혁하고 창조해야 한다. 무력한 자기를 개조하여 능력 있는 자기로 만들려면 물질적 육체적 본능적 생명을 정화하고 승화하고 고양시켜야 한다. 그리고 자기의 물질적 신체적 본능적 생명의 차원들을 승화 고양시키려면 가장 먼저 생의 본성인 기쁨과 사랑을 회복해야 한다. 인간의 생명과 정신은 사랑의 기쁨 속에서 가장 잘 자라고 힘차게 되고 새롭게 되고 고양될 수 있다. 생의 기쁨과 사랑에서 희망이 나오며 희망을 가지면 체념과 좌절을 이기고 무기력과 무능력에서 벗어나 능력 있는 인간으로 될 수 있다. 로마의 속담처럼 살아서 숨을 쉬는 한 인간은 희망을 가질 수 있다.(Dum spiro, spero.)

ㄴ. 적극적으로 나아가는 수양

안창호는 능력 있는 민족, 능력 있는 사람을 만들려고 하였다. 그에게 능력은 인간의 자아와 환경과 역사를 보다 낫게 개조할 수 있는 힘이다. 이러한 힘의 원천은 생명의 근원인 사랑, 기쁨, 희망이다. 이러한 힘을 기르기 위해서 안창호는 사랑 공부를 역설했다. 사랑공부를 통해서 개조의 능력을 기르는 수양은 소극적일 수 없다. 사랑은 용감하고 모험적인 것이기 때문이다. 안창호는 흥사단이 수양과 훈련의 기관임을 밝히고 흥사단의 수양법은 적극적 수양법임을 내세웠다. 그는 기존의 동양적 수양법을 소극적 수양법이라고 비판하였다. 소극적 수양은 삶에 대해 두려워하며 조그만 실수나 잘못도 저지르지 않으려고 조심조심 소극적 방어적으로 수양하는 것이다. 이런 수양을 하는 사람들은 한번 잘못하거나 실수하면 낙담하고 포기하기 쉽다. 안창호가 말한 적극적 수양은 삶에 대해서 적극적 진취적으로 생각하고 과거의 잘못이나 현재의 부족함에 연연하지 않고 대담하게 적극적으로 앞으로 나아가는 수양이다. 실수하고 넘어지더라도 다시 일어나고 다시 힘써서 "나아가고 나아가서 결코 포기하지 않는다."고 하였다.

> "우리 흥사단에서는 (수양을) 소극적으로 하지 말고 적극적으로 하자. 소극적 수양을 하지 말고 방담적(放膽的) 수양을 취하자. 동양의 수양방법이 어떠하오? '마치 깊은 연못가를 걷고 얇은 얼음 위를 밟듯이 두려워 떨며 조심하고 삼가며'(戰戰兢兢 然如 臨深淵 如履薄氷), 동양에서는 수천년간 이와 같은 수양을 취하여 왔소. '위험한 곳에는 들어가지 않고 어지

러운 곳에서는 살지 않는다.'(危邦不入 亂邦不居), 이것이 다 소극적 주의요, 기독교도 동양에 들어온 뒤에는 또한 소극적으로 흐르게 되었소. 우리 흥사단 단우는 그런 수양을 하지 말고 나는 능히 무실할 수 있는 장부요, 역행할 수 있는 장부라 생각할 것이오. 소극적 수양을 취하는 자는 한번 실수에 빠지면 전율하여 다시 일어나는 힘이 없어 점점 연약하여 가되, 적극적 수양을 취하는 자는 설혹 한 둘의 실수가 있더라도 '다시 접촉하고 다시 힘써서'(再接再勵) '나아가고 나아가서 결코 포기하지 않는다.'(進進不棄)하오."[31]

안창호는 적극적 진취적 수양을 강조하면서 태도와 예절은 평범하고 소박하고 자연스러워야 한다고 보았다. 과장되거나 허영이 깃든 언행을 삼가고 진실하고 소박한 말과 행실을 강조했다. "공자는 사십이불혹(四十而不惑)이라 하였나니 사람에게 어찌 잘못이 없겠소(人誰無過)? 무죄한 자는 한 사람도 없다고 사도 바울이 말하였소. 이상 한 말이 심상한 말이 아니오. 이후 우리 단우의 동작은 천연하고 심상하게 함이 가하오. 고의로 국궁연(鞠躬然)하게 지어서 말 것이오...겉으로 보면 평범하지만 그러나 속으로 의리를 지키며 하는 일에 충성을 다함이 가하오."[32]

애기애타와 적극적 수양을 말하는 안창호의 수양법은 동양의 전통적 수양법과는 다르다. 중국유교는 인간과 하늘의 일치를 추구하는 천인합일을 말했다. 천인합일을 말한 중국유학을 한국유학은 보다 철저하게 받아들여서 인간과 하늘의 직접적 일치를 강조하여, '하늘과 인간 사이에 간격이 없다'는 천인무간(天人無間, 李穡)을 말했다. "이황은 '천인무간'의 명제를 '천아무간(天我無間)'으로 집약시켜

31) 안창호, '흥사단의 발전책', 안도산전서 718쪽.
32) 같은 글.

철학하는 주체로서의 '자기'를 강조하고, 현실적으로 하늘과 하나인 존재로서의 '자기'를 회복하기 위하여 경(敬)을 중심으로 하는 고도의 수양 철학을 완성시켰다."[33] 이황이 주체로서의 자기를 강조하는 유교의 수양철학을 발전시켰지만 이것은 안창호가 말한 애기애타와 적극적 수양과는 다르다. 이황의 자기 수양은 자기를 사랑하고 활달하게 펼치는 애기가 아니라 허물이나 잘못을 저지르지 않기 위해 삼가고 조심하는 소극적 수양이다. 자신의 수양을 노래한 '도산십이곡'에서 그가 "허물이나 없고자" 한다고 노래한 것은 그의 수양이 소극적 수양임을 보여준다. 이것은 허물이나 잘못을 무릅쓰고 적극적으로 행동하며 앞으로 나아가고자 했던 안창호의 진취적이고 적극적 수양과 대비된다.

안창호의 적극적 수양은 흥사단의 동맹수련에서 보다 확실하게 확인된다. 흥사단은 홀로 은밀히 수양하는 개인 수양에 머물지 않고 동지들과 더불어 수행하는 동맹수련을 실행하였다. 안창호 자신도 상해임시정부 시절에 날마다 이른 아침에 흥사단 단소에서 동지들과 함께 모여 정좌회(靜坐會)를 갖고 단전호흡을 하며 침묵하고 명상하는 시간을 가졌다. 동맹수련은 동지들이 서로 거울이 되고 길잡이가 되어 서로 단련하고 수양함으로써 우정을 돈독하게 하고 신의와 단결을 심화하고 강고하게 하는 집단적 공동체적 수양이었다.

안창호는 인격수양만을 강조한 수양주의자도 아니고 제도개혁만을 추구한 행동주의자도 아니다. 그는 흑백논리나 진영논리에 빠진 당파적이고 분열적인 생각과 행동을 철저히 거부하고 경계한 사

33) '상제', 한국민족문화백과사전.

람이었다. 그는 철저히 비타협적인 원칙과 동기와 목적에 충실한 사람이면서 매우 입체적이고 종합적이며 주체적이고 전체적인 관점에서 생각하고 행동한 지도자였다.

4
나라의 근본을 세우는 인간교육, 어떻게 할까?

안창호는 한국근현대의 중심과 선봉에서 한민족의 민주화와 통일을 위해서 누구보다 순수하고 치열하게 헌신하고 노력했다. 그의 정신과 철학은 삼일운동과 임시정부의 정신과 철학을 가장 잘 드러내고 표현하였다. 그는 교육독립운동을 이끌었고 교사로서 큰 모범을 보였다. 안창호는 한국민족과 국가의 스승이 되기에 부족함이 없다. 그는 근현대 한국민족의 정신과 삶을 대표하는 인물이며 세계에 내놓을 수 있는 보편적 정신과 가치를 구현한 인물이다. 한국근현대사에서 안창호처럼 허물이나 잘못을 저지르지 않고 한결같이 바른 길을 걸어온 지도자는 없다. 민족과 세계 전체의 자리에서 서로 다른 세력과 사상들을 끌어안으며 민주와 통일의 길을 곧게 걸어온 안창호는 오늘 한국사회가 분열과 갈등에서 벗어나 생각과 마음을 하나로 모을 수 있는 인물이다. 안창호는 보수와 진보, 젊은이와 늙은이, 가난한 이와 부자가 함께 존경하고 따를 수 있는 분이다. 우리는 나라의 근본을 세우는 인간교육을 위한 내용과 방법을 안창호의 삶과 정신과 철학에서 찾을 수 있다. 안창호의 삶과 사상에는 인간교육을 위한 깊은 철학과 내용과 방법이 담겨 있다.

나라의 근본을 세우고 인간이 주인이 되는 세상을 만들려면 인간교육이 필요하다. 한국과 세계의 민주시민이 되기 위하여 그리고 자유롭고 평등하면서 서로 살리고 더불어 사회는 사회를 만들기 위하여 인간교육을 해야 한다. 정치인과 고위 공직자, 국민을 섬기는 공무원 그리고 민주시민을 위한 인간교육을 해야 한다. 자본과 기계가 지배하는 산업사회에서, 인공지능과 로봇이 주도하는 미래 사회에서 인간이 자신의 삶과 사회의 주인으로 살기 위해서 인간교육이 절실히 요청된다.

이미 여러 해 전에 국회에서 여야 국회의원 만장일치로 인성교육진흥법을 통과시킴으로써 의무적으로 유치원에서 고등학교까지 인성교육을 하게 되었다. 그러나 인성교육은 제대로 이루어지지 못하고 있다. 그 까닭은 인간(인성)교육의 내용과 프로그램, 방법이 마련되지 않았기 때문이다. 인간교육은 주입식 지식교육이 아니라 인간의 자기 교육이므로 인간과 교육에 대한 깊은 철학이 확립되어야 하고 교육의 내용과 방법이 마련되어야 한다. 그리고 인간교육을 가르치고 지도할 교사를 양성해야 한다.

인간교육을 위한 철학, 내용과 방법을 어떻게 마련할 것인가? 어떻게 인간교육을 하는 교사를 양성할 것인가? 한국근현대의 정신과 철학, 헌법전문에 제시된 삼일운동과 임시정부의 정신과 철학을 깊이 연구해야 한다. 한국근현대의 정신과 철학은 인류정신사와 사상사에서 새로운 것이므로 연구의 기준과 방법이 새로워야 한다. 동양과 서양의 전통정신과 철학을 기준으로 한국 근현대(삼일운동과 임시정부, 안창호)의 정신과 철학을 연구해서는 안 된다. 근현대의 인간과 사회가 고대와 중세의 인간과 사회보다 더 나아간 것이고 더 새롭고 높은 것이다. 근현대의 정신과 철학을 연구하는 것은 나와 우리의 정신과 철학을 연구하는 것이다. 내가 나를 연구하고 내가 나로 되는 길을 찾는 것이다. 그렇게 하려면 한국근현대의 정신과 철학을 기준으로 동서의 전통과 정신을 비판하고 창조적으로 새롭게 해석하는 방식으로, 한국근현대의 정신과 철학을 연구해야 한다.

나라의 근본을 세우는 인간교육을 하려면 나라의 근본인 민주공화와 민족통일의 정신과 철학을 확립하고, 인간교육의 내용과 프로그램을 연구 창작하며, 인간교육의 교사 양성하는 연구 교육기관을 마련해야 한다. 그래서 유치원과 초중고에서 인간교육을 실행하고 대학과 사회에서 민주시민교육으로서 인간교육을 실행해야 한다.

인간교육의 철학과 방법을 연구하고 인간교육을 하는 교사를 양성하는 연구 교육 기관을 마련하는 방안을 다음과 같이 생각해 볼 수 있다.

1) 국가와 민족의 사업으로 한국근현대의 정신과 철학, 인간교육의 철학과 방법을 연구하고 인간교육을 담당할 교사를 양성하고 민주시민을 교육하는 기관을 설립한다. 국가와 사회의 지원으로 설립하되 국립 또는 민간 교육 기관으로 할 수 있다.

2) 대학과 협력하여 대학 안에 이러한 연구 교육 기관을 설립하고 연구하고 교육한다.

3) 홍사단을 비롯한 관련 기관들의 협력으로 연구 교육을 진행하면서 연구 교육의 기관의 설립을 추진한다.

4) 나라의 근본을 세우는 인간교육에 동의하는 인사들의 참여와 지지를 확대해 간다.

2장

역사교육: 삼일운동의 체화

'삼일운동의 체화'는 단순한 지식과 관념의 체화가 아니다. 그것은 100년의 시대적 간격을 극복하고 삼일운동에 담긴 정신과 뜻의 체화를 이루어야 한다. 더 나아가서 오늘 여기의 삶 속에서 사회와 역사의 구체적인 현실과 상황 속에서 그 정신과 뜻을 실천하고 구현해가야 한다. 나의 삶과 역사 사회의 현실 속에서 삼일운동의 정신과 뜻을 체화하려면 '나'는 깊고 높고 큰 '얼 나'(주체)가 되어서 어떤 상황과 처지에서도 내 몸을 내 맘대로 할 수 있어야 한다.

1

'삼일운동의 체화'에 대한 논의

삼일운동은 한국근현대정신사의 중심과 절정을 이룬다. 삼일운동은 민의 개별적 주체적 자각으로 일어났다는 점에서 개화파의 계몽독립운동을 계승하고 민중의 봉기라는 점에서 동학농민혁명을 계승하였다. 민족대표들이 뒤로 물러서고 민중을 앞세운 삼일운동은 비폭력 평화운동으로서 자발적이고 자생적인 민중운동이며 쌍방적 협동적인 민주운동이다. 삼일운동은 임시정부와 대한민국 헌법의 정신적 토대이다. 삼일운동이 일어남으로써 한국근현대사는 질적 전환과 변화를 이루었다. 민주공화정으로 방향이 확립되었고, 더 이상 왕정복고는 불가능하게 되었다. 삼일운동은 기독교, 천도교, 불교의 협력으로 이루어졌고 동학혁명운동세력(천도교)과 독립협회 개화세력(신민회)의 합작으로 이루어졌다.

삼일운동은 이제까지 일어난 모든 운동들의 총합이며 후대에 이루어진 운동들의 영감의 원천이었다. 3·1운동은 "위대하고 간절하며 비장하고 명확한 관념이 있으며 민의(民意)로 무력을 사용하지 않았고 세계 혁명의 신기원(新紀元)을 열었다."고 중국혁명의 지도자 진독수는 말했다.[34] 삼일운동은 매우 품격이 높으면서 세계 보편적 의미와 항구적 가치를 지닌 특별한 민족운동이었다.

체화(體化)란 말은 어렵다. 사전적으로는 '물체화, 구체화'를 뜻하거나 정신과 뜻이 몸에 스며들게 하는 것을 의미한다. 생각과 이념을 물체화, 구체화, 신체화하는 일은 어렵다. 정신과 이념이 내 몸에 스며들게 하는 일은 참으로 어려운 일이다. 모든 생명은 몸을 가진 것이고 몸을 가진 생명체는 이미 체화를 이룬 것일 뿐 아니라 체화를 심화 고양시켜가야 할 사명과 목적을 가지고 있다. 그러나 물질이 아닌 정신과 이념을 물질인 몸으로 바꾸고 몸과 하나로 되게 하는 체화는 철학(사상과 이론)으로나 도덕(실천)으로도 어려운 일이다. 더욱이 몸이 배제된 컴퓨터, 인공지능, 인터넷이 주도하고 생명을 고려하거나 배려하지 않는 자본이 지배하는 세상에서는 체화가 더욱 어려워진다. 계산기인 컴퓨터, 인공지능, 그리고 계산하는 숫자로만 표현되는 돈에는 주체 '나'가 없고 얼과 혼이 없다.

생명은 스스로 하는 주체를 가진 것이다. 주체와 전체와 진화가 생명의 본성과 특징이다. 스스로 하는 주체인 '나'가 주체, 전체, 진화를 관통하는 원리다. 주체로서 '나'는 전체의 통일이 일어나는 중심과 초점이다. 나는 창조적 변화와 진화가 일어나는 자리이고 그 창조적 진화를 일으키는 주체이며 창조적 진화의 대상과 목적이기

34) 民意 "朝鮮代表在和會之請願(續)" 「建設」 第2劵 第2號. 1920.3.1. 문영걸 "중국잡지 속의 3·1운동" 《기독교사상》2019. 02. 34~5쪽.

도 하다. 생명의 진리는 '나'의 진리다. 참 나는 몸, 맘, 얼이 통일된 존재다. '얼'은 몸과 맘을 통일한 것이다. 그러므로 얼이 참 나다. 내가 참으로 나로서 나답게 될 때, 몸과 맘이 통일된 얼이 될 때만 생명의 정신과 물질이 온전히 하나로 되고, 물질의 정신화, 정신의 물질화 다시 말해 체화가 이루어진다. 물질의 제약과 속박에서 자유로운 생명의 나가 온전히 하늘의 자유를 누릴 때 생명의 체화는 완성된다. 삼일운동과 내가 일체가 되려면 내가 완전히 모든 것에서 자유로운 존재가 되어야 한다. 삼일운동을 체화한다는 것은 삼일운동의 정신이 나의 육체를 따르는 게 아니라 나의 육체가 그 정신을 따르는 것이다. 물론 체화가 이루어지면 정신 속에 육체가 있고 육체 속에 정신이 있어서 정신과 육체가 서로 따르게 된다. 그러나 체화를 이루는 근본원리는 정신적이고 주체적인 '나'의 원리다. 생명의 체화는 내가 '얼 나'로서 뚜렷이 설 때 온전히 이루어진다. 얼 나가 될 때 나(내 몸)와 나라(나라 땅)는 하나다(身土不二). 나라가 내 나라가 되고 나라 땅이 내 땅(내 몸)이 되고 우리 사회가 내 사회가 되고 내 몸이 내 뜻대로 움직이는 몸이 될 수 있다. 나라와 사회의 주인과 주체인 나의 몸이 기쁘고 자유로우며, 내 몸이 나라와 민족의 기쁨과 뜻을 잘 드러내고 실현할 때 체화가 일어난 것이다.

'삼일운동의 체화'는 단순한 지식과 관념의 체화가 아니다. 그것은 100년의 시대적 간격을 극복하고 삼일운동에 담긴 정신과 뜻의 체화를 이루어야 한다. 더 나아가서 오늘 여기의 삶 속에서 사회와 역사의 구체적인 현실과 상황 속에서 그 정신과 뜻을 실천하고 구현해가야 한다. 나의 삶과 역사 사회의 현실 속에서 삼일운동의 정신과 뜻을 체화하려면 '나'는 깊고 높고 큰 '얼 나'(주체)가 되어서 어떤 상황과 처지에서도 내 몸을 내 맘대로 할 수 있어야 한다. 따라서 삼일운동의 체화라고 했을 때, '체화'는 사전의 의미를 넘어서 '내가 나로' 되는 '주체화'를 의미한다. 삼일운동과 내 몸이 온전히 하나로 되면 삼일운동의 정신과 뜻에 따라 내가 내 몸을 자유롭게 움직일 수 있다. 주체화란 물질과 몸, 대상을 주인으로서 내 것으로 맘대로 자유롭게 움직이고 쓰는 것이다. 생명과 역사의 진리와 뜻을 드러내고 실현한 삼일운동의 정신과 뜻에 따라 내가 내 몸을 내 맘대로 하게 되어야 삼일운동의 체화가 이루어지는 것이다. 삼일운동의 크고 높은 정신과 뜻에 따라 내 몸을 내가 맘대로 하면 나는 더욱 자유롭고 큰 나가 되고, 몸은 몸대로 물성과 이치에 따라 실현되고 완성되는 것이다. 내가 약화되거나 속박되지 않고 몸이 손상되거나 억압받지 않으면서 "나는 나대로 자유롭게 하고 몸은 몸대로 되게 하는 것이다."(유영모) 삼일운동을 내 몸이 왜곡하거나 변질시키지 않고 삼일운동이 내 몸을 억압하거나 괴롭히지 않아야 한다. 내 몸을 통해 삼일운동의 정신과 뜻이 온전히 실현되고 완성되어 가고 삼일운동을 통해서 내 몸이 자유롭고 품격 있고 값지게 되는 것이다.

삼일운동을 완전히 나의 것으로 나의 몸속에 새겨지게 하고 몸에 스며들게 한다는 것은 삼일운동을 나의 것으로 되게 하는 것이다. 삼일운동 속에 내가 있고 내 안에 삼일운동이 있어서 나와 삼일운동이 일체가 되게 하는 것이다. 삼일운동의 이념과 뜻, 높은 정신과 생명력, 민주와 통일정신이 내 몸에 체화되어 나와 하나로 되는 것이다. 삼일운동을 체화하여 나의 것이 되게 하는 일은 삼일운동과 내가 서로 주체와 전체로서 온전히 하나로 될 때 일어나는 일이다. 삼일운동을 체화하려면 먼저 삼일운동의 주체와 전체를 온전히 깨닫고 이해하고 뚫어보아야 한다. 온전히 깨닫고 이해한 삼일운동의 주체와 전체를 내가 나의 주체와 전체로, 온 몸과 맘과 얼로 받아들여야 한다. 먼저 어떻게 삼일운동을 주체와 전체로서 그 정신과 뜻의 깊이와 높이, 그 역사 사회적 의미와 맥락, 그 실상과 진상을 깨닫고 이해하고 뚫어볼 수 있는가? 그리고 머리나 이성으로만 생각으로만 감정으로만 받아들이지 않고 온 몸으로 감정과 생각과 이성으로 그리고 얼과 혼과 신으로 온전하고 철저하게 받아들일 수 있는가? 삼일운동과 내가 서로 주체로서 온전히 하나로 되는 일은 매우 어렵다.

100년 전의 사건, 운동, 인물들을 어떻게 오늘 나의 몸에 체화할 수 있는가? 체화(體化)는 체의 변화다. 내 몸을 변화시키는 것이고, 몸에 변화가 일어나는 것이다. (삼일운동에 대한) 통계 자료, 지식 정보는 자료(데이터)일 뿐 몸을 변화시킬 수 없다. 감정도 일시적으로 흥분시키고 격동과 감동을 가져올 수 있지만 오래 지속되기 어렵다. 감정도 체화에 이르지 못한다. 이성이 지어내는 이론과 사상은 일시적이지는 않지만 몸의 질적 창조적 변화를 가져오지 못한다. 이성은 이해하고 설명할 수 있으나 창조, 혁신, 변화를 일으키지 못한다. 이론과 이성은 이해하고 설명할 수 있으나 몸을 변화하는 체화에 이르지 못한다. 100년의 시대와 공간의 차이를 넘어서 나의 몸을 변화시킬 수 있는 것은 얼이다. 삼일운동의 얼과 나의 얼이 만날 때 비로소 100년의 시대적 간격을 넘어서 하나로 되고 내 몸을 변화시키는 체화에 이를 수 있다. 얼만이 몸과 맘, 물질과 정신을 통합하고 움직일 수 있다. 얼만이 몸과 사물(물건과 일)을 움직일 수 있다. 얼만이 몸, 맘, 얼을 통합하고 나의 주체와 전체를 변화시키고 움직일 수 있다.

2

삼일운동을 주체와 전체로 온전히 이해하기: 삼일운동은 어떤 운동인가?[35)]

삼일운동을 주체로 이해한다는 것은 삼일운동을 있는 그대로 진실하게 이해하는 것이며, 그 깊이와 높이를 이해하는 것이며 그 정신과 사상을 민족정신의 깊이에서 이해하는 것이다. 삼일운동을 전체로 이해한다는 것은 그 역사-사회의 전체적 맥락과 정황을 이해하는 것이고 나아가서 그것이 후대에 미친 영향을 파악하고 그것이 지니는 보편적 의미와 항구적 가치를 밝히는 것이다.

1) 삼일운동의 의미와 품격

삼일운동의 특별한 의미와 품격은 어디에 있는가? 그것은 중앙집권적 조직의 지시와 명령에 따른 운동이 아니다. 지역에 있는 민

35) 이하 삼일운동에 대한 설명은 박재순 『삼일운동의 정신과 철학』 홍성사 2015.에서 발췌한 것이다.

중의 자발적 자생적 민주운동이며, 전국에서 온 국민이 함께 일어난 민족운동이다. 쌍방향적이고 서로 주체적인 자치와 협동의 운동이며 비폭력 평화운동이다. 일제의 총칼에 맞서 맨 손으로 태극기 흔들고 낮고 슬픈 곡조로 애국가를 간절하게 부르며 '대한독립만세!'를 외친 운동이다. 한번 그 광경을 마음속에 그려보라. 총칼로 무장한 일본 군인들과 태극기 흔들고 낮은 가락의 애국가 부르며 '대한독립만세'를 외치는 한국 민중들! 누가 강요하지 않고 시키지 않았는데 데 이름 없는 민초들이 스스로 목숨 걸고 나와서 독립 운동한 것이 위대하다.

나라의 주권을 빼앗고 총칼로 위협하는 일본제국은 한민족을 사람이 아니라 짐승 취급을 한 것이다. 삼일운동에서 한민족은 폭력에 굴복하는 짐승이 아니라 이성과 영성을 가진 사람임을 선언하고 증명한 것이다. 삼일운동은 한민족이 일제와 세계 앞에 '나(우리)'도 사람이라고 선언한 것이다. 삼일운동은 나라를 빼앗긴 짓밟힌 민중이 '내가 나라의 주인이다!'고 일어나서 나라의 주인으로서 '대한독립만세!'를 부른 운동이다. 나 홀로 일어난 독립(獨立)이 아니라 모두 함께 일어난 공립(共立)운동이다. 일제의 불의한 폭력, 총칼에 맞서 '나'로서 일어선 비폭력 평화 운동이며 물리 신체적 힘에 의존하지 않은 얼과 혼의 운동이다. 삼일운동에서 한민족의 정기(精氣)가, 얼과 혼이 가장 깊고 높고 크게 드러나고 실현되었다. 주권과 자유를 잃은 백성, 나를 잃고 종살이하는 민족이 "나는 나다!" "나도 사람이다." "내가 이 나라의 주인이다."고 선언하고 일어선 자주 독립의 운동이다.

삼일운동은 낮고 조용하고 슬픈 애국가 곡조 속에서 장엄하고 거룩하며 용감하고 강인한 기개와 고결하고 품격 있는 정신과 결연한 의지를 보여주었다. 50명 이상 모인 만세운동에 참여한 사람들만 해도 200만 명이 넘고 전국 방방곡곡에서 일어난 운동이다. 한 사람이 아니라 민족 전체가 고난과 죽음을 초월하여 두려움과 불안을 극복하고 정의와 평화, 진리와 사랑을 보여주었다. 한민족의 얼, 기개를 높이 드러냈다. 삼일운동에서 표출된 한민족의 이런 기개와 용기가 윤봉길, 이봉창을 일으켰을 것이다. 안중근, 윤봉길, 이봉창은 하늘의 사람들인 듯, 죽음 앞에서 마치 죽음이 아무 것도 아닌 듯, 당당하고 초인적인 풍모를 보였다. 이들은 신선 같이 자유롭게 근심 걱정의 그늘이나 아무 거리낌 없이 바람처럼 물처럼 고난과 죽음을 향해 목숨 바쳐 행동했다. 이들을 보면 하늘을 보는 듯하다. 하늘의 자유를 누리는 얼의 사람이 될 때만 신념과 몸은 하나로 된다. 이들은 신념을 온전히 체화한 이들이다. 이들의 신념과 몸이 완전히 하나가 되어 말하고 행동했다. 삼일운동에서 우리 겨레는 독립을 향한 열망과 의지가 완전히 체화된 듯이 함께 일어섰다.

한국의 삼일운동은 인도의 비폭력 평화운동과 비교된다. 비폭력 평화운동이라는 점에서는 같은 데 운동의 성격과 방식이 다르다. 인도의 비폭력 평화운동은 간디의 일방적 권위 아래 그의 지시와 지휘를 따른 운동이다. 간디는 동료나 민중과 협의하지 않았다. 홀로 명상하고 홀로 판단하고 결정했다. 한국의 삼일운동은 민족대표들 가운데 아무도 일방적 권위를 행사하지 않았다. 대표들도 서로 협동하고 협력하여 삼일운동을 준비하고 이끌었다. 또한 민족대표들이 앞에서 지시하고 지휘하여 삼일운동을 이끈 것이 아니라 뒤로 물러서서 민중이 스스로 앞장서도록 하였다. 민족대표들은 간절하고 겸허하게 민중을 향해 일어서도록 호소했으며 민중에게 준 것은 '독립선언서'뿐이었다. 삼일운동은 민중을 나라의 주인과 주체로 받들고 섬기며 민중이 스스로 앞장서도록 호소한 운동이었다. 민중이 독립만세운동을 자발적으로 결정하고 서로 협동하여 계획하고 추진하였다. 그러므로 매우 품격이 높고 힘 있는 운동이었다.

2) 삼일운동의 전체적 맥락

민중이 주도한 운동

삼일운동의 광경을 전체적으로 그려보자. 흰옷을 입은 백성들이 손에 태극기를 쥐고 흔들며, 차분하고 낮은 곡조로 애국가를 부르고, 수 십, 수 백, 수 천 명의 민중이 한 목소리로 '대한독립만세!'를 외쳤다. 대단히 평화적인 광경이다. 말을 탄 일본 군인들의 총칼에 맞서 맨손으로 한민족은 비폭력 평화 시위를 벌였다! 삼일운동에서 대표적인 독립만세운동은 유관순이 주도한 천안의 '아우내 만세 운동'이다. 만세 현장에서 유관순의 부모가 죽었다. 사람들이 많이 죽고 흥분한 민중은 온 몸으로 일본군의 총칼에 맞섰다. 수많은 사상자가 나오게 될 상황에서 유관순은 일본군과 민중 사이로 들어가서 가슴으로 일본군의 총칼을 막아냈다. 유관순에게서 삼일운동을 움직인

초월적 정신력을 확인할 수 있다. 감옥에서 유관순은 겨울에 기저귀가 얼자 언 기저귀를 제 몸에 감고 녹여서 주었다고 한다. 강인하면서 자비로운 맘을 가진 유관순은 얼의 사람이었다.

민족대표들과 삼일독립선언서의 뜻에 따라 민중이 자생적으로 일으켰고 협동하여 계획하고 진행한 운동이다. 사람과 사람, 지역과 지역이 협력하고 통합하고 합류하여 민족운동의 큰 흐름을 만들었다. 가진 것 없는 민초들이, 나라 잃은 백성이 당당하고 광명정대하고 질서 있게, 품위와 격조를 가지고 만세운동을 벌였다. 전국 곳곳에서 일어난 민족 전체의 통일적 시위였다. 나라의 주인과 주체로서 일어난 민들의 민주적 자발적 주체적 시위였다. 민족 대표들은 모두 평민들이었고, 명망가가 없었다. 삼일독립운동을 추진한 이들은 거족적인 독립운동을 위해 모든 일을 치밀하고 완벽하게 준비하고 조직적으로 추진하고 전개했다. 최남선이 쓴 독립선언서는 2월 27일 오후 6~10시에 2만 1천매를 인쇄하여 28일 아침부터 여러 사람에게 분배하여 전국 각지로 전달되었다. 33명의 민족대표들은 나라의 독립을 위해 목숨을 바칠 각오를 했으나 독립운동이 감정에 치우쳐 폭력사태로 치닫는 것을 걱정하였다. 1919년 3월 1일 천도교의 보성사가 발행한 조선독립신문 1호는 이렇게 보도하였다.

민족대표들의 부탁, 조선민족대표들은 마지막 한 마디를 동지에게 남겼다. "우리들은 조선을 위하여 생명을 희생하니 우리의 신령한 형제들은 우리들의 간절한 뜻을 관철하여 언제까지든지 우리 2천만 민족이 최후의 1인이 남더라도 결단코 난폭한 행동이나 파괴적 행동을 하지 말기 바란다. 1인이라도 난폭한 파괴적 행동을 하게 되면 이는 영원히 구제할 수 없는 조선을 만드는 것이니 부디 주의하고 조심하라."(저자 윤문)

이 신문의 보도를 보면 당시 민족대표들이 삼일운동에서 폭력사태가 일어나는 것을 방지하려고 얼마나 맘을 많이 썼는지 알 수 있다. 감정에 치우쳐 폭력사태로 치닫게 되면 일제의 폭력적 탄압에 구실을 주고 민족의 희생만 커질 뿐이며, 서양의 문명국들에게 공감과 동정을 얻을 수도 없다고 생각했던 것이다.

그래서 3.1 운동의 민족대표들은 「독립선언서」와 시위지침을 전국에 전달한 다음에 태화관에 모여서 「독립선언서」를 읽고 만세를 부른 후 일본경찰에 알리고 스스로 잡혀갔다. 그들이 비겁하고 타협적이어서 이렇게 한 것은 아니다. 이들이 시위현장에 나가지 않은 것은 두 가지 이유가 있었다. 첫째 독립운동에 앞장선 학생들과 민중을 자극하려고 하지 않았던 것이다. 고종의 갑작스런 죽음과 독살설로 민심은 크게 격양되어 있었다. 이런 상황에서 민족대표들이 시위현장에 나가면 분위기가 고조되어 걷잡을 수 없는 폭력사태가 벌어질 염려가 있었다. 학생들과 민중이 차분하고 질서 있게 독립만세운동을 하도록 민족대표들은 시위 현장에 나가지 않았다. 둘째 민중을 앞에서 이끌지 않고 민중이 스스로 앞장서도록 하려는 것이었다. 삼일운동의 가장 큰 특징은 지도자들이 앞장서지 않고 민중이 스스로 앞장서도록 겸허하게 호소한 것이다. 그래서 이들은 삼일운동의 준비는 체계적이고 조직적으로 완벽하게 했으면서도 시위현장에는 나가지 않았던 것이다. 그들이 시위현장에 나가지 않은 것은 지도자들이 앞장서지 않고 민이 앞장서서 일어나게 하려는 주의 깊은 배려와 계획에서 나온 것이다.[36]

---

36) 같은 책. 35~6쪽.

삼일운동은 아래서부터 민이 서로 주체로서 자치와 협동의 방식으로 추진되고 전개된 운동이다. 영웅적인 지도자가 권위적으로 이끌었던 운동이 아니다. 이름 없는 다수의 민중이 함께 일어난 자발적인 운동이다. 삼일운동이 타파하려고 했던 낡은 군사적 국가주의체제는 한 사람의 뛰어난 영도자가 이끄는 강력한 권위주의체제다. 그것은 수직적 일원적 일방적 체제다. 삼일운동은 이와는 정반대의 원리와 방식으로 추진되고 전개되었다. 삼일운동을 준비하고 계획하고 추진한 지도체제는 일원화되었으나, 삼일운동이 실제로 지역에서 추진되고 전개된 원리와 방식은 수평적이고 다원적이며 쌍방적이었다. 모든 민중이 서로 주체로서 평등하게 참여했고 자발적으로 자유롭게 서로 힘과 뜻을 모아서 독립만세운동을 벌였다. 일제의 식민통치가 반영하는 낡은 군국주의적 국가주의체제는 수직적이고 일원적이고 일방적이다. 삼일운동은 이와는 정반대로 온 국민이 서로 주체로서 일어난 수평적이고 다원적이고 쌍방적인 관계와 원리를 나타낸다. 삼일운동은 민주와 평화의 새로운 국가문명의 관계와 원리를 제시한다.

삼일운동의 전체적인 내용과 평가

1919년 3월 1일 일제의 식민통치 아래 신음하던 한민족이 자주독립을 선언한 운동이다. 전국 곳곳에서 2백만 명이 넘는 사람들이 일제의 군사적 억압과 폭력에 맞서 '대한독립만세!'를 외치며 평화적인 시위운동을 벌였다. 독립선언식과 만세시위는 전국으로 들불처럼 퍼졌고 자유와 평화, 생존과 번영, 정의와 인도를 갈구하는 독립선언의 메아리는 5월말까지 3개월 이상 줄기차게 이어졌다.

삼일운동을 주도했다가 구속된 사람은 1만 8천여 명에 달했고 기소된 사람은 9,289명이었다. 민족대표를 포함해서 구속된 사람은 갖은 고문과 악형을 당했고 현장에서 학살된 사람도 많았다. 민족대표 47명은 내란죄로 기소되었다. 3월 1일 이후 5월말까지 전국을 휩쓴 시위운동 상황을 보면 50명이 이상이 참여한 집회 회수 1,542회, 시위 참가자 202만 3,089명이고 그 해말까지 진행된 시위의 참가자는 1천만 명에 달했다. 사망자수 7,509명, 부상자 1만 5,961명, 검거자 5만 2,770명, 불 탄 교회 47개소, 학교 2개교, 민가 715채나 되었다(일본 측 발표).

삼일운동이 지닌 역사적이고 정신적인 의미를 네 가지로 제시할 수 있다.

1) 세계 강대국들의 지배와 침략에 맞서 한민족이 세계 최초로 일으킨 거족적인 독립운동이며 대중적인 민주운동이다. 민족의 자주독립과 세계평화를 위해 한민족 전체가 떨쳐 일어난 삼일운동은 중국의 5·4운동과 인도(간디)의 독립운동에 직접 영향을 미쳤으며 다른 제3세계 식민지 민중들에게 큰 자극과 용기를 주었다. 삼일운동 이후 약소국들의 독립선언이 이어졌고 지금까지 100개가 넘는 나라들이 독립했다.

2) 일제의 제국주의적 탐욕과 군사적 폭력에 맞서 정의와 평화의

높은 도덕과 정신을 드러내고, 이성적이고 질서 있고 공명정대함을 보여주는 비폭력 평화 운동이었다. 피해자가 가해자에게 용서와 화해의 길을 제시하고 그 길을 열고 그 길로 나아간 운동이다. 전쟁과 폭력의 국가주의를 넘어서 상생과 평화의 세계문명을 시작하는 인류문명의 신기원(박은식)이며, 신분과 특권의 낡은 전통과 굴레를 깨트리고 자유와 평등을 실현하는 민주혁명이다.

3) 한국근현대사의 중심과 등뼈다. 여러 갈래의 민주민족운동이 삼일운동에서 하나로 결집하고 삼일운동을 거쳐서 다시 여러 갈래와 방향으로 나아갔다. 민족정신과 시대(세계)정신이 만나 새 시대를 연 운동이었다. 삼일운동은 민족의 생명력과 정신력을 분출한 거대한 분화구요, 한민족의 정신과 힘, 꿈과 미래상이 담긴 큰 호수다. 삼일운동은 대한민국의 정신과 철학을 담고 있다.(헌법전문)

4) 대통합의 정신을 드러내고 실현했다. 지역과 신분, 종교와 정파, 이념과 신앙, 남녀노소의 차이를 넘어서 온 민족이 하나로 일어난 운동이다. 천도교, 기독교, 불교의 연대와 협력을 이루었으며, 도덕과 지성과 영성, 자연생명과 역사와 천명을 아우른 위대한 정신과 철학을 드러냈다.[37)]

한국의 근현대사는 실학으로부터 개화파, 동학농민혁명, 독립협회와 만민공동회, 신민회와 민족교육독립운동에 이르기까지 민족의 자주독립과 민주를 향한 오랜 여정(旅程)이고 구도자적 편력이었

37) 박재순 『삼일운동의 정신과 철학』 홍성사 2015. 6~7쪽.

다. 오랜 역사의 여정 끝에 삼일운동에서 비로소 자주독립과 민주를 향한 역사는 절정에 이르렀다. 민의 주체적 자각을 이루었다는 점에서는 개화파의 정신을 계승하고 아래로부터 일어난 민중운동이라는 점에서는 동학농민혁명을 계승하였다.

임시정부의 모태가 되고 그 이후 한국 민주화운동의 정신적 근원이 되었으며, 헌법 전문에 밝힌 대로 헌법정신의 기초가 되었다는 점에서 3.1 운동은 한국 현대사의 중추가 된다. 또한 전 국민이 함께 일어난 비폭력 평화운동이었다는 점에서 아시아와 세계의 민족독립과 민주화운동을 위한 자극과 영감의 원천이 되었다. 국민이 주인과 주체로서 일어나서 독립을 선언하고 나섰다는 점에서, 비폭력 평화의 원칙을 내세웠고 상생과 공존의 세계평화를 지향했다는 점에서 3.1 운동은 민주정신과 운동의 전형이 된다.

3) 삼일운동의 사상: 독립선언서

전체적 평가

1. 독립선언서는 조선왕조와 왕에 대한 충성이나 관심이 전혀 없다. 오직 민주, 민족이 있을 뿐이다. 독립선언서 어디에도 신분질서나 신분의식을 반영하는 언급이 없다. 오직 평등한 민족이 있을 뿐이다. 나라를 구하고 살리는 주체로서 민을 내세우고 민에게 호소한 독립선언서는 가장 순수하고 높은 민주정신과

이념에 이르렀다.

2. 독립선언서는 자연생명(우주)과 역사(인간)와 천명(신령)의 세 차원을 아우르고 실현하고 완성하려 한다. 삼일운동은 실존적이고 주체적 양심에 바탕을 두고 하늘의 지시(天命)와 세계역사의 큰 흐름을 따르고 실현하는 운동이다. 삼일운동은 양심의 주체성, 천명의 궁극성, 시대정신의 세계성을 지니고 있다.

3. 독립선언서는 군사제국주의의 폭력과 불의에 맞서 비폭력 평화와 정의, 도의와 진리를 내세우며 싸운다. 역사의 피해자가 민족의 독립을 전제로 가해자를 용서와 화해의 길로 초대한다. 군사적 물리적 폭력에 맞서 도덕과 양심, 진리와 질서, 정의와 평화, 우애와 협력을 내세운 삼일운동은 보다 높은 정신운동이며 평화운동이다.

4. 독립선언서는 식민지쟁탈전을 벌인 민족국가주의 문명과 시대를 넘어서 국가와 민족들 사이에 우애와 협력, 평화와 공존을 실현하는 새 문명 시대를 열려고 한다. 민족의 자주독립은 세계평화로 이어진다. 민족과 국가들이 저마다 자주 독립을 이룸으로써 국가들 사이에 정의와 평화, 우애와 협력이 이루어지는 새로운 세계평화가 이루어질 수 있다는 것이다. 겨울서 봄으로 바뀌듯이 전쟁과 폭력의 국가주의시대서 국제적 연대와 협력, 평화와 공존의 세계평화시대로 바뀌고 있음을 선언한다.[38)]

38) 같은 책. 102~3쪽.

4) 삼일운동의 정신과 얼: 이승훈의 얼과 혼[39)]

혼의 탄생지, 감옥에서 신앙정신을 닦아내다

이승훈의 인격과 정신은 감옥에서 닦여진 것이다. 1910년 전후에 서북지역(평안도 황해도)에서는 신민회와 기독교를 중심으로 신문화운동을 통한 독립운동이 확산되고 있었다. 일제는 이 독립운동 세력을 탄압하기 위해서 총독 데라우치 암살 미수사건을 조작해서 1911년 9월에 이승훈을 비롯해서 600명을 검거하고 105명에게 유죄판결을 내렸다. 이미 이승훈은 1911년 2월 안악사건으로 구속되어 제주도에 유배되었다가, 9월 105인 사건에 연루되어 서울로 압송, 4년 2개월 동안 옥고를 치렀다. 이승훈은 1915년 2월 15일 특사로 출옥했다. 삼일운동 때는 1922년 7월 21일 가출옥함으로써 3년 4개월 동안 옥고를 치렀다. 그는 7년 반 동안 옥고를 치르면서 믿음이 깊어졌고 인격과 정신이 하늘처럼 높고 자유로워졌다.

그는 1908년쯤 기독교 신앙을 갖게 되었고 105인 사건으로 옥고를 치를 때는 학습을 겨우 마친 사람으로서 신앙생활의 초보자였다. 그는 옥중에서도 1913년과 1914년 2년 동안 순연히 신앙생활에 헌신하였다. 감옥에서 그는 성경읽기, 기도, 금식 등의 성스러운 생활, 수양생활을 계속하였다. 성경읽기와 기도가 중요한 일과로서 누구의 감시도 방해도 받음이 없이 조용히 이 생활을 계속할 수가

39) 같은 책. 49쪽 이하 참조.

있었다. 민족운동에 대한 신념은 도산을 만나고 나서 굳어졌고 종교 신앙은 감옥 속에서 깊어졌다. 감옥이 남강의 혼의 탄생지였다. 남강이 성경을 여러 번 거듭 읽은 곳도 감옥 이었고, 울면서 기도를 올린 곳도 감옥 이었다.

그의 신앙과 신념은 감옥 안에서 깊어지고 높아졌다. 이것은 그가 1915년 2월에 출옥한 후에 이런 고백을 하였다는 데서도 입증된다.

> "감옥에서 어떻게 그리 기쁜지 몰랐어. 곧 당신[하나님]이 내 머리 위에 계신 것 같아서. 여섯 사람 중에 내가 학습만 받았으니 제일 초신자인 모양인데 제일 위로를 받은 모양이야……전에는 믿는다는 것이 밤알을 껍질채로 물고 어물거림과 같았는데 지금은 껍질을 벗겨서 먹는 것 같다."[40]

그는 3·1운동으로 3년 4개월의 옥고를 치르고 1922년 7월 21일에야 민족대표 33인 가운데 가장 마지막 사람으로 가출옥하였다. 그는 105인 사건 때와 마찬가지로 이때의 감옥 생활에서도 성경을 읽고 깊은 신앙 체험을 하였다. 평양신학교에서 신학공부를 하던 그는 감옥에 들어와서 자신의 사명을 새롭게 깨달았다. 그는 자신의 사명이 목사가 되어 목회하는 데 있는 것이 아니라 이 민족을 위한 교육과 산업을 발달시키는 데 있다는 것을 깨달은 것이다. 가출옥할 때 동아일보 기자와 한 인터뷰에서 그는 옥중에서 깨달은 소명과 포부를 다음과 같이 밝히고 있다.

---

40) 이찬갑, "남강은 신앙의 사람이다", 〈성서조선〉 제64호. 1934. 5월호. 12쪽.

"나는 감옥에 들어간 후에 이천 칠백여 폐지나 되는 구약을 열 번이나 읽었고 신약전서를 사십독을 하였소. 그 외 기독교에 관한 서적 읽은 것이 칠만 페이지는 될 터이니 내가 평생에 처음 되는 공부를 하였소. 장래 나의 할 일은 나의 몸을 온전히 하나님에게 바쳐서 교회를 위하여 일하는 것이오. 그러나 나의 일할 교회는 일반 세상 목사나 장로들의 교회가 아니오. 나는 하나님이 이제부터 조선민족에게 복을 내리시려는 그 뜻을 받아서 동포의 교육과 산업을 발달시키려고 하오."[41]

그는 자신을 하나님께 바친 믿음의 사람이었기 때문에 자기와 다른 사람들로부터 자유로울 수 있었고 한없이 겸허하게 남을 섬길 수 있었다. 죽기 며칠 전에 오산학교 동창회에서 이승훈의 동상을 세우고 전국의 수많은 인사들과 학생들이 모인 자리에서 동상 제막식을 하였다. 그는 이 자리서 이렇게 말했다. "나는 불학무식한 사람입니다. 내 뒤에 있는 물건[동상]처럼 나는 아무 것도 모르는 사람입니다. 내가 여기까지 온 것은 하나님께서 이끄셨기 때문입니다. 하나님께서 이제까지 이끌어 주신 것처럼 앞으로도 이끌어 주실 줄 믿습니다."[42] 하나님을 믿었기 때문에 그는 한없이 겸허할 수 있었고 자기를 비우고 버릴 수 있었으며 죽음을 넘어서 자유롭게 헌신할 수 있었다.

이승훈은 철저한 믿음의 사람이었지만 교리나 교회의 제도와 형식에 매이지 않았다. 그의 삶과 행동, 말과 생각은 종교적인 냄새가 나지 않았지만 신앙의 높은 품격과 향기가 배어 있었다. 그는 교회와 교리를 벗어난 자유로운 신앙인이었다. 그의 삶과 정신에서 '한'

---

41) 1922년 7월 22일 동아일보 기사. 金基錫, 南崗 李昇薰. 한국학술정보(주), 2005. 236쪽 참조.

42) 金基錫, 南崗 李昇薰. 한국학술정보(주), 2005. 363~4쪽.

의 정신과 기독교 정신이 제대로 결합되었다. 그는 하늘(하나님)을 품고 살았던 한의 사람이고 자기를 버리고 죽음을 넘어서 겸허하게 섬기는 예수(기독교)의 사람이었다. 그는 삼일운동에 정신의 깊이와 품격을 주고 맘과 혼을 불어넣었다.

교육입국운동, 오산학교와 삼일운동

기업인으로 크게 성공했던 그는 1907년에 열네 살 아래인 안창호의 강연을 듣고 나서 나라를 되찾고 바로 세우는 일에 몸과 맘을 바치게 되었다. 안창호의 영향으로 그는 신민회에 참여하여 독립협회와 만민공동회의 맥과 전통을 잇고, 자주독립과 교육입국의 이념과 정신을 실현하기 위해 헌신하였다. 안창호를 비롯한 신민회의 많은 동지들이 망명한 다음에도 그는 이 땅에 남아서 애국계몽운동과 민중교육운동의 맥과 정신을 계승하고 실천했다.

독립협회와 만민공동회로부터 신민회와 오산학교에 이르는 한국의 애국계몽운동과 민중교육운동은 서양의 계몽운동과는 두 가지 점에서 달랐다. 첫째 서양의 계몽운동은 지식인 엘리트들이 무지몽매한 군중을 깨워 일으키는 것이다. 지식인 엘리트는 계몽의 주체이고 무지몽매한 군중은 계몽의 대상일 뿐이다. 한국의 계몽·교육운동은 민중을 나라의 주인과 주체로 보고 나라를 구할 주체로서 깨어 일어나도록 호소하는 운동이었다. 지식인들이 겸허하게 민중에게 호소하면서 민중을 나라의 주인과 주체로 깨워 일으켰다. 민중은 계몽과 교육의 대상이 아니라 주체로서 높여졌고 지식인은 겸허하게 섬기는 자리에 섰다.

둘째 서양의 계몽운동은 중세봉건사회의 기독교적 의식과 관행, 교리와 전통을 비판했으므로 반종교(기독교)적 성격을 지녔다. 서양의 근대적 계몽과 정치해방운동은 반종교적이고 합리주의적이었다. 이에 반해 한국의 계몽·교육운동은 기독교인들과 천도교인들이 주도하였다. 따라서 한국의 계몽 교육운동은 민주적이고 이성적 성격을 가지면서도 종교적 성격과 바탕을 가지고 있었다. 합리주의적 관점에서 보면 불완전하고 불투명하게 보일지 모르지만 한국의 계몽 교육운동은 종교적 삶의 깊이와 이념의 높이를 지니고 있다.

믿음의 사람 이승훈은 주체의 깊이에서 민족 전체의 하나 됨을 이루려 했다. 주체의 깊이에서 민족 전체의 하나 됨을 이루려 했던 그의 열망은 오산학교와 삼일운동에서 실현되었다. 오산학교는 작은 사립학교였지만 깊은 믿음과 과학적 진리와 민족애가 하나로 녹아드는 용광로였다. 신앙정신과 진리정신과 민족정신이 결합됨으로써 학생들과 교사들은 인격적 주체의 자유로운 깊이에서 민족 전체의 하나 됨을 체험하고 교육의 기적을 이룰 수 있었다. 오산학교는 안창호의 정신과 가르침이 살아 있었고 조만식, 여준, 홍명희, 이광수, 유영모, 함석헌이 가르쳤으며, 김소월, 백석, 이중섭, 주기철, 한경직, 함석헌을 길러냈다. 안창호와 이승훈의 교육정신과 이념이 사무쳤던 오산에서 유영모와 함석헌은 스승과 제자로 만났고 씨ᄋᆞᆯ사상을 닦아냈다.

그는 자주와 정직과 섬김의 정신으로, 사랑과 희생과 헌신의 정신으로 삼일운동을 성공시켰다. 삼일운동을 통해서 민족의 한 사람

한 사람은 저마다 주체의 깊이에서 민족 전체의 하나 됨에 이르렀다. 한 사람 한 사람의 주체적 깊이에서 민족 전체의 하나 됨에 이르렀다는 점에서 삼일운동은 한국근현대정신사의 가장 높은 봉우리이며 근현대 인류정신사의 꼭대기다.

3

나의 주체와 전체로 삼일운동을 받아들이기:

주체와 전체로서 몸, 맘, 얼의 일치와 통합 속에서 체화하기

어떻게 삼일운동의 생명과 정신을 나의 삶과 몸에 체화할 것인가? 주체 '나'는 내 존재 전체의 통일적 표현이고 실현이다. '나'는 전체의 통일이 드러나고 표현되는 자리이고 그 통일을 실현하는 주체다. 주체와 전체의 통일로서의 나는 몸, 맘, 얼의 통일이고 원기(생기), 욕망, 감정, 생각, 지성, 영성, 신성의 통합과 일치다. '나'는 창조적 진화의 주체이며 대상이고 목적이다. 생명진화와 인류역사에서 인간의 '나'는 자신의 창조자이며 피조물이다. 주체와 전체의 통일이 이루어지고, 창조적 진화가 이루어지는 자리, '나'의 근원적 깊이와 높이가 하늘이고 얼이다. 하늘의 얼로 살고 움직이는 나가 바로 참된 '나'다.

얼은 문명과 문화의 주체와 토대다. 인생과 역사 정치와 문화, 교육과 종교의 목적은 얼 힘을 기르는데 있다. "교육의 목표는 위대한 얼의 사람을 길러낸다는 한 점에 집중되어야 한다."[43] 지식과 기술

43) 함석헌, "살림살이", 함석헌전집2. 306쪽.

도 사람과 사람 사이에 직접 주고, 받을 수 없고, 얼과 정신을 통해서만 깨달음과 이해를 통해서만 전해진다. 함석헌은 이렇게 말했다. “사람의 얼이란 것은 온갖 힘의 물 둥지다. 모든 냇물이 흘러서는 물 둥지에 고이고 또 고였다가는 흘러나서 여러 갈래의 냇물이 되듯이, 사람이 하는 모든 일은 마지막에 한번은 반드시 정신으로 바뀌어져 생명의 물 둥지를 이루게 되고, 거기서야 또 모든 것이 나올 수 있다. 개인에 있어서도 그렇고, 세대에 있어서도 그렇고, 지식이나 기술이 직접 이 일에서 저 일로, 이 사람에게서 저 사람에게로 넘어가는 수는 없고, 반드시 한 번 정신으로 되어가지고야 한다. 이것을 이해라, 혹은 깨달음이라 하고, 덕이라 한다.…아무 것을 먹어도 소화가 되어야, 삭아서 얻어져야 살이 될 수 있듯이, 모든 것은 녹아서 정신으로 되어서만 내 것 곧 ‘나’가 될 수 있다.…자본주의 사회에서는 돈이 왕이다.…생명의 세계에서는 얼이 임금이다. 그러므로 무슨 일에 있어서나 무슨 방법으로도 얼을 길러라. 얼만 길러라. 얼에서 모든 것이 나온다. 얼이 모든 것이다.”[44] 얼 힘이 없으면 인생과 문명은 무너진다.

얼은 통일의 초점이고 통일을 가져오는 주체다. 통일이 깨어져서 일어나는 분열, 갈등, 혼란, 분규, 얼크러짐에서는 힘찬 삶이 나올 수 없다. 얼은 통일을 가져오는 생명의 꼭대기 한 점이다. 회개는 분열된 자아가 자기를 부정하고 ‘얼 나’가 되어, 전체 생명이 하나 되는 자리(하나님)로 돌아감이다. ‘얼 나’가 되어 전체 하나의 생명에로 돌아갈 때 원기가 나온다. 생명의 원기로 가득 찰 때 자유롭고 힘 있는

---

44) 함석헌, “살림살이”, 함석헌전집2. 303~4쪽.

행위가 나온다. 하늘과 땅이 하나 되는 자리에 설 때 스스로 하는 얼힘이 솟는다.[45)]

삼일운동을 체화한 사람은 아주 적을 것이다. 삼일운동이 역사적으로 4·19혁명, 6월 시민항쟁, 촛불혁명으로 거듭 분출되기는 하지만 국민에게 체화했다고 말하기는 어렵다. 삼일운동의 정신을 길렀고 그 정신으로 임시정부를 만들고 평생 그 정신을 체화하여 살았던 안창호는 애국가 작사자이기도 하다. 독립협회 이후 교육독립운동의 중심에 있던 이는 안창호였고 교육독립운동은 삼일운동과 직결되었다. 그리고 안창호는 삼일운동의 정신을 이어받아 임시정부를 만들고 이끌었다. 그는 삼일운동을 체화하여 평생 올곧게 산 대표적 인물이다. 1954년 11월에 불법적으로 사사오입 개헌을 하고 영구집권을 획책하던 이승만과 친일파 학자들과 국사편찬위가 결합하여 안창호에게서 애국가 작사자 지위를 빼앗고 반민주, 반통일 세력인 친일파 지식인들, 이병도, 백낙준, 윤치영, 서정주 등이 정치사회문화의 권력을 틀어쥐게 되었다. 4·19혁명 후 이승만은 쫓겨났으나 이병도는 문교부장관이 되고 같은 해 학술원 회장이 되어 1981년까지 학계의 권력자가 되었다. 백낙준은 4·19혁명 후 참의원선거에 나와서 서울 시민 4분의 1의 지지를 받아 전국에서 가장 많은 표를 얻고 참의원에 당선되었고 이어서 참의원 의장이 되었다. 1968년에는 이병도와 백낙준이 독립운동자 서훈 심사위원이 되었다. 4·19혁명은 삼일운동을 계승한 측면도 있지만 삼일운동의 정신을 훼손한 측면도 있다. 4·19혁명 이후 친일파들의 정치사회적 권력이 더욱 강화되

45) 같은 글. 310-311쪽.

었기 때문이다. 4·19혁명과 그 혁명에 참여한 사람들은 삼일운동을 체화했다고 볼 수 없다. 촛불혁명이 민주정신과 민족정기를 크게 드러냈지만 촛불혁명의 정신이 촛불시위에 참여한 사람들에게 체화되었다고는 할 수 없다. 그 후의 삶과 사회가 크게 달라졌다고는 볼 수 없기 때문이다. 정권이 바뀌어서 적폐를 청산하고 정치사회를 일신하려 하지만 크게 바뀌는 것 같지 않다. 기독교인들이 예수를 체화하기 어렵듯이 오늘 한국인이 삼일운동을 체화하기 어렵다.

그러나 체화한 사람이 아주 없다고는 말하지 못한다. 바울과 성 프란시스코 같은 이들은 예수를 체화하고 살았다고 할 수 있다. 안창호, 이승훈, 조만식, 유관순, 유영모 함석헌 같은 이들은 삼일운동을 체화하여 살았다고 생각한다. 물질과 정신을 통합하여 육체 안에서 사는 생명을 보면 체화는 이룰 수 있고 이루어야 하는 것이다. 생명과 정신은 육체 몸에 완전히 체화된 것이다. 생명체 안에서 정신, 의식은 육체에 체화되고 육체는 정신을 속에 품고 있다. 육체의 생명화 정신화가 이루어지고 정신의 육체화가 이루어진다. 그러나 육체와 정신 사이에 몸, 맘, 얼 사이에 욕망과 감정과 생각과 영 사이에 갈등과 대립이 있다. 온전한 체화가 이루어지지 못한 것이다. 온전한 체화를 이루려면 몸과 맘을 통일하는 얼이 뚜렷이 확립되어야 한다. 얼은 물질과 정신, 욕망과 감정, 생각과 영, 몸과 맘을 하나로 통일하는 참된 주체 '나'다.

4

나의 주체와 전체인 얼의 형성:
한 맺힌 넋에서 사회와 역사의 주체인 얼로

1) 한 맺힌 넋에서 사회와 역사의 주체인 얼로

체화를 하려면 참된 주체로서 얼의 나를 형성하고 확립해야 한다. 주체로서의 나는 결코 자명하지 않다. 근현대에 이르러 인간은 비로소 삶과 역사의 주체로, 나라의 주권자로 인정되고 존중되기 시작했다. 동서양 어디에도 인간의 나를 주체로 표현하는 말이 없었다. '주체'(主體)란 말은 19세기 후반에 일본에서 서양문물을 받아들이면서 번역어로 만들어낸 말이다. 서양에서 주체의 의미로 쓰이는 'subject'는 '~아래 놓인', '~아래 던져진'을 나타내는 말로서 '부하, 신민(臣民)'을 뜻한다. 이것은 결코 민주적인 주체의 의미로 쓸 수 없는 말이다.

한국에서 혼백을 뜻하는 말은 넋인데 넋은 나와 남을 해코지하는 원혼의 부정적이고 소극적인 의미로 변질되었다. 신들린 사람들에게서 보듯이 넋은 질병과 재난을 가져오고 인간의 삶을 장악하고 지배하는 위협적 존재다. '넋이 나가다', '넋이 빠지다'처럼 부정적인 의미로 쓰이고 '넋을 위로하다', '넋을 달래다'처럼 인간이 맞추어주고 받들어야 할 수동적인 대상이다. 후손들을 돌보고 돕는 조상들의 넋은 죽은 사람들의 혼백이다. 흔히 넋은 억울하게 죽은 사람들의 원한 맺힌 영혼으로 이해되었다.

'넋두리'는 넋의 말인데 불평, 푸념, 하소연을 뜻하게 되었다. 정몽주의 단심가(丹心歌)에서 "이 몸이 죽고 죽어 일백 번 고쳐 죽어 백골이 진토 되어 넋이라도 있고 없고 임 향한 일편단심이야 가실 줄이 있으랴." 변함없고 충성스러운 마음 단심은 한없이 굳세고 힘이 있는데 '넋'은 있어도 그만 없어도 그만인 것이다. 넋이 이렇게 수동적이고 정태적이며 부정적인 의미를 갖게 된 것은 넋이 고대와 중세 피지배 민중의 억눌린 삶과 의식을 반영하기 때문이다. 고대와 중세 피지배 민중의 삶과 의식은 불의한 지배자들의 억압과 수탈과 횡포로 짓눌리고 짓밟혀 있었다. 피지배 민중의 삶과 의식과 넋은 고통과 원한, 절망과 슬픔을 품고 있었다. 상처와 슬픔, 원한과 저주를 품은 민중의 넋은 민중 자신의 몸과 맘, 생명과 정신을 해치고 고통스럽게 하였다. 원한을 품은 민중의 넋은 자신뿐 아니라 이웃과 공동체의 삶과 정신을 고통스럽게 하고 불편하고 힘들게 하였다. 원한 품은 넋은 삶을 해치고 삶을 고통과 질병과 무기력 속으로 빠져들게 한다. 체념과 좌절에 빠진 민중은 자기비하와 열등감에 빠지고 약자인 자기와 다른 민중에 대해서 혐오하고 비난하게 된다. 민중의 넋이 민중 자신을 해치는 자기분열에 이른다. 저주와 원한을 품은 넋은 자신뿐 아니라 다른 사람들의 삶과 정신까지도 무기력하고 고통스럽게 만든다.

고대와 중세 피지배 민중의 억눌린 넋은 자유와 해방의 길을 주체적으로 열어가는 근현대 민중의 정신과 혼을 나타내는 말이 될 수 없었다. 넋은 역사와 사회를 창조하고 변혁하는 사람들의 적극적이고 능동적인 주체와는 너무 동떨어진 말이었다. 이것은 오히려 인간의 주체성을 약화시키고 인간을 두렵고 의존적이며 탈역사적인 존재로 만드는 말이었다. 오랜 세월 역사와 사회 속에서 부정적이고 소극적인 의미를 가진 말로 굳어진 넋은 인간의 사회역사적 주체성을 고취하고 강화하는 의미로 쓰일 수 없었다. 인간의 의지와 지성, 용기와 지조를 굳세게 하는 말이 되지 못했다.

2) 얼의 발견: 얼의 어원(語源)과 의미 변화

나라가 망하고 일제의 식민지가 되었을 때 역사와 사회 속에서 민중의 정신적 주체와 줏대를 세우는 말이 절실하게 요구되었다. 민족의 정신을 일깨우려는 사람들 예컨대 정인보와 대종교 사람들은 역사의 정신적, 창조적 주체를 나타내는 말로서 '얼'을 썼다. 그러나 '얼'을 영혼, 정신의 줏대, 역사와 사회의 창조적 주체를 나타내는 말로 쓴 것은 국어학자들 사이에 큰 논란과 비판을 불러왔다. 본래 중세국어에서는 얼이 혼의 뜻으로 쓴 예가 없고 '어리(얼)~'는 어리석음(愚), 혼미(昏迷), 판단력부족(癡)의 뜻으로 쓰였다. 현대국어에서도 얼은 '어리석다, 모자라 보인다'는 뜻으로 '얼뜨다, 얼되다'로 쓰이면서 중세국어의 '어리~'와 관련된다.

어떻게 이처럼 상반되고 모호한 의미를 지닌 '얼'이 한국의 지식인들과 민중들에게 사회와 역사의 창조적 주체를 나타내는 말로 저항 없이 널리 받아들여지고 쓰이게 되었을까? 본디 어리석음과 미혹과 모자람의 뜻을 가진 '얼'을 인간의 정신과 혼으로 역사와 사회의 창조적 책임적 주체로 받아들인 것은 민의 주체적 자각을 향한 한민족의 구도자적 탐구와 각성을 반영하는 것이 아닐까? 얼의 개념과 뜻이 '어리석음, 모자람, 모호함'에서 정신과 영혼, 정신력과 줏대로 발전한 것은 어리석음과 몽매함에서 벗어나는 한민족의 집단적 깨달음을 나타낸다고 보아야 한다. 그렇지 않으면 이처럼 모호하고 문제가 많은 말을 기꺼이 역사와 사회의 책임적 주체를 나타내는 말로 쓰기 어려웠을 것이다. '어리석음, 모자람, 모호함'에서 '혼, 정신의 줏대, 정신력'으로 얼의 개념과 뜻이 변화한 것은 어리석고 모자라고 모호한 정신과 의식을 극복하고 역사와 사회를 새롭게 창조하고 책임지는 주체로 일어서는 민족의 자각과 결의를 나타낸다고 생각된다. 실제로 얼과 혼을 나타내는 말은 인류정신사의 발전에 따라 심화되고 풍부해졌다. 영혼을 나타내는 히브리어 루앗하, 그리스어 프뉴마, 프쉬케, 라틴어 스피리투스, 아니마(아니무스), 산스크리트어 아트만은 모두 숨, 바람, 생기(生氣)를 뜻하는 말인데 영혼과 정신, 신령의 뜻을 가진 말로 심화 고양되고 풍부해졌다. 인간의 정신과 의식이 발달하고 심화 고양된 만큼 영혼을 나타내는 말이 깊고 풍부해진 것이다. 얼의 의미와 개념이 어떻게 변화 발전해 왔는지를 더 들어보면 한민족의 정신과 의식이 어떻게 변화 발전해왔는지 살펴

볼 수 있을 뿐 아니라 얼을 영혼, 정신력과 줏대를 나타내는 말로, 역사와 사회의 주체를 나타내는 말로 사용하게 된 한민족의 정신적 주체성과 정체성을 확인할 수 있을 것이다.

영혼을 나타내는 다른 민족들의 말들이 그렇듯이 '얼'은 고어에서 기(氣), 기운(氣運), 김을 뜻하는 말이었다. 한국어와 가까운 만주어 얼간(息 氣), 여진어 어리, 어리거(氣), 몽골어 우르마스(urmas 氣力)의 어근 우르, 얼과 비교하면 한국어 얼은 기(氣), 력(力)을 뜻하는 말로 보인다. 그리고 기(氣)의 국어는 김이다. 氣 는 쌀 米로 밥 지을 때 피어오르는 김을 나타낸다. 김은 기, 기운, 기세를 나타낸다. 얼은 원초적 생기(生氣)를 뜻하고 생명과 정신의 씨알맹이 핵(核), 알짬 정(精), 기운 김을 뜻했다.[46] 원초적 생명의 핵심이면서 정신의 핵심과 기운(김)을 나타냈던 얼은 개념적으로나 논리적으로 명료하지 않고 물건처럼 뚜렷하고 확실하지도 않았다. 따라서 얼은 모호하고 혼란스러운 것으로 느껴지기도 한 것이었다. 생명의 원초적 알짬과 기운인 얼은 본능적이고 유치한 것이기도 했다. 얼, 알맹이 알짬, 씨알맹이에서 어리다(유幼: 어린아이 기운)란 말이 나왔고 알맹이 알짬이 뒤섞인다는 의미에서 어리석다는 말이 나왔다. 중세에는 '어리다'는 말이 어리석다는 의미로도 쓰였다. 남녀가 자라서 생명의 알짬, 얼을 어우르면 어른이 된다. 어른은 남녀 사이에 생명과 정신의 알짬, 알맹이(精力, 精氣)를 어룬(뒤섞은 交合) 이다.[47]

---

46) '얼' 서정범, 國語語源辭典. 보고사 2000. 105~106, 431~2쪽 참조. '얼'(精神)은 '알, 알짬'(核, 精)과 서로 통하는 말이다. 이에 대해서는 김민수편 우리말 語源事典. 태학사 1997. 705, 736쪽의 '알다', '얼다' 항목 참조.

47) 김민수편 우리말 語源事典. 태학사 1997. 726~7쪽.

얼은 넋과 비교해 볼 때 넋처럼 내적인 것이면서도 인간의 생명과 정신에서 직접적이고 구체적이며 실질적인 것이었다. 얼은 기, 기운, 김과 마찬가지로 물질과 정신, 몸과 영혼을 통합하는 실재였다. 그것은 인간의 생명과 정신을 살리는 힘과 에너지였다. 얼은 인간의 몸을 넘어선 생명의 내적 힘과 기운 알맹이면서도 인간의 몸과 맘을 직접 움직이고 살리는 정신이었다. 넋이 인간을 압도하고 지배하는 초자연적 존재라면 얼은 인간의 생명과 정신을 살리고 움직이고 힘있게 하는 중심이고 원기였다. 나라가 망하고 민족의 주체적 정신을 일으켜 세워야 할 절박한 역사의 큰 위기 속에서 얼은 넋을 대신해서 민족의 혼을 나타내는 말로 정신의 줏대와 주체로 쓰이게 되었다. 물질, 생명, 정신을 통합하는 얼은 개념과 논리, 말과 이론의 세계에 속한 이성을 넘어서는 것이다. 광복절 노래를 지은 정인보는 하곡 정제두의 양명학을 계승한 이건방에게서 양명학을 배운 학자로서 한국양명학의 계보에서 중요한 위치를 차지한다. 양명학이 내세우는 양지양능(良知良能)[48]은 양심과 지성을 의미할 뿐 얼과는 다른 것이다. 그는 양명학의 한계를 넘어서서 독립운동 종교인 대종교에 참여하고 조선의 얼을 강조했다. 한민족의 독립을 위해 얼을 강조한 정인보는 자신이 양명학자가 아니라고 하였다.

48) 교육이나 경험에 의하지 않고 선천적으로 사물을 판단하고 행할 수 있는 마음의 작용.

3) 얼, 본능과 이성과 신령의 통합

얼은 본능과 이성을 아우르고 본능과 이성을 초월하면서 본능과 이성을 온전히 실현하고 완성하는 것이다. 얼은 몸의 정력과 맘의 지성과 정신의 영성을 아우르는 통합적 개념이다. 얼은 알맹이 알짬(精, 核)을 나타내며 얾(알맹이 핵심), 알(卵), 알다(知)와 통하고 정신(精神)을 뜻한다.[49] 얼은 '알'과 통하며 함께 쓰이는 말이다. 따라서 얼은 올로 쓸 때 얼과 알을 함께 나타낼 수 있다. 올은 생명의 알맹이, 알짬, 알이며 하늘의 얼, 정신, 영을 나타낸다. 얼은 껍질이 아니라 알맹이를 나타낸다. 얼은 물질이 아니라 물질의 알맹이인 정신을 나타내고, 육체 몸이 아니라 육체, 몸의 알맹이인 영, 신을 나타낸다. 얼은 껍질, 물질, 몸을 초월하고 넘어선 알맹이 정신이다. 본래 얼은 물질적 신체적 생명과 정신의 알짬과 기운을 나타내는 소박한 말이었으나 넋을 대신하여 나라와 역사의 정신적 주체를 가리키는 말로 쓰이면서 역사와 민족과 관련되었고 보다 초월적이고 자유로운 깊이와 높이를 가진 말이 되었다. 하늘을 신앙의 대상으로 받들었던 대종교와 정인보가 얼을 5천년 이어온 민족의 혼을 뜻하는 말로 씀으로써 얼은 개인의 주체와 민족(역사)의 주체를 통합하고 민족의 뿌리이며 신앙대상인 하늘의 초월적 자유를 나타내는 말이 되었다.

근현대의 의미에서 얼은 물질과 생명과 정신의 핵심과 중심이면서 물질과 본능과 이성을 초월하는 것이며, 주체(자아)의 깊이와 자유에서 전체의 하나 됨에 이르는 능력과 경험을 나타내고, 주체와

---

49) 김민수 편, 『우리말 語源辭典』. 태학사 1997. 705쪽.

전체의 근원인 하늘을 체험하고 하늘과 소통하는 것이다. 얼은 주체와 전체의 자리에서 물질과 생명과 정신의 주체와 전체를 실현시킨다. 얼은 몸과 맘의 주체와 전체를 실현하고 완성하는 힘이고 자리이며 중심이다. 얼은 주체의 깊이와 자유에서 전체의 하나 됨에 이른 것인데 그것은 하늘에서만 가능한 일이다. 따라서 얼은 하늘에 뿌리를 둔 것이고 하늘을 품고 하늘에 사는 것이다. 하늘은 주체의 깊이와 자유를 드러내고 전체의 큰 하나 됨을 드러낸다. 하늘의 자리에서 하늘을 품은 얼만이 몸과 맘, 물질과 생명과 정신의 주체와 전체를 실현하고 완성할 수 있다. 하늘과 얼은 주체와 전체를 드러내고 실현하고 완성할 수 있다.

얼은 물질과 몸을 초월한 정신이고 물질과 몸속에 깃든 생명이다. 생명과 정신의 주체와 전체를 드러내고 살리고 완성하는 얼은 이성을 넘어선 것이다. 이성은 헤아리고 설명하는 것이다. 이성은 구체적이고 특수한 물질의 제약을 넘어서 일반적이고 보편적인 지식과 원리를 밝혀주지만 생명과 정신의 주체와 전체를 살리고 실현하고 완성할 수는 없다. 물질과 생명과 정신은 저마다 다른 차원을 가지고 있지만 저마다 한없는 깊이와 신비를 가지고 있으며 주체와 전체를 드러낸다. 물질은 스스로 하는 능동적 주체성을 가지고 있지 못하고 물리적 법칙과 원리에 의해서 시간과 공간의 굴레에 갇혀 있지만 잠재적으로 무한한 힘을 가지고 있으며 존재의 한없는 깊이와 신비를 지니고 있다. 그러므로 이성은 물질과 생명과 정신을 아무리 탐구해도 완전한 지식에 이르지 못하고 여전히 모르는 영역과 차원을 남겨둘 수밖에 없다. 이성의 탐구와 설명은 결코 물질과 생명의 존재를 다 드러내고 실현할 수 없다. 또한 이성이 온전하고 철저한 지식에 이른다고 해도 이성의 그런 지식이 물질과 생명과 정신의 주체와 전체를 살리고 실현하고 완성할 수 없다. 따라서 이성의 일반적이고 보편적인 이론과 지식을 인간의 몸, 맘, 얼에 강요하는 것은 인간의 생명에 대한 폭력이고 억압이다.

물질과 생명의 알짬과 기운과 주체이면서 하늘의 빈탕한데에 이른 인간의 얼만이 스스로 참된 주체와 전체에 이르러서 물질과 생명과 정신의 주체와 전체(몸, 맘, 얼)를 실현하고 완성하며, 자신과 남의 주체와 전체를 실현하고 완성할 수 있다. 서구의 이성철학은 말할 것도 없고 주자의 성리학도 이학(理學)적인 성격을 가졌으며 양명학도 양지(良知)를 말함으로써 지성의 차원에 머물렀다. 얼은 하늘의 빈탕한데를 품은 것이고 그 빈탕한데서 사는 것이다. 하늘의 빈탕한데는 이성과 이성의 지식과 이치를 넘어선 것이다. 이성의 지식과 이치를 넘어선 얼의 철학은 에로스와 로고스(이성)의 철학[50]에 머문 그리스 철학을 넘어설 뿐 아니라 사물을 탐구하여 지극한 앎에 이르려 했던 『대학』의 격물치지(格物致知)에 바탕을 둔 주희의 성리학(性理學)을 넘어서며, 심즉리(心卽理)를 말하고 타고난 지적 능력 양지(良知)를 바탕으로 '지식을 넓혀 사물의 이치를 연구한다'(致知格物)는 양명학도 넘어선다. 그리스철학도 성리학도 양명학도 모두 이성의 철학이다.[51] 사물과 생명의 이치와 지식을 탐구하는 이성의 철학은

50) 에로스와 로고스의 철학에 대해서는 남경희, 플라톤 서양철학의 기원과 토대. 아카넷 2006. 178~9, 183~4쪽 참조.

51) 고대 그리스철학자들에게 인간의 가장 신적인 부분은 이성이다. "지성이 인간 최고의 특질이고, 정신은 진정한 자아, 혹은 인간의 가장 신(神)다운 부분"이다. 토머스 R. 마틴/이종인 옮김 고대 그리스인의 역사. 가람기획 2003 Ancient Greece by Thomas R. Martin Yale University 1996. 293쪽.

생명과 정신의 주체와 전체를 드러내고 실현할 수 없다. 인식대상을 부분으로 쪼개서 인식하고 인식대상을 타자화·객관화 하는 이성은 주체와 전체를 드러내고 실현할 수 없기 때문이다.

주체와 전체를 드러내고 실현하지 못하면 민주철학과 생명철학이 될 수 없다. 민주생명철학을 확립하려면 이성의 철학을 넘어서 하늘의 빔과 얼을 말하면서 생의 역동적 변화와 고양을 생각하는 얼의 철학에 이르러야 한다. '얼'을 철학적으로 가장 깊고 철저하게 탐구하고 구도자적으로 자신의 삶과 정신 속에서 구현하고 드러낸 이는 다석 유영모다. 다석은 격물치지(格物致知)에 대한 대학과 주자의 논의를 비판적으로 극복하고 하늘의 빈탕과 얼에 대한 논의로 나아갔다. 그는 1956년 12월 《대학(大學)》강의를 하면서 처음으로 민을 씨ᄋᆞᆯ로서 언급하면서 씨ᄋᆞᆯ철학에 대한 성찰을 시작하였다. 그는《대학(大學)》의 이학적(理學的) 논의에 만족하지 못하였다. 이 강의를 한 후 2달 동안 강의를 쉬면서 여러 날 금식을 하고 깊은 성찰을 한 다음 그는 1957년 3월 8일 강의에서 '빈탕한데 맞혀놀이'(與空配享)에 대한 강의를 했다. 그는 이 강의에서 하늘의 빈탕한데에 이르러 하늘과 사귀며 놀이하듯 살아야 한다는 것을 강조했다. 다석은 주희의 성리학과 왕양명의 양명학을 넘어서 서양의 이성철학을 넘어서 하늘의 공과 무의 세계에서 하늘과 사귀는 얼과 신의 철학에 이르렀다. 그는 얼의 나가 되어 하늘 빈탕한데의 자유에 이를 때 비로소 나의 맘은 맘대로 자유롭고 물질세계와 몸은 물성과 이치에 따라 실현되고 완성된다고 하였다.[52] 유영모는 하늘의 빈탕한데에 이를 때 비

52) 유영모《다석강의》현암사 2006. 431~2, 445, 446쪽 이하, 458쪽 이하.

로소 내 맘을 내가 자유롭게 할 수 있고 물건과 몸을 물성과 이치에 따라 되게 할 수 있다고 하였다.[53)]

민주생명철학은 저마다 삶 속에서 그리고 서로 다른 주체들의 만남과 관계 속에서 주체로서 솟아올라 앞으로 나아가면서 전체 생명의 하나 됨에 이르는 얼의 철학이 되어야 한다. 다석 유영모의 철학을 한 마디로 하면 "솟아올라 앞으로 나아감"이다.[54)] 얼은 솟아올라 나아가는 것이다. 솟아오름은 내적 초월을 뜻하고 앞으로 나아감은 역사의 진보를 뜻한다. 솟아올라 나아가는 동력은 어디서 나올까? 인간의 생명 속에 본성 속에 그 동력이 있다. 생명진화의 역사 자체가 솟아올라 앞으로 나아가는 과정이었다. 오랜 생명진화의 과정을 거쳐 형성된 인간의 생명 속에는 솟아올라 나아가는 큰 힘이 있고 상생과 공존의 힘과 지혜가 들어 있다. 어떻게 그 힘을 얻나? 생각함으로써 얻는다. 인간의 내적 본성을 생각으로 파고들어서 인성의 껍질을 깨서 그 힘을 얻는다. 인성의 속 알맹이가 바로 얼이며 얼은 솟아올라 앞으로 나아가는 힘이다.

얼은 물질과 생명 안에서 있으면서 물질과 생명의 제약과 한계를 돌파하는 힘이다. 얼은 실패와 패배, 고난과 죽음을 이기고 나아가는 힘이다. 깨지고 죽음으로써만, 자기부정과 초월을 통해서만 생명은 솟아올라 나아갈 수 있다. 개체의 죽음을 통해서 생명의 진화가 이루어졌다. 박테리아와 곰팡이는 죽지 않을 수는 있었지만 진화할 수는 없었다. 씨알은 개체의 죽음을 통해서 전체의 생명이 진화함을

53) 유영모 《다석강의》 현암사 2006. 431~2, 445, 446쪽 이하, 458쪽 이하.
54) 유영모 《다석강의》 현암사 2006. 223~4쪽.

나타낸다. 죽음은 선택의 여지없이 받아들여야 하는 것이므로 청소년들에게도 죽음의 진리와 사실에 대해서 가르쳐야 한다. 한국에서는 특별히 죽은 사람을 존중하고 죽음 앞에 겸허한 전통이 있다. 동학혁명, 삼일운동, 4·19혁명, 전태일 사건, 5·18민중항쟁, 6월 시민혁명 등 한국의 민주화운동은 죽음을 계기로 죽은 자에 대한 존중과 연대를 통해서 일어났다. 얼은 죽음을 이기고 죽음을 넘어서 사는 생명의 힘이다. 한민족은 현대사를 통해서 얼의 철학을 실천해왔다.

얼은 개체와 전체의 통일이다. 얼의 철학인 씨올사상은 개체와 전체의 일치를 강조한다. 그러나 씨올사상에서 말하는 개체와 전체의 일치 사상은 동양의 전통종교사상(유교, 불교, 힌두교)에서 말하는 개체와 전체의 일치 사상과는 다르다. 씨올사상은 개체 속에서 전체를 보고 전체 속에서 개체를 보지만 단순히 천인합일, 범아일여의 사상에 머물지 않는다. 하나의 티끌 속에서, 작은 좁쌀 한 알 안에서 우주 전체를 보는 것만도 아니다. 개체와 전체 사이에는 죽음과 신생, 창조와 진화의 과정이 있다. 씨알이 깨지고 죽음으로써 전체 생명의 꽃과 열매를 맺듯이 개체가 깨지고 죽음으로써 인간의 본성이 깨지고 죽고 탈바꿈하여 새롭게 창조되고 진화하는 과정을 통해서 개체와 전체의 일치에 이른다. 얼은 개체의 갱신과 고양, 부정과 초월을 통해 전체의 하나 됨에 이르고 자기 존재의 질적 변화와 개신(開新)을 통해 물질과 생명과 정신의 실현과 통일에 이르는 힘이다.

5

체화를 위한 신학과 철학의 패러다임 변화

1) 이성철학에서 생명철학으로

인간의 감각 정보, 자료, 지식, 통계숫자, 계산, 이론은 체화되지 않는다. 이성이 이해하고 설명하고 해석한 것도 체화되지 않는다. 이성(로고스)은 계산하고 비교 측정하고 추론하고 이해하고 설명하고 해석할 뿐 변화, 창조, 혁신, 질적 차이를 일으키지 못한다. 이성철학의 최고봉은 해석학이다. 해석학은 체화에 이르지 못한다.

생명은 물질에서 나온 것이며 물질 안에서 물질을 초월한 것이다. 물질의 제약과 속박에서 해방된 기쁨과 신명, 자유와 사랑이다. 생명 그 자체가 창조이고 혁신이다. 생명은 늘 새로운 것이고 변화하고 진화하는 것이다. 창조와 혁신이 일어나는 것이다. 무에서 유를 만들고 작은 것을 큰 것으로 만들고 천한 것을 고결하게 하고 빈약한 것을 풍부하게 한다.

생명은 물질과 정신의 종합이며 정신이 물질에 체화한 것이다.

생명은 물질을 초월한 것이면서 물질에 체화한 것이다. 체화를 하려면 생명 속으로 들어가야 한다. 생명이 되어야 한다. 생명은 주체와 전체와 진화의 본성과 특징을 가진다. 주체와 전체와 진화는 스스로 하는 창조자적 '나'에게서 나온 것이다. 생의 주체 '나'는 전체의 중심과 초점이고, 자기 자신의 창조자와 피조물이고, 진화의 주체이며 대상이다. 성경의 해방자 하나님은 '나는 나다!' 하시는 하나님이다. '나는 나다'(I am who I am)에서 '나다'(I am)가 되풀이 된 것은 나의 존재이유와 목적이 나 자신 안에 있음을 나타낸다. 물질세계에서는 존재와 운동의 원인과 결과가 밖의 타자에게 있다. '나는 나다!'이신 하나님은 창조자이며 해방자다. '나는 곧 나'(I am who I am.)인 창조자적 주체 '나'는 자아와 타자의 주체 '나'를 살리고 일으키고 회복하고 창조하는 근원적이고 궁극적인 '나'다. 물질과 육체, 욕망과 감정에 매인 '나'는 있다고도 할 수 없고 없다고도 할 수 없는 불안정하고 불확실한 나다. 그러나 '나는 곧 나'인 하나님의 나는 없다고 할 수 없는, 있을 수밖에 없는, 반드시 있어야 하는 '나'다.

생의 스스로 하는 자유로운 '나'가 물질, 육체의 주인이다. 내가 자유로울수록 나와 육체(몸)의 결합이 잘 이루어진다. 물질에서 자유로울 때 물질, 육체, 몸은 나에게 순응하고 순복하며 나는 온전히 체화된다. 물질과 신체의 본능적 욕망과 감정이 지배하면 몸은 정신인 나에게 항거한다. 몸이 나를 지배하면 나의 체화는 이루어지지 않는다. 몸과 맘과 얼이 서로 어긋나고 충돌한다. 논어를 읽고 손과 발이 춤을 추는 것이나 예수가 내 몸 속에 살아 있다는 말은 나의 몸과 손발이 정신, 영을 잘 따르는 것이고, 정신과 영의 체화가 잘 이루어진 것이다. 신이 예수가 내 속에 산다는 것은 몸, 맘, 얼이 하나로 통일되었다는 것이다. 그것은 '나는 나다!'인 신처럼 되었다는 것이고 '나'밖의 아무에게도 어떤 것에도 매임과 걸림이 없는 '나는 곧 나'가 되었다는 것이다. 그러면 저도 모르게 어깨춤을 추게 되고 손이 춤추고 발이 뛰게 되는 것이다.

체화하여 얼 나, 얼 생명에 이르려면 이성의 지배와 한계에서 벗어나야 한다. 지능, 지성, 이성은 생명에서 나온 것이며 생명의 본성과 의지를 물질세계에 효율적으로 빨리 실현하기 위해 생겨난 것이다. 물질세계에서 생의 욕구와 감정을 효율적으로 빨리 충족시키는 심부름꾼으로서 꾀부림으로서 지능, 지성이 생겨났다. 지성, 이성은 지능이 순화 발전한 것이다. 이성은 생의 심부름꾼이고 종이다. 이성에게는 창조자적 자유, 주체가 없다. 욕망과 감정도 없다. 이성은 생의 주체, 전체, 창조적 진화를 인식하지도 이해하지도 못한다. 감각과 이성은 물질 대상들을 부분과 표면으로 지각하고 이해할 뿐 주체, 전체, 진화를 이해하거나 실현하지 못한다. 생은 하늘을 품은 것이고 하늘의 본성을 지닌 것이다. 하늘은 가르고 쪼갤 수 없는 것이다. 하늘의 초월적 깊이와 자유가 생의 주체, 전체, 창조적 진화의 근거다. 하늘도 하늘에 근거한 주체, 전체, 진화도 가르고 쪼갤 수 없는 것이다. 이성은 가르거나 쪼갤 수 없는 것을 이해하거나 설명하지 못한다. 이성은 땅의 물질세계를 가르고 쪼개어 이해하고 설명하며 지배하고 정복하고 운영할 수 있다. 이성은 물질세계의 주인과 주체로 행세한다. 이성은 생명의 종으로서 생명에게 복종하고 봉사해야 한다. 생명이 이성의 도움으로 물질세계를 다스리고 거기서 초월하고 자유로울 수 있다.

생명체 속에서 물질의 정신화, 정신의 물질화가 일어나며 물체 육체도 생명을 가진 영적 주체가 될 수 있다. 생명은 물질도 주체화하고 전체의 통일에 이르게 하고 창조적 진화를 이루게 한다. 생명은 물질의 해방자이고 구원자다. 체화는 정신과 물질의 주체화, 생명화가 일어난 것이다. 생명은 이성의 주인일 뿐 아니라 이성을 극복하고 초월한 것이다. 이성을 극복하고 초월하여 생명의 본성과 진리를 실현하고 완성하는 삶이 참되고 좋고 아름다운 삶이다. 민주시대는 저마다 저의 삶을 저대로 사는 시대다. 민주시대는 그, 성현을 믿고 따르는 시대가 아니라 내가 나의 삶을 나대로 사는 때다. 생명의 진리는 "내 생명 내가 살자"(유영모)는 것이다. 생의 진리는 체화의 진리다. 체화의 진리는 누구를 믿고 따르는 게 아니다. 나의 개성적 주체 속에서 성현의 삶과 가르침을 이어서 나대로 내 몸과 삶에 체화하여 사는 것이다. 산 자의 하나님은 아브라함의 하나님이고 이삭의 하나님이며 야곱의 하나님이고, 오늘 여기 나의 하나님이다. 예수가 독점한 하나님이 아니라 모든 사람의 하나님이다.

예수는 "나는 길이요 진리요 생명이다."고 했고 "나는 목자다." "나는 포도나무다."고 했다. 그는 자신의 정체와 비밀을 '나는 곧 나'(ego eimi, I am. 요한 8, 24)로 밝혔다. 예수는 '나'라는 말을 가장 뚜렷하고 바르게 쓴 이다. 그는 가난한 민중에게 "너(너희)는 행복하다." "너(너희)는 하나님 나라의 주인이다." "너는 하나님의 딸/아들이다." "네(너희)가 먼저 하나님 나라에 들어간다."고 하면서 격려하고 힘을 주었다. 예수는 가난한 민중에게 '나는 곧 나'임을 깨닫고 나로서 나답게 살도록 이끌었다. '나는 나다!'이신 하나님의 나라는 모든 사람이 나는 곧 나임을 알고 저마다 저답게 나는 나로서 살도록 이끄는 나라다. 예수의 하나님 나라 복음은 '나는 곧 나'이신 하나님의 나라로 해방하는 복음이고, '나는 곧 나'이신 하나님을 나의 몸과 삶에 체화하는 복음이다.

2) 종교개혁 신학의 '믿음만!'에서 '체화'의 영성으로

루터는 중세 정치종교체제의 속박에서 인간의 신앙과 삶을 해방하려 했다. 정치권력으로부터 신앙을 보호하고 종교권력으로부터 인간의 삶을 해방하려 했다. 루터는 자신의 이러한 목표를 이루기 위해 정교분리와 성속일치를 주장했다. 이로써 중세의 속박에서 해방할 수 있었으나 정치권력과 종교권력을 혁신하지는 못했다. 민은 정치권력을 혁신하는 주인과 주체로 확립되지 못했다. 종교권력을 해체하고 민주적인 종교양식을 만들어내지도 못했다. 종교개혁은 분열적 사고와 실천을 낳았다. 이성과 신앙(영성), 신학과 철학, 정치와 종교의 분리를 가져왔고 '믿음만!, 성경만! 은혜만!'의 원리는 수동적 소극적 인간과 사유를 낳았다. 나라를 잃고 고난당하는 한민족에게 종교개혁의 정교분리 신학은 퇴영적이고 소극적이었다. 삶과 사회의 분열과 분리를 조장하고, 나를 구원할 타자에 대한 수동적 신앙을 추구하는 종교개혁의 신학은 결코 삼일운동의 체화에 이를 수 없다. 믿음만, 성서만, 은혜만을 내세우는 종교개혁과 개신교신학은 몸, 맘, 얼을 통합하고 생명과 역사와 영을 통합하는 체화를 이룰 수 없다.

교황과 황제가 결탁하여 종교를 지배한 중세의 속박에서 벗어나려고 루터는 정교분리와 성속일치를 주장했다. 정치로부터 교리와 신앙을 해방하려 했다. 성속일치를 통해 근현대의 삶을 열었으나 정치와 교회의 기능적 분리로 정치와 종교, 이성과 영성은 분리되었다. 종교개혁의 신학에서 인간은 죄인이고 구원의 대상이다. 나와 예수(성령, 하나님)이 분리된다. 예수, 성령, 하나님이 나의 몸과 삶에 체화되지 못했다. 정치와 종교, 이성과 영성을 분리하면 삼일운동을 체화할 수 없다. 몸, 맘, 얼, 덕 체 지가 통합된 삶, 민주 독립 통일을 이루는 삶의 철학과 신학이 나와야 한다. 이성과 영성, 인간과 인간을 분열시키는 불완전한 종교개혁에서 이성과 영성, 인간과 인간을 통합하는 완전한 종교개혁으로 나아가야 한다.

3) 철학적 이성과 신학적 영성을 통합하는 생명철학으로

기독교가 한국에 들어왔던 근현대의 한민족에게 필요한 신학은 환난을 스스로 헤쳐 나아가는 적극적 능동적 주체적 신학이었다. 분리와 분열의 신학적 사고와 실천이 아니라 통합적이고 공동체적인 생명철학에 근거한 신학적 사고와 실천이 요구되었다. 종교와 정치를 분리하려는 선교사들에 맞서 안창호는 민중교육과 독립운동을 하나님과 교회의 일로, 신앙의 일로 보았다. 안창호의 통일정신과 철학은 그가 삶 속에서 깨닫고 체험한 도덕과 신념에서 우러난 것이었다. 1907년 서북학생친목회 연설에서 그는 도덕을 체험적으로 이해했다. 그에 따르면 도덕은 "하나님(上天)이 내게 주신 것을 받은 것" 이며 "맘과 몸에 있는 것"이고 "하늘을 체험하여 차별 없이 평등하게 사랑으로 대하고 남을 나처럼 사랑하여 인류사회에 서로 살리고 서로 기르는 요소다."[55] 이러한 안창호의 도덕 이해에는 몸 맘 얼[덕·체·지]을 통합하는 그의 생명철학과 서로 주체의 민주 정신이 오롯이 담겨 있다. 도덕은 하늘로부터 주어진 것이며 하늘을 체험함으로 구현되고 실행할 수 있는 것이라고 하였다. 도덕은 하늘과 직결된 것이며 하늘과 소통하고 연락할 수 있는 것이며 하늘에 근원과 목적을 둔 것이다. 몸과 맘으로 체험하고 체화한 하늘은 생의 주체적 깊이와 자유에서 전체의 하나 됨에 이르는 자리이며 독립과 통일의 근거와 자리, 애기애타와 대공의 자리다.

안창호 이승훈 유영모 함석헌의 철학과 실천은 환난 속에서 민족이 스스로 자신을 구원해가는 통합적이고 공동체적인 신학과 실천이었다. 이들의 철학과 실천은 매우 주체적이고 실존적이고 영적이면서 철저히 전체적이고 공동체적이고 통합적이었다. 이들의 다양하고 심층적인 삶과 사상은 어떤 특정한 이론과 관점으로도 충분히 이해하고 설명하기 어렵다. 이들은 자신들의 삶과 역사를 충실하고 치열하게 살았기 때문에 어떤 철학이나 사상의 틀과 체계로 정리하거나 설명할 수 없다. 안창호, 유영모, 함석헌의 철학을 연구하고 나

55) "夫道德者는 受上天之賦予하야 存諸心身하고 行之事物하야 體天同仁하고 愛人如己하야 人類社會에 相生相養之要素라." 안창호 '서북학생친목회 연설' 주요한 편저『안도산전서』흥사단 2015. 586쪽.

서 이들의 철학이 생명철학의 틀과 관점에서만 제대로 이해하고 설명할 수 있다고 생각하게 되었다. 생명철학은 생명의 본성과 목적을 표현하고 실현하는 철학이다. 생명의 세 가지 본성은 주체, 전체, 창조적 진화다. 이 세 가지 본성을 꿰뚫는 하나의 원리는 '스스로 하는 나'다. 스스로 하는 '나'는 생의 주체이면서 전체의 통일이 표현되고 실현되는 중심과 초점이며 창조적 진화를 일으키는 주체이고 창조적 진화의 대상이다. 그러므로 생명철학은 생의 주체와 전체를 통합하는 '나'(얼)의 철학이다. 무엇을 체화한다는 것은 '나'가 된다는 것이고 '나'의 것이 된다는 것이다.

안창호 유영모 함석헌의 씨올사상은 석가, 예수 같은 성현을 믿고 따르는 신앙이 아니라 내가 나의 삶을 살자는 사상이다. 안창호, 유영모, 함석헌의 사상에서 가장 두드러진 것은 '나'를 중심과 전면에 내세우는 것이다. 2018년 가을에 김민기는 jtbc 뉴스룸에 출연해서 '아침 이슬'을 지을 때 석가나 예수 같은 성현을 가리키는 '그의 설움'을 생각하다가 꽉 막혀서 노랫말을 쓰지 못했는데 '나의 설움'으로 고치고 나서 단번에 노랫말을 완성했다고 밝혔다. '아침 이슬'의 짧은 노랫말 속에 '나(내)'란 말이 네 번이나 나온다. 방탄소년단의 노래 'Love yourself'(Answer: Love myself)의 제목과 내용도 씨올사상의 '나'철학과 상통한다. 민주시대는 저마다 저답게 저의 삶을 사는 시대이고 내가 나의 삶을 책임지고 사는 시대다.

씨올생명의 근본원리는 '스스로 하는 나'의 원리다. 씨올은 자신의 몸을 깨트려 새 생명의 싹을 틔우고 꽃과 열매를 낳는다. 씨올은 제 몸을 스스로 변화시킴으로써 새 생명과 정신을 만들어간다. 씨올은 하늘의 햇빛과 바람, 땅의 물과 흙으로 새 생명을 짓는다. 씨올생명철학은 생명의 주체와 전체와 창조적 진화, 인간의 몸, 맘, 얼을 통합하는 '나'철학이다. 생명의 주체인 '나'는 생명의 전체가 하나로 통합되는 중심과 초점이며 창조적 진화를 일으키는 주체이면서 그 대상이다. '나'는 자신의 창조자이며 피조물이다. 생의 주체를 심화 고양시키고 전체를 통합하고 확대하며 창조적 진화를 실현해가는 '나'의 철학은 이성철학을 넘어선 것이다. 이성 로고스는 본래 수를 헤아린다는 의미를 가진 말이다. 말, 개념, 논리, 원리, 법칙을 뜻하는 말로 그 의미가 확장되었다. 이성은 대상을 분석하여 비교하고 이해할 뿐이다. 본래 이성(지능)은 생의 욕망과 감정, 욕구와 의지를 효율적으로 충족시키기 위해 생겨난 심부름꾼이고 도구다. 생의 심부름꾼으로서 이성은 물질을 분석하고 이해하고 이용하고 지배할 수 있다. 그러나 이성의 주인인 생의 주체와 전체, 얼과 혼은 분석할 수 없는 것이다. 이성은 생명의 주체와 전체 그리고 창조적 진화를 온전히 이해할 수 없다. 따라서 이성철학은 생명철학이 될 수 없다. 이성은 이해하고 설명할 뿐 창조와 변혁을 일으키지 못한다. 이성의 철학은 기껏해야 해석학에 머문다. 해석학에서 나의 관점이 반영될 수 있지만 체화에 이르지 못한다. 그러나 생명이 물질의 제약과 속박에서 자유롭게 하고 물질을 다스리고 이용하는데 이성이 도움을 준다. 생명이 물질의 속박과 제약에서 벗어나 물질을 다스리고 이용하는데 이성은 꼭 필요한 것이다. 따라서 과학과 이성철학도 인간에게 꼭 필요한 것이다.

생의 주체와 전체와 창조적 진화를 실현하고 완성하려면, 몸·맘·

얼을 통합하여 체화된 삶을 살려면, 과학과 이성철학을 넘어서 생명철학에 이르러야 한다. 생은 주체와 전체의 일치 속에서 '나'의 창조적 진화를 이루어가는 것이다. 생명철학은 생의 주체와 전체와 창조적 진화를 이해하고 실현하고 심화하고 완성해가는 학문이다. 생명철학은 감각과 이성에만 의존해서는 안 된다. 감각의 지각행위와 이성의 사유행위에는 생명의 주체와 전체, 몸, 맘, 얼, 욕망과 감정, 감성과 지성과 영성이 총체적으로 참여한다. 그러나 감각은 감각기능의 좁은 틀 안에서 감각내용을 지각하여 감각 자료로 남긴다. 이성도 이성의 좁은 틀과 기능 안에서 사유행위[생각]를 추상화 관념화하여 인식하고 기억한다. 본래 지각행위와 사유행위 속에는 생명의 주체와 전체가 총체적으로 참여하여 이루어낸 깊고 풍부한 지각과 사유의 내용이 담겨 있다. 과학과 이성철학은 인간의 지각과 생각 속에 담긴 깊고 풍부한 생명의 체험과 깨달음을 축소하고 추상화한다. 감각의 지각자료(데이터)와 이성의 관념적 지식은 생명적 요소와 특성이 제거된 것이다.

생명철학은 감각과 이성의 틀과 제약에서 벗어나 생의 주체와 전체의 자리에서 얼과 혼의 자리에서 지각과 생각의 내용을 보다 깊고 넓게, 입체적이고 심층적으로 본다. 인간의 생명과 생각 속에는 물질적 신체로부터 얼과 혼에 이르는 인간 생명의 다층적인 존재론적 인식론적 차원들이 중첩되어 있다. 인간의 생명과 생각 속에 담겨 있는 진리와 존재의 다층적 차원들은 수리, 물리, 생리, 심리, 도리, 영리(靈理), 신리(神理)로 구분할 수 있다. 여기서 높은 단계의 진리는 낮은 단계의 진리를 내포하면서 새로운 단계의 진리를 가진 것이다. 예컨대 도리는 수리, 물리, 생리, 심리를 내포하면서 새로운 진리의 차원을 지닌 것이다. 이러한 인간의 생명과 생각은 단면적 논리에 의해 평면적으로 이해할 수 없고 입체적이고 심층적이고 종합적으로 이해하고 평가되어야 한다. 체화한다는 것은 이러한 존재와 진리의 다층적 차원들이 하나로 뚫리고 통합되는 얼 나를 가지는 것이다. 얼 나는 생의 주체와 전체가 통일된, 감성과 지성과 영성이 통합된 자아이다. 이러한 얼 나를 가진 사람은 나를 내 맘대로 하는 자유를 가진 사람이고 무슨 일이든지 그 일과 하나로 되어서 기쁘고 자유롭게 하는 사람이다.

6

삼일운동의 주체화를 위한 실천 방법

삼일운동을 체화하려면 나와 삼일운동의 주역(유관순, 이승훈, 안창호)이 하나로 되어야 한다. 그러자면 나와 삼일운동이 서로 바뀌어야 한다. 삼일운동이 오늘 나의 삶 속으로 변화되어야 한다. 나를 통해 삼일운동도 더 새롭고 깊고 풍부해져야 한다. 나는 삼일운동을 받아들여 체화함으로써 새롭고 큰 사람이 되어야 한다.

체화는 주체 '나'가 되고 '내 것'이 되게 한다는 말이다. 삼일운동의 체화는 삼일운동의 주체화다. 내가 삼일운동의 주인과 주체가 되어야 한다. 내가 삼일운동을 이어서 완성해 가야 한다. 체화, 주체화한다는 것은 어떻게 하는 것인가? 내가 나로 될 때, 다시 말해 물질과 정신을 초월한 얼의 나가 될 때 나는 '나'와 삼일운동의 주체가 될 수 있다. 감성과 지성과 영성을 통합한 주체인 얼 나가 되어야 몸, 육체, 물체를 물성과 이치에 따라 내 뜻대로 맘대로 자유롭게 실현하고 완성할 수 있다. 얼 나는 물질의 제약과 속박, 욕망과 감정, 외력으로부터 해방된 자유로운 주체다.

불의한 사회의 힘에 눌려, 악한 이웃에게 짓밟혀서 짓눌린 정신, 원한 맺힌 영혼은 주인과 주체가 될 수 없고 아무 것도 체화할 수 없다. 탐욕과 감정에 매인 사람은 자유롭지 못하고 제 몸과 맘의 주인이 될 수 없고 아무 일도 아무 것도 체화할 수 없다. 체화했다는 것은 몸 맘 얼의 일치, 화해, 통일이 이루어졌다는 것이다. 내가 내 생의 주체이면서 전체일 때 나는 내 육체의 주인이 되고 내 육체에 나 자신이 체화 될 수 있다. 몸과 맘을 통일하면서 모든 외력과 유혹, 이론과 이념의 굴레에서 자유로운 주체가 얼이다. 얼의 나가 체화된 나다.

1) 어떻게 체화하는가?

체화하는 것이 수양이고 공부다. 몸에 익히는 것이고 얼을 기르는 것이다. 체화는 생의 근본적이고 보편적인 일이다. 함석헌은 생명의 원리를 맞춤(適應), 대듦(拒否), 지어냄(創造) 세 가지로 말했다.[56] "맞춤 뒤에 대듦이 있듯이, 대드는 바탈(性) 뒤에는 끊임없이 새 것을 지어내려는 줄기찬 힘이 움직이고 있다. 생명은 자람이요, 피어남이요, 낳음이요, 만듦이요, 지어냄이요, 이루잠이다."[57] 맞춤과 지음 사이에 대듦이 있다. 맞춤과 대듦이 있어야 지음이 있을 수 있다. 지어내는 창조자적 자유는 저절로 주어지는 게 아니라 맞춤과 대듦의 과

56) 함석헌, '새 삶의 길', 함석헌 전집 2권. 208~210쪽.
57) 함석헌, '새 삶의 길', 함석헌 전집 2권. 210쪽.

정을 통해서만 주어진다. 맞춤은 생명과 정신이 물질과 물질적 조건에 순응하는 생명과 정신의 물질화이다. 대듦은 생명과 정신이 물질과 물질적 조건에 맞서 물질과 물질적 조건을 극복하고 초월하는 물질의 생명화, 정신화다. 생명에서 물질의 정신화, 정신의 물질화는 물질과 정신의 대결과 싸움을 통해 이루어진다. 물질과 정신의 갈등과 대립은 항존 한다. 물질은 땅에 정신은 하늘에 속한 것이기 때문이다. 물질과 정신의 싸움은 땅과 하늘, 유한과 무한, 인간과 하나님의 싸움이다. 이것은 생명과 우주의 근본적인 싸움이다. 이 싸움을 통해서만 물질의 정신화, 정신의 물질화, 다시 말해 체화가 이루어진다. 함석헌은 "오래 하면 뚫린다."고 했다. "무(無)는 유(有)보다 크다. 무한히 잡는 놈, 지키는 놈한테는 견딜 자가 없다. 놓지 않는 야곱에게는 하나님도 못 견딘다. 그렇다. 하나님과 영원·무한·절대와 씨름을 하잔 것이 생명이요, 도(道)다."[58] 생명 속에서 일어나는 물질과 정신, 유한과 무한, 땅과 하늘, 본능과 얼의 싸움은 체화를 위한 싸움이다. 이것은 땅의 유한한 물질과 하늘의 무한한 정신이 싸우는 싸움이다. 이것은 아주 어려운 싸움이지만 결국 무한한 정신이 유한한 물질을 이기는 싸움이다.

모든 종교는 그 나름으로 체화를 이루는 길을 보여준다. 공자는 군자의 배움과 소인의 배움을 구별했다. 소인의 배움은 귀로 듣고 바로 입으로 나오는 데 귀와 입의 거리는 4촌(寸)밖에 되지 않는다고 했다. 군자의 배움은 귀로 듣고 온 몸에 퍼져 손과 발로 나타난다고 했다. 공부한 것이 온 몸에 스며들어 체화한 것을 보여준다. 송나

58) 함석헌, '살림살이', 함석헌전집 2권. 325쪽.

라의 유학자 정자(程子, 정이천)는 논어를 읽다보면 "모르는 사이에 손이 춤을 추고 발이 뛴다."(不知手之舞之足之蹈之)고 했다. 기독교도 예수의 생명과 정신을 체화하려고 했다. 성경에 따르면 예수와 함께 죽고 예수와 함께 살아야 한다. 내 속에 산 것은 내가 아니라 예수라고 하였다. 침례는 예수와 함께 죽고 예수와 함께 다시 사는 것을 나타내기 위해 온 몸이 물속에 들어갔다가 나오는 예식이다. 예수는 죽기 전에 제자들에게 밥과 물이 자신의 살과 피라면서 밥 먹고 물 마실 때마다 나를 기념하라고 했다. 침례와 성만찬은 상징일 뿐 정말 죽고 다시 사는 것은 아니다.

나의 몸속에서 나는 죽고 예수가 산다는 것은 어떤 의미인가? 나의 몸과 맘이 예수의 삶과 정신을 드러내고 실현하는 것이다. 나의 몸과 맘이 예수의 삶과 정신에 순복하는 것이다. 이것은 내가 이해한 예수의 삶과 정신, 말씀과 뜻이 나의 삶속에 살아 있다는 말이다. 2천 년 전의 예수가 육체로 실제로 살아나는 것은 아니다. 내가 이해한, 해석한 예수가 어떻게 나의 몸에 체화하는가? 이해하고 해석한 것으로는 체화가 일어나지 않는다. 예수의 생명과 정신이 나의 몸과 맘을 뚫고 나의 얼과 혼에 이르러야 한다. 나의 몸과 맘을 뚫고 나의 얼과 혼에 이르려면 먼저 예수의 생명과 정신이 하나님의 얼과 혼, 거룩한 영이 되어야 한다. 하나님의 영만이 나의 몸과 맘, 욕망과 감정, 생각과 의지를 뚫고 나의 얼과 혼을 붙잡을 수 있다. 예수의 영이 나의 얼·혼과 하나로 된 다음에 다시 나의 얼·혼과 함께 나의 몸과 맘에 체화되어야 한다.

이와 마찬가지로 삼일운동과 내가 일체가 되는 일은 물체의 세계에서나 관념(논리, 이론)의 세계에서는 이루어지지 않는다. 삼일운동의 사실과 진실 속에 담긴 얼과 혼이 100년의 시대적 간격과 문화적 차이를 넘어서 오늘 우리 사회의 산업자본과 기계의 지배를 극복하고 나의 몸과 맘을 뚫고 나의 얼과 혼에 이르러야 한다. 삼일운동의 얼과 혼이 나의 얼과 혼에 닿을 때 생명과 정신의 불꽃이 피고 나의 삶에서 혁신과 변화가 일어난다. 그리고 삼일운동의 정신과 얼이 나의 얼과 혼과 하나로 되고 나의 얼과 혼을 통해서 나의 맘과 몸에 체화되어야 한다.

삼일운동의 정신과 얼이 나의 얼·혼과 일체가 되고 그것이 다시 나의 몸·맘과 하나로 체화하는 일은 이론과 사상을 넘어서 생명체 속에서만 일어나는 생명사건이다. 삼일운동을 체화하는 일이나 예수를 체화하는 일은 생명의 본성과 목적을 실현하는 일이기도 하다. 삼일운동과 예수사건은 생명과 역사의 진리를 드러내고 실현한다는 점에서 일치한다. 기독교 신앙이나 교리를 떠나서 생각하면 예수사건, 삼일운동, 전태일 사건은 비슷하고 서로 통하는 사건이다. 다만 어떤 것이 더 생명과 역사의 진리를 깊고 높고 크게 드러내고 실현하는지는 비교하고 평가할 수 있다. 예수사건은 비교하기 어려울 만큼 생명과 역사와 영혼의 진리를 깊고 높고 크게 드러냈다고 할 수 있다. 그러나 예수만이 생명과 역사와 영혼의 진리를 독점했다고는 생각하지 않는다. 생명과 역사와 영혼의 진리는 생명의 본성과 목적을 드러내고 실현하는 보편적이고 특별한 진리다. 따라서 예수를 체화한 사람은 분명히 삼일운동과 전태일을 체화할 수 있는 사람일 것이다.

생명의 진리는 체화의 진리이며 기독교의 복음은 체화의 복음이다. 생명은 물질과 정신의 통합, 일치가 이루어진 것이다. 생명 안에서 물질의 생명화, 정신화, 영화가 일어나고 생명, 정신, 영의 육체화, 물질화가 일어난다. 물질의 정신화, 정신의 물질화가 한없이 되풀이 되면서 물질인 몸이 먼저인지 정신인 얼이 먼저인지 모르지만 생명의 세계에서는 땅의 물질에서 하늘의 정신, 영으로 나아가는 길과 방향이 정해졌다. 이러한 생명의 진리를 동양에서는 지천태(地天泰)로 표현했다. 땅이 하늘 위에 있는 지천태는 물질(땅)의 정신화, 정신(하늘)의 물질화가 이루어진 상태, 이루어져가는 과정과 방향을 뜻하는데 이것이 가장 이롭고 평화로운 것이라고 하였다. 서양에서는 생명의 진리를 예수 안에서 말씀이 육신을 입는 육화(Incarnation, 성육신)로 나타냈는데 이것도 평화와 구원을 의미했다. 물질의 정신화, 정신의 물질화(체화)는 생명의 실상을 나타내며 생명의 본분과 사명을 뜻한다. 정신의 체화와 물질의 정신화는 이미 이루어졌으나 완결되지 않고 이루어야 할 생명의 목적과 사명이다. 체화는 생명의 세계에서만 일어나는 것이다.

체화하려면 생명의 물질적 차원인 몸과 정신적 차원인 맘이 열려야 하고 새롭게 변해야 한다. 먼저 몸의 욕망과 집착이 끊어지고 깨져야 한다. 맘의 고정 관념과 편견이 부서지고 깨져야 한다. 자신의 몸과 맘을 한번 크게 깨트리고 죽음을 통과하여 없음과 빔 속에서 질적으로 새로운 차원의 존재로 탈바꿈하고 솟아올라야 한다. 한번 크게 죽고 한번 크게 다시 살아나야 한다. 거듭 죽고 거듭 살아나야 한다. 순간순간 죽고 또 살아야 한다. 그래야만 얼의 나를 가진, 예수와 삼일운동을 체화한 사람이 될 수 있다. 예수를 체화한 사람은 이스라엘 백성을 에집트의 종살이에서 해방한 하나님처럼 '나는 나다!'고 말할 수 있다. 어떤 정황과 처지에서도 하나님과 더불어 '나는 나다'고 말하는 사람은 걸림이나 매임 없는 자유에 이르고 나와 남, 몸과 맘, 물질과 정신, 공과 사를 함께 실현하고 완성할 수 있다. 이런 사람은 얼의 나를 가진 사람이고 예수를 체화하고 삼일운동을 체화한 사람이다.

2) 삼일운동을 체화한 사람들

삼일운동을 체화한 이들로 안창호, 이승훈, 유영모, 함석헌을 들 수 있다. 이들은 역사적 사상적 정신적 계보를 이룬다. 이러한 정신과 사상의 계보를 시작한 사람은 안창호다.

안창호의 체화된 삶과 삼일운동

안창호와 함석헌은 나라에 관련된 모든 책임, 궁극적인 책임을 '나'에게 돌리면서 "그놈도 저놈도 나다!"고 했다. 안창호는 미국의 한인노동자들을 중심으로 민이 함께 서로 주체로 일어서는 공립(共立)협회를 조직하고 민이 "서로 보호하고 단합함"이 문명부강의 뿌리와 씨라고 하였다. 그는 나(私)와 나라(公)를 함께 강조하고 존중하는 공사병립(公私竝立)을 말했다. 덕력, 체력, 지력을 길러서 나의 인격을 건전하게 확립하고 건전한 인격을 바탕으로 조직과 단체의 단결을 이루고 조직과 단체의 단결을 토대로 민족의 독립과 통일을 이루려고 하였다. 그의 사상은 나를 살려서 나라와 민족의 공적 세계를 열어가는 활사개공(活私開公)의 원칙을 정립했다. 그는 나아가서 정치, 경제, 교육, 민족의 평등을 바탕으로 건전한 민주국가를 건설하고 세계의 번영과 평화를 이루는 세계대공(世界大公)을 말하였다. 그는 환난을 당하여 고난을 겪는 민중이 서로 구원해야 한다면서 환난상구(患難相救), 환난상제(患難相濟)를 말하였다. 고난을 겪는 사람들은 서로가 서로에게 구원자가 되어야 한다. 서로 구원하는 삶을 살기 위해서는 "나를 사랑하고 남을 사랑하는" 애기애타(愛己愛他)의 원칙을 가지고 사랑하기 공부에 힘써야 한다는 것이다. 나(私)와 민족국가 전체(公)를 일치시키고 통합한 안창호의 삶과 사상은 체화된 삶과 사상임을 나타낸다.

국권회복가 3절에서 '대한제국 정신을 개개인의 뇌수 속에 관철합시다.'[59]라는 도산의 문구도 한 사람 한 사람의 인격과 정신을 사무치게 일깨워서 바로 세우자는 그의 정신을 잘 나타낸다. '뇌수'란 말은 1906년 말에 쓴 '대한신민회 취지서'에도 나오고 1907년 5월 12일과 12월 7일의 연설에서도 나타난다. "우리 국민의 뇌수가 홀연히 열리고"[60] "백두산과 구월산의 기운을 받고 얼을 기른 우리가 어찌 저런 무리들로 타락할 수 있겠는가? 흉금뇌수를 깨끗이 씻고 침략국과 개전하여 국권을 회복하자."[61] "미세한 행위나 작은 항

59) 안용환 『독립과 건국을 이룩한 안창호 애국가 작사』 정미디어 2016. 67쪽.
60) '대한신민회 취지서' 『안도산전서』 1068쪽.
61) 안창호, '삼선평연설', 『안도산전서』 583쪽.

목이라도 그 낡은 껍질을 힘써 제거하고 그 새로움을 시도하여 오직 신사상과 신지식을 뇌수에 흘러들어가게 하여 신선하고 완전한 인재가 되어 신세계에 신문화를 발달하기로 힘쓰기 바란다."[62] '뇌수'란 말을 이렇게 도산이 자주 쓰는 것은 그의 생각과 염원이 관념적이거나 감상적인 것이 아니라 몸과 맘에 체화된 절실하고 절박한 것임을 나타내는 것이다. '대한제국 정신을 개개인의 뇌수 속에 관철합시다.'라는 문구는 몸과 맘에 완전하게 체화된 신념과 흔들림 없는 정신을 나타내며 이것은 애국가 3절의 '가을하늘', '밝은 달' 같이 이지러지거나 깨지지 않은, 흔들림 없는 '우리 가슴 일편단심'과 일치한다.

삼일운동은 한국근현대역사의 큰 흐름과 맥에서 보아야 한다. 삼일운동의 역사적 연원과 맥락은 동서 문명의 합류 속에서 중국지배의 동아시아질서에서 벗어나 민족 주체의 독립국가가 되어가는 과정에서 찾아야 하며 민중의 주체적 자각과 민주화 운동의 과정에서 보아야 한다. 실학, 개화파의 갑신정변, 동학농민혁명, 독립선고식과 독립기념 경절회 창가(유길준), 독립협회와 만민공동회, 안창호와 이승훈의 교육독립운동을 이어서 삼일운동이 일어났다. 특히 민을 나라의 주인과 주체로 깨워 일으킨 안창호 이승훈의 교육독립운동은 정신적으로나 역사적으로 삼일운동과 직결된다. 한국근현대사는 독립과 통일의 주체로서 민이 자기를 스스로 구원해가는 과정이었다. 스스로 자기를 구원하는 민중전통, 자기 운명을 스스로 지어가는 역사의 큰 흐름 속에서 삼일운동을 이해하자.

62) 안창호, '서북학생친목회 연설', 『안도산전서』 588쪽.

특히 안창호의 정신과 사상 그리고 활동은 삼일운동과 직접 이어진다. 안창호는 1906년 말에 미국에서 신민회를 조직하고 동지들과 함께 '대한신민회 취지서'를 썼다. 여기에 나라를 구할 철학과 실천 방안이 제시되어 있다. 이 취지서에서 그는 "심장을 토하고 피를 말려서" 민을 새롭게 하고 새로운 나라를 일으키겠다고 맹세하고 다짐하였다. "심장을 토하고 피를 말려서"란 표현은 애국가의 "동해물과 백두산이 마르고 닳도록"과 일치하며 정신과 신념을 온전히 체화한 사람의 심정과 경지를 보여준다. 1907년 초에 한국에 돌아오면서 민족을 깨워 일으켜 나라를 구하기 위해서는 애국가, 태극기, 국화(國花)가 필요하다고 생각했다. 한국에 돌아와서 신민회를 조직하기 전에 또는 신민회를 조직하는 과정에서 애국가를 지은 것으로 추정된다. 1907~1910년에 안창호는 신민회를 조직하고 대성학교, 청년학우회를 만들고 민중을 나라의 주인과 주체로 깨워 일으키는 교육독립운동을 펼쳤다. 이 때 그는 애국가를 짓고 열심히 부르면서 대중연설을 했고 연설이 끝나면 청중과 함께 '대한독립만세!'를 크게 불렀다. 안창호는 대성학교와 청년학우회를 통해서 애국가를 널리 보급하였다. 그는 전국을 돌아다니면서 애국심과 독립정신을 불러 일으켰다. 강연이 끝나면 수 백, 수 천 명의 청중과 함께 '대한독립만세!'를 크게 외쳤다. 삼일독립운동은 태극기를 흔들고 애국가를 부르며 '대한독립만세!'를 부른 운동이었다. 안창호의 교육독립운동과 삼일운동은 직결된다. 그의 강연을 듣고 새 사람이 되어 교육독립운동에 나선 이승훈이 삼일운동을 주도했고 그의 심복으로서 청년학우회 총무였던 최남선이 독립선언서를 지었다. 민을 깨워 일으켜 대한독립만세를 부르게 한 도산 안창호의 교육독립운동은 10년 후 그대로 삼일운동으로 이어졌다. 한국 독립 운동사를 오래 연구한 신용하는 교육독립운동과 삼일운동의 관계를 이렇게 말했다. "중요한 것 중 하나는 신민회 등을 중심으로 한 구한말 애국계몽운동이었습니다. 애국계몽운동이 전국에 3000여 개의 사립학교를 설립해서 청소년에게 무상으로 신학문과 애국 교육을 시켜 60여만 명의 애국 청소년이 양성됐습니다. 이들이 일제강점 9년 후에 18~30세 사이의 청장년으로 성장했고 3·1운동의 주체세력이 됐습니다."[63] 삼일운동이 일어나자 대한국민회 총회장 안창호는 상해로 가서 임시정부를 만들고 삼일운동의 정신과 뜻에 따라 민족의 독립과 통일을 위해 온전히 희생하고 헌신하였다.

삼일운동을 체화한 씨올들

한국독립운동사에서 삼일운동을 온전히 체화하여 산 사람은 안창호와 이승훈이고 안창호와 이승훈의 정신과 운동을 이어서 씨올 사상을 정립한 유영모와 함석헌이다.

이승훈은 삼일운동을 일으키고 재판을 받을 때 법정에서 판사가 왜 이런 일을 했느냐고 묻자 "하나님이 시켜서 했다."고 대답했다. 3·1독립운동을 일으키고 감옥에 들어가서도 죽을 자리 찾았다면 춤을 너울너울 추었다.[64] 감옥에서 변기통 청소를 3년 반 도맡아 했다.

---

63) 엄주엽, 문화 파워 인터뷰 신용하 "3·1운동, 남녀노소·신분계급·종교 초월한 全민족적 운동" 문화일보 2019년 2월 28일.

64) 이승훈의 일화와 말은 내가 이승훈의 가장 위대한 제자 함석헌으로부터 직접 들은 것이다.

그는 나라를 위해서 재산을 바치고 삶을 바치고 몸까지 바치려 했다. 삼일운동이 일어나고 감옥에 들어가서는 나라를 위해 자신을 온전히 바치지 못하는 것을 안타까워하고 괴로워했다. 감옥에서 사형설이 돌아갈 때에도 그는 조금도 슬퍼하는 기색이 없이 나라에 헌신함이 약한 것을 한탄하였다. 손으로 한편 식지를 때려 피가 흐르게 하면서 그는 이렇게 말하였다. "이것이 썩을 손가락 아니야. 그런데 이것이 아까워서 못 바치니 어떻게 하나···."[65] 죽음을 앞두고 그는 자신의 뼈를 땅에 묻지 말고 표본하여 학생들의 공부에 보탬이 되게 하라고 당부하였다. 그는 자신의 뼈다귀까지 바치려고 했다. 그가 죽었을 때 정인보는 묘비에 "20여년을 다시 살고 다시 죽기를 거듭하였다."(且生且死)고 썼다.[66]

유영모에 따르면 인간의 자아 '나'는 우주, 생명, 정신 그 모든 존재의 법칙과 이치가 변화 발전하고 실현되어가는 중묘지문(衆妙之門)이다. 인간은 만물의 존재론적 단계들을 내적으로 종합한 존재이면서 하나님과 상통하고 일치하는 존재다. 인간의 '나'는 "만물의 변화와 발전의 대법칙을 따라 세상에 나타난 것"이다. 인간의 '나'는 물질의 낮은 단계에서 정신의 높은 단계로 나아가는 생물학적 진화의 과정과 법칙을 구현한 존재로서, 땅에서 하늘로, 물질에서 영으로 올라가는 존재다. 다석은 "변화 발전해 가는 이치의 길··· 그 이치를 파악하고 그 이치를 가지고 다시 하늘을 올라가는 길이 만물의 이치를 아는 중묘지문(衆妙之門)"이라고 했다. 다석에 따르면 물질변화와

---

65) 김기석 『남강 이승훈』 370쪽.
66) 김기석 『남강 이승훈』 376~7쪽.

생물진화의 이치를 가지고 하늘로 올라가는 인간의 길이 만물의 이치를 아는 '모든 오묘함에 이르는 문'이다. 하늘로 올라갈수록 만물의 이치를 잘 알게 된다. 또한 다석은 "생각과 마음을 가지고 자연을 연구하여 법칙을 찾고, 그것을 이용하여 우리의 생활을 풍부하게 하는 신비의 문이 인생"[67]이라고 하였다. 다석은 생명의 통합적 진리를 깨달으면 논리와 물리(物理)와 윤리가 하나로 통한다고 했다.[68]

생명의 진리는 결국 생명의 근원과 목적인 하나님과 통한다. 하나님과 통한 '나'는 우주와 생명의 중심이며 길이다. 다석은 우주와 생명의 큰 길로서의 '나'를 이렇게 표현한다. "길은 언제나 환하게 뚫려야 한다...비록 성현이라도 길을 막을 수는 없다...언제나 툭 뚫린 길 이 길로 자동차도 기차도 비행기도 자전거도 나귀도 말도 벌레도 일체가 지나간다. 이런 길을 가진 사람이 우주보다 크고 세계보다도 큰 길이다. 이런 길을 활보하는 것이 하나님의 아들이다...우주와 지구를 통째로 싸고 있는 호연지기가 나다. 그것은 지강지대(至剛至大)하여 아무도 헤아릴 수가 없고 아무도 견줄 수가 없다. 그것이 나다."[69] '생각하는 나'는 땅과 시간에 매인 존재라는 측면에서 보면 지극히 작은 존재이고, 하나님과 소통하는 존재라는 측면에서 보면 한없이 크고 강한 존재이다. 참된 나는 물질세계를 초월하여 공과 무의 세계에서 맘은 맘껏 자유롭게 맘대로 하고 몸과 물질은 물성과 이치에 따라 실현되고 완성되게 할 수 있다.

신의 말씀을 받고 신과 연락 소통하며 살았던 예수는 전체의 자

---

67) 유영모, "매임과 모음이 아니!", 다석일지(영인본) 상. 744쪽.
68) 『다석강의』 633쪽.
69) 유영모, "속알", 다석일지(영인본) 상. 864쪽.

리에서 생각하고 말하고 행동했다. 함석헌에 따르면 예수는 '너'를 '나'라고 한 이다. '너' 속에서 '나'를 보고 '너'를 '나'(주체)로 존중하고 사랑한 이다. 그런 의미에서 함석헌은 "역사상에 일인칭을 똑바로 쓴 사람은 예수밖에 없다"고 했다.[70] 예수는 나와 남에게서 '나'(I am)를 발견한 이다. 나와 남에게서 '나는 곧 나'(I am)를 발견하는 사람은 큰 나를 가진 사람이다. '큰 나'를 가진 대장부는 공적인 전체의 자리에서 자신의 작은 자아를 희생하고 전체를 살리는 '같이 살기 운동'을 펼치는 사람이다. "오직 하나의 사는 길, 누구만이 아니라 너도 살고 나도 사는 참 삶의 길이 사람을 부르고 있다. 제물을 부르고 있다. 대장부란···사사(私私)의 나대로 집에 가두어 둔 것이 아니라 전체의 일을 위해 나선 공적인 사람이다."[71] 신과 소통하고 연락하여 전체의 자리에 선 '나'는 모든 타자가 '나는 곧 나'임을 발견하고 타자들에게 그것을 일깨우고 선언하고 실현하는 주체다. 가난하고 약한 모든 사람에게서, 환경과 사물에게서도 '나는 곧 나'(주체)를 발견하고 선언하고 존중하고 실현할 때 나는 전체의 자리에서 같이 살기 운동을 벌이는 대장부가 될 수 있다.[72]

'나'를 전체의 자리에서 본 함석헌은 개인의 구원이 아니라 전체의 구원을 추구했다. "이제 나는 나를 위해 믿어야 하지 않고 남을 위해 믿어야 하겠습니다. 전에 우리가 듣기를 너만은 믿어서 구원을 받아라 했지만, 이젠 그 과정에서도 지나쳤습니다. 나만이 아니라, 이 세계입니다. 후에 오는 사람들이 상을 얻기 위하여 내가 뛰어

---

70) 함석헌, 「인간을 묻는다」(송기득과의 대담), 함석헌전집 4권. 344쪽.
71) 함석헌, "같이 살기 운동을 일으키자", 함석헌 전집 14권. 7쪽.
72) 함석헌, 「인간을 묻는다」(송기득과의 대담), 함석헌전집 4권. 344쪽.

야 하겠습니다.···남 속에서 나를 보는 것, 나를 위해 믿는 신앙이 아니고 장차 오는 세대를 위해 믿는 믿음이 정말 나를 구원하는 믿음입니다. 나는 내 안에 있지 않고 장차 오는 인류 속에 있기 때문입니다."[73] 함석헌은 나의 구원이 아니라 남의 구원, 개인의 구원이 아니라 전체의 구원을 말하지만 구원하는 주체는 나라고 말한다. "(모든 문제의) 해결은 하나님의 사랑으로만 될 것인데, 그 하나님의 사랑은 내 혼이라는 이 단 하나의 가는 수도를 통해서만 흘러올 수 있기 때문이오. 세계 구원은···오직 내 가슴의 가는 한 줄을 통해서만 올 것이오. 세계 구원자는 나요,···이 시간에 이 붓끝으로 내리는 이 말씀은 하나님의 말씀 아닐까요? 나는 믿소. 내가 한 줄. 한 선. 한 오리를 내놓지 않는 한, 온 세계에 역사적·사회적 대변동을 일으킨대도 구원은 올 수 없음을. 나 하나를 움직이려고 하나님은 온 우주를 동원해야만 되는 것이오. 내 맘의 가는 한 줄을 울리기 위해 공중에 억억만만의 별이 반짝이고, 태평양의 푸른 물결이 부르짖고, 아브라함이 제 자식의 목에 칼을 겨누고, 예수가 십자가에 달리고, 세계 모든 나라가 그 있는 기구와 힘을 다해 우리 눈앞에 모여 끔찍한 살인극을 하게 되는 것이오."[74]

삼일운동을 체화하는 것은 삼일운동을 이어서 나는 나답게 우리는 우리로 사는 것이다. 백 년 전에 일어난 삼일운동을 문자적으로 산다는 것은 불가능하다. 오늘 내게 주어진 삶 속에서 삼일운동의 뜻과 정신을 새롭게 구현하는 것이다. 과거를 돌아보며 삼일운동을

73) 함석헌, "내가 믿는 예수", 함석헌 전집 9권. 320쪽.
74) 함석헌, "공주로 보내는 글 1", 함석헌 전집 10권. 279쪽 이하.

흉내 내고 본받으려고만 해서는 안 된다. 삼일운동을 미화하고 숭배해서도 안 된다. 죽은 예수보다, 지나간 삼일운동보다 오늘 살아 있는 내가 더 크다. 과거보다 오늘이 더 크고 위대하다. 예수도 삼일운동도 오늘의 나를 위해 있었던 것이다. 하나님은 죽은 자의 하나님이 아니라 산 자의 하나님이기 때문이다. 하나님은 죽은 자들의 과거에 살아 있지 않고 산 자들과 더불어 오늘 여기 나(우리)와 함께 살아계시다. 예수만 읊고 삼일운동만 앞세우는 사람은 예수도 삼일운동도 체화한 사람이 못 된다. 예수를 체화한 사람은 예수를 읊조리며 살지 않을 것이고 삼일운동을 체화한 사람은 삼일운동을 연구하고 주장하지만은 않을 것이다. 예수와 삼일운동을 체화한 사람은 오늘 내가 크게 죽고 크게 다시 사는 삶을 살아낼 것이다.

몸을 가지고 지금 여기에 사는 나는 작고 유한한 존재이고 모자라고 힘없는 존재다. 나는 병들고 쇠약해져서 곧 죽을 목숨이지만 하나님은 새로운 생명들과 함께 영원히 사실 분이다. 내가 사는 오늘은 새 생명의 미래를 위한 것이다. 오늘은 미래를 낳는 모체다. 씨올은 지극히 작은 것이고 깨지고 죽어야 할 것이지만 속에 무궁한 미래의 생명을 품은 존귀한 존재다. 씨올은 스스로 뿌리내리고 스스로 싹트고 스스로 꽃피고 스스로 열매 맺는다. 내 생명 내가 산다. 씨올 속에 그리스도, 성령, 하나님이 계시다. 씨올은 예수를 믿고 따르지 않고 예수의 삶과 정신을 이어서 산다. 십자가에 달려 죽고 살아난 예수는 십자가에서 죽은 예수이면서 그 예수를 넘어선 새로운 예수다. 십자가에서 죽은 예수가 그 시대의 제약과 속박 속에서 살았다면 부활한 예수는 시대의 제약과 속박을 넘어서 오늘 우리 속에 살아 있는 예수다. 예수와 함께 산다는 것은 과거에 죽은 예수를 사는 것이 아니라 예수를 이어서 넘어서 내 생명을 내가 산다는 것이다. 예수살기, 범아일여, 천인합일, 무위자연은 나를 전체 생명에 귀속시킨다. 나는 전체 생명에서 벗어나 나의 삶을 나대로 새롭게 살아야 한다. 그이(예수, 석가, 공자)가 아니라 내가 나를 살아야 한다. 오늘은 내일을 위한 발판이고 준비다. 현재는 지나가는 것이다. 현재를 비판하고 미래로 나가야 한다. 함석헌은 나는 남의 구원을 위해 산다고 했다. 후대의 구원을 위해 오늘 내가 산다. 오늘 내가 나의 몸, 맘, 얼에 삼일운동을 체화시켜서 삼일운동을 다시 일으켜야 한다. 삼일운동의 정신과 뜻이 우리의 삶 속에, 사회 속에 학교와 교회 속에 정부와 국회 속에, 사법부와 언론 속에 체화되게 해야 한다.

2부

몸·맘·얼을
살리는
어린이교육

1

교육의 혁신(탈바꿈):
주입식 인지교육에서 생명 철학적 교육으로

오늘 인류사회는 생명교육을 절실히 요구한다. 자연과학기술문명은 눈부시게 발달했으나 인간의 생명과 정신은 위축되고 황폐해졌으며 사회적 관계와 공동체는 파괴되고 있기 때문이다. 현대과학은 인간의 생명과 정신에 대해서 새로운 중요한 지식과 정보를 밝혀주었다. 천문물리학은 하늘의 별과 인간의 몸을 구성하는 물질적 성분들이 일치함을 확인하였다. 별들을 형성한 우주의 역사가 인간의 몸에 새겨져 있다는 것이다. 인간의 몸에는 우주의 나이테가 들어있다. 인간의 몸은 하늘의 별에 뿌리를 둔 것이고 우주의 역사가 인간의 몸속에 살아 있다. 생명진화론에 따르면 인간의 몸과 맘은 수십 억년 생명진화 과정에서 형성되고 진화 발전해온 것이다. 사람의 몸속에, 유전자와 세포와 뇌신경 구조 속에, 맘의 감정과 의식 속에 수 십 억년 생명진화의 역사가 새겨져 있다. 사람의 몸과 맘속에 수 십 억 년 생명진화의 역사가 살아 있다. 오늘 인류는 인간과 인성에 대해 새롭고 통합적인 이해와 깨달음을 바탕으로 인간교육을 해야 한다. 인간과 인성 속에 우주의 역사와 생명진화의 역사가 새겨져 있고 살아 있다. 인간과 인성은 오랜 역사 속에서 형성된 것이면서 생명의 주체로서 스스로 자신을 창조하고 형성해온 것이다.

생명을 파괴하는 자본과 기계문명을 넘어서

자본과 기계가 지배하는 오늘의 산업기술문명은 인간과 인성에 대한 깊은 이해와 성찰을 요구할 뿐 아니라 생명교육과 인성교육을 절박하게 요청한다. 돈과 기계의 지배가 생명과 정신을 황폐시키고 공동체를 해체하고 있다. 돈과 기계는 물질적인 것이며 계산할 수 있는 것이다. 그러나 생명과 인간은 물질을 초월한 차원과 성격을 가진 것이며 계산할 수 없는 존재의 차원을 가진 것이다. 인간이 돈과 기계의 지배를 받는다는 것은 생명과 정신으로서 인간의 본성과 사명을 스스로 부정하고 포기하는 것이다. 인간이 돈과 기계의 지배를 받으면 결국 인간 자신뿐 아니라 현대기술문명도 멸망한다. 인간이 물질기계문명의 주인이 되어 자신과 문명을 구원하기 위해서도 인간은 자신의 본성과 사명을 자각하고 실현해야 한다. 인류는 스스로 살기 위해서 그리고 산업기술문명을 구원하기 위해서 돈과 기계의 주인으로서 자신의 존재와 삶을 자각하고 실현해야 한다.

인공지능의 도전과 인간교육

오늘 인공지능의 발달과 도전은 새 인간, 새 교육을 절실하게 요구한다. 지금 중고등학교에서 공부하는 세대는 일생에 3~4회 직업을 바꿔야 한다. 인공지능에 의해서 현재의 많은 일자리들이 사라지고 새로운 일자리가 생겨날 것이기 때문에 한 사람이 한 직업을 가지고 살 수 없다. 인공지능이 육체노동뿐 아니라 정신 사무노동을 대신할 수 있고 관리 운영하는 일을 할 수 있다. 현재 직업과 일자리의 절반이 2~30년 후에는 사라질 것으로 예측된다.

국어 영어 수학 중심의 지식교육은 기계를 관리하고 운영하는 노동자, 기술자를 기르는 교육이다. 산업혁명으로 기계가 인간의 육체노동을 대신하게 되었을 때 기계를 관리하고 운영하는 인간을 기르기 위해 국어 영어 수학 중심의 지식교육이 도입되었다. 그러나 앞으로는 인공지능이 기계를 관리하고 운영한다. 지식을 정리 분석 활용하는 능력은 인공지능이 인간을 능가한다. 인공지능은 엄청난 양의 지식과 정보를 수집하고 처리할 수 있다. 앞으로 육체노동뿐 아니라 기계를 관리하고 운영하며 지식과 정보를 정리 분석 판단하는 정신 사무 노동을 인공지능 로봇이 대신한다. 지식과 정보를 처리하고 공장과 사무체계를 관리하고 운영하는 일을 인공지능이 인간보다 훨씬 잘 할 수 있다.

컴퓨터와 인공지능과 같은 기계의 종이 되지 않으려면 지식중심의 교육에서 '나'를 찾고 창의적으로 생각하고 주체적으로 행동하는 인간교육, 인성실현과 인성개발의 교육으로 바뀌어야 한다. 지식

중심의 교육에서 '나'를 찾는 인성교육으로 바뀌야 한다는 것은 인공지능을 전공하는 학자들이 일치해서 하는 말이다. 인간이 인공지능의 주인이 되려면 사랑과 선의와 창의(創意)를 가지고 높은 이상과 공적인 목적을 가지고 인공지능을 설계하고 제작하고 관리 운영해야 할 것이다. 인간이 인공지능의 창조자다. 결국 인공지능의 가치와 미래는 인간의 인성과 정신이 결정할 것이다. 창조자인 인간의 인성과 정신이 이기심과 악의로 가득 차 있다면 인간이 창조한 인공지능의 세계도 이기심과 악의로 가득 차서 혼란과 파멸을 가져올 것이다. 그러나 인성과 정신이 맑고 깊고 높고 아름답고 선의와 사랑으로 가득 찬다면 인공지능이 펼치는 세계도 아름답고 심오하고 사랑으로 가득 찰 것이다. 인간이 인공지능의 창조자와 주인이 되기 위해서도 인성교육은 진지하고 절실하게 요청된다. 인공지능의 세계는 인간의 인성에 의해서 창조되고 인간의 인성을 반영하고 실현하고 고양시키는데 기여해야 한다.

인간은 인공지능을 넘어선 존재가 되어야 한다. 생명과 감정과 정신을 가진 인간은 생명과 감정과 정신을 가지지 못한 기계와 인공지능보다 말할 수 없이 존귀하고 아름다운 존재다. 컴퓨터와 인공지능은 기본적으로 계산하는 기계다. 인간이 인간답게 살기 위해서 기계가 할 수 없는 것, 계산할 수 없는 것을 찾자! 생명, 감정, 정신, 얼은 계산할 수 없는 차원을 가지고 있다. 물질, 육체는 복제, 복사할 수 있어도 감정과 맘과 영혼은 복제하거나 복사할 수 없다. 컴퓨터와 인공지능이 예측, 판단, 조정, 통제할 수 있지만 그것들은 생명과 감정과 영혼의 '나'가 없다. 그것들은 스스로 생각하고 느낄 수 없으며 얼과 혼이 없는 것이다. 아무리 인공지능을 발전시켜도 생명과 감정, 의식과 혼을 갖지는 못한다. 아무리 계산을 복잡하게 많이 해도 계산은 계산일 뿐이고 기계는 기계일 뿐이고 프로그램은 프로그램일 뿐이다. 인공지능이 인간의 감정과 생각을 흉내 낼 수는 있어도 인간과 같은 감정과 의식을 가질 수는 없다. 인공지능과 기계의 주인이 되도록 하기 위해서 우리의 자녀들을 스스로 생각하고 스스로 느끼고 창의적으로 표현하고 행동하는 사람으로 기르자. '나'를 찾고 창의적인 생각과 일을 할 수 있는 사람을 길러야 한다.

기존의 교육철학과 교육방법에 대한 반성과 생명 철학적 교육으로

서구의 주류 교육방법과 철학은 한 마디로 인간을 사회자원으로 보고 사회에 필요한 인적 자원과 역량을 개발하고 강화하는 것이다. 주류 교육학자들에 따르면 교육은 인간과 인성을 의도적이고 계획적으로 바꾸는 것이다. 이것은 인간을 삶의 주체로 보지 않고 산업사회에 필요한 기계의 부품과 자원으로 보는 것이며 교육의 주체로 보지 않고 교육의 대상으로만 보는 것이다.

서구의 교육사상과 방법은 주로 심리학자 에릭슨의 의식적 자아의 발달 단계, 피아제의 인지 발달 단계, 콜버그의 도덕적 관습 발달 단계 이론에 근거한다. 이런 이론들은 모두 인간(어린이)의 생명과 인성의 한 부분과 단면을 가지고 인간의 발달단계를 설정하고 교육의 이론과 방법을 만들고 있다. 그러나 인간 특히 유아는 의식적 자아만을 가지고 있는 존재가 아니다. 더욱이 유아의 인성발달과정에서는 인지의 발달만 이루어지는 것이 아니다. 또한 도덕적 의식과 관습만으로 유아의 인성의 발달을 이해하고 설명하는 것도 온당하지 않다. 유아의 생명은 몸과 몸의 욕구와 감각, 느낌이 훨씬 중요하다. 유아기는 말과 생각, 얼과 혼이 싹트고 시작되는 때이므로 몸과 맘과 얼의 총체적 변화와 각성이 중요하다. 어린이의 몸과 맘은 부분적으로 발달하지 않고 전체적으로 발달한다. 이러한 어린이의 뇌 발달과 심리 발달과정을 무시한 조기교육이나 주입식 인지교육이나 도덕교육은 유아의 인성을 망치고, 감정과 심리와 얼을 병들게 한다.

유아기는 물성(몸)과 본능과 감정과 의지와 생각과 지성과 영성이 싹트고 꽃이 피는 때다. 유아의 인성에 대한 우주적이고 생명적이고 영성적인 이해가 요구된다. 어린이는 몸과 맘과 얼이 총체적으로 새롭게 형성되고 싹이 트고 자라는 시기다. 마치 천지창조와 천지개벽이 일어나는 것처럼 어린이의 몸과 맘과 얼이 새롭게 창조되고 새로운 생명과 정신의 세계가 열리는 시기다. 몸은 땅의 자연물질세계와 관련되고 맘은 감정과 의식, 생각과 말을 통해 인간세계와 이어지고 얼은 땅과 인간을 넘어서 하늘(의 신령)과 이어진다. 어린이교육은 몸과 맘과 얼의 차원에서 하늘과 땅과 사람이 함께 만나서 몸과 맘과 얼을 살리고 키우고 높이는 교육이 되어야 한다. 교사와 부모 사람만이 아니라 하늘과 땅이 어린이의 교육에 주체로 참여해야 한다. 하늘과 땅이, 숲이 가르치게 해야 한다. 또한 어린이의 몸과 맘과 얼은 그 자체가 하늘과 땅과 사람을 나타내고 실현하는 것이다. 어린이의 몸과 맘과 얼을 살리고 키우고 높이는 교육은 어린이 자신이 주인과 주체가 되어야 한다. 생명은 스스로 하고 스스로 되는 것이니 어린이의 교육도 근본적으로는 어린이 자신이 스스로 자라고 스스로 살고 스스로 크고 스스로 높아지는 교육이어야 한다. 어린이의 인성, 감성과 지성과 영성이 형성되고 자라고 깊어지는 일은 어린이가 참 사람이 되는 일이고 참 사람이 되는 일은 스스로 하고 스스로 되는 일이다.

생명과 인간은 10억년 생명진화와 2백만년 인류역사 속에서 진화하고 형성된 존재다. 생명과 인간은 스스로 자신을 형성한 주체이면서 우주 대자연 속에서 형성된 존재다. 따라서 생명과 인간은 자신의 창조자이면서 피조물이다. 생명과 인간의 본성은 남이 계획적이고 의도적으로 바꿀 수 없다. 그러나 그 본성은 바꿀 수 없는 것은 아니다. 생명진화와 인류역사 속에서 생명의 본성과 인성은 끊임없이 탈바꿈하며 진화 발전해 왔다. 생명의 본성과 인성은 밖에서 남이 바꿀 수 있는 것이 아니라 생명과 인간의 중심에서 스스로 바꾸고 스스로 바꾸어져야 한다. 생명과 인간의 내면의 중심과 근원에서 생명의 본성과 인성은 바뀔 수 있고 진화하고 고양될 수 있다. 생명과 인간의 주체 속에서 그 주체의 중심과 근원에서 인성은 새롭게 창조되고 진화할 수 있다. 생명의 중심과 근원은 주체적인 얼과 혼의 자리이며 물질적인 것을 초월한 하늘의 자리다. 인성을 새롭게 창조하고 변화 고양시키는 참 교육은 하늘(하나님)에서만 가능하다.

참된 교육은 하늘에 이르는 종교의 자리에서 이루어질 수 있다. 종교(宗敎)는 말 그대로 '마루', '으뜸'이 되는 가르침이다.

기계와 물건은 만들고 제작하는 것이지만 생명과 인성은 만들고 제작하는 것이 아니다. 생명과 인성의 교육은 근본적으로 스스로 하고 스스로 되는 교육이다. 어린이교육의 정신과 원리, 방향과 목적을 분명히 알지 못하면 어린이의 인성을 교육한다면서 어린이의 인성을 해치고 더럽힐 수 있으니 조심하고 경계할 일이다. 어린이 교육을 한다면서 그 동안 조기교육이나 주입식 교육을 통해서 유아들을 콘크리트 교실 속에서 양계장의 닭처럼 가둬 길렀다. 이것은 어린이를 물건이나 기계처럼, 짐승처럼 여긴 것이다. 어린이는 물건이나 기계가 아니다. 어린이는 가축이 아니다. 어린이는 하늘처럼 높고 존귀한 생명이고 영혼이다. 하늘과 땅이 함께 지어가는 우주적 생명과 정신세계의 주체이고 전체다.

의식적 자아, 인지발달, 도덕적 관습에 기초하여 지식중심의 주입식 교육으로 인간을 계획과 의도에 따라 사회의 인적 자원으로 양성하려는 서양의 교육이론과 방법은 근본적인 한계와 잘못을 안고 있다. 서양의 교육이론과 방법은 서양의 오랜 정신문화적 전통에서 비롯된 것이며 서양의 정신문화적 전통은 고대 그리스의 철학에서 비롯된 것이다. 고대 그리스의 철학과 정신은 도시(폴리스) 국가의 역사 속에서 형성되었다. 그리스의 도시국가는 왕조국가가 붕괴한 후 일부 귀족세력과 농민세력이 이해관계를 바탕으로 결합하여 권력을 잡고 이민족과의 전쟁을 통해서 세력을 확장해 가면서 형성된

국가다. 노예제를 바탕으로 지상의 권력과 부를 확장해 간 국가다.

그리스로마의 건국신화에서 두드러진 것은 하늘(우라노스, 아버지)을 전복시키고 거세하고 죽임으로써 이성적인 질서를 확립하고 나라를 세웠다는 것이다. 하늘을 죽이고 제거함으로써 나라를 세웠다는 그리스 로마의 신화는 하늘을 열고 나라를 세웠다는 한국의 건국설화와 대조된다. 하늘을 제거하고 땅에서 권력과 부를 확장해 가기 위해서 합리적이고 이성적인 효율성을 추구했던 그리스사회는 수학(산술계산과 기하학)을 바탕으로 에로스와 로고스 중심의 철학을 형성하였다. 에로스는 존재의 결핍을 채우려는 욕구와 충동이며 로고스는 합리성과 효율성을 추구하는 이성적 정신이었다. 에로스와 로고스의 철학은 생명과 정신의 속에서 흘러넘치는 자발적 헌신성과 사랑(아가페)을 모른다. 그 철학에는 하늘의 초월적 자유가 없기 때문이다.

기독교가 지배한 서양의 중세시대는 계시와 이성을 구분하고 계시(신앙, 성경, 교리)가 이성(그리스철학)을 지배하게 했다. 계시를 왕의 자리에 놓고 이성을 시녀의 자리에 놓았다. 기독교와 중세봉건사회가 결합함으로써 인간의 지성과 양심은 어둠 속에 빠졌다. 과학기술에 근거한 산업혁명과 함께 시작된 계몽주의 철학자들 칸트, 헤겔 등은 수학과 자연과학을 바탕으로 이성을 왕의 자리에 올려놓고 계시, 특히 구약성경(유대교)을 무지와 미신으로 매도했다. 이들은 그리스와 그리스철학을 찬양하고 이상화하면서 유대교와 구약성경을 비난하고 제거했다. 독일 철학자 빌헬름 훔볼트(Wilhelm von Humboldt)는 프로이센의 교육부장관을 역임하면서 후에 미국 고등교육의 모델이 된 연구중심 대학제도를 기획한 사람이다. 그는 고대 그리스인들을 초인(超人)과 이상(理想)으로 높이면서 기독교 철학을 제거하고 수학과 자연과학을 바탕으로 연구하는 대학의 모델을 확립했다. 이로써 역사와 종교도 수학과 자연과학을 바탕으로 연구하는 전통이 확립되었고 독일의 이러한 연구 중심 대학 모델이 유럽을 넘어서 미국과 일본의 고등교육 표준으로 자리 잡았다.[75] 한국의 교육모델은 일본, 미국 유럽의 교육모델을 그대로 받아들인 것이다. 수학과 자연과학을 바탕으로 연구한다는 것은 역사와 종교, 생명과 정신, 예술과 철학을 수학과 자연과학의 논리와 이론으로 규정하고 환원시킨다는 것을 의미한다. 서구의 철학과 교육은 수학과 자연과학의 논리와 이론의 지배와 통제에서 벗어나지 못하게 된 것이다.

수학과 자연과학에 바탕을 둔 오늘날 서구의 주류 철학과 사상은 본능적 욕망과 합리적 효율성, 사회의 권리와 의무, 계약과 타협, 실증적 사실과 논리, 엄밀한 개념과 법칙에 대한 학문적 논의에서 벗어나지 못했다. 하늘의 깊이와 자유를 버리고 욕망과 이성, 수학과 국가현실에 충실한 서구 철학은 자연과학과 인공지능을 발달시키고 정치군사적 지배와 정복을 실현하고 사회 문화 경제적 번영을 이루는데 기여했다. 그러나 생명과 인성을 심화 발전시키고 양육하는 영성적 철학과 교육을 발전시키지는 못했다. 하늘을 죽이고 나라를 세운 그리스 로마의 철학과 정신은 1~2차 세계대전으로 귀결되었고 정신과 도덕의 파산에 이르렀다. 따라서 인성교육은 교육적으로나 철학적으로 불가능하게 되었다.

---

75) 요람 하조니 구약성서로 철학하기. 김구원 옮김 홍성사 2016. 32~37쪽.

인간과 인성에 대한 혼란된 이해의 정리

그리스철학과 서구 주류철학에서는 하늘을 제거하고 초월적 영성을 배제한 인간과 인성 이해에 머물렀다. 에로스와 로고스 중심의 이 철학전통에서는 이성으로 욕망과 감정을 통제하고 조정하려고 하는데 이성을 중심으로 생각하면 욕망과 감정은 질병과 고통을 지닌 것이고 문제와 갈등을 일으키는 것이다. 욕망과 감정으로 가득 찬 인간들의 인성, 자아 ego는 갈등과 대립, 충돌을 일으킨다. 인간은 자신의 본성을 있는 그대로 드러낼 수 없으므로 자신의 욕망과 감정을 감추기 위해서 가면 person을 쓰고 인간관계와 사회관계에서 좋은 이미지로 만들고 포장하기 위해서 자신의 본성, 욕망과 감정을 깎고 다듬은 것이 성격 character이다.[76]

이런 인간과 인성 이해는 인간과 인성을 문제적인 것, 질병과 고통을 지닌 것으로 진단하고 분석하고 처방을 내리는 데는 적합하지만 인간을 고양시키고 향상시켜서 건강하고 조화로운 삶으로 이끄는 데는 적합하지 않다. 에로스와 로고스 중심의 그리스철학은 구체적인 물질적 이해관계와 상황 속에서 경쟁에서 이기고 합리적이고 효율적으로 목표를 달성하는 데는 적합한 현실적 철학이다. 그러나 하늘과 영혼에 대한 이해가 부족하기 때문에 땅의 물질적 이해관계를 넘어서 인간과 인성을 상생과 공존의 삶으로 이끌지 못한다.

대자연의 품 안에서 인간과 인성을 이해하고 실현하려고 했던 동아시아의 철학은 인간과 인성 속에서 하늘, 땅, 사람의 조화와 합일

76) 본디 person은 가면을 뜻하는 말이고 character는 '깎고 다듬다'는 말에서 나온 말이다.

에 이르려고 하였다. 하늘과 자연의 도와 이치에 순응하려고 했다. 천인합일과 무위자연을 말함으로써 전체와 하나로 되는 조화로운 삶을 추구하였다. 동아시아의 사상은 전체 생명의 질서와 조화 속에서 인간과 인성을 이해함으로써 인성과 자연과 사회를 통합적으로 파악할 수 있었다. 그러나 동아시아의 인성이해는 개별적 인간의 주체적 개성과 활달한 자유를 말하지 못했고 실존적 갈등과 고뇌를 깊이 파악하지 못했다.

불교는 범아일여를 부정하고 아트만(영혼)의 실체를 부정하고 무아(無我)를 말했다. 또한 인연과 계기를 강조함으로써 인간과 만물의 실체와 고유한 성격을 부정하였다. 당시 인도사회는 종교가 세상을 지배했다. 범아일여와 아트만은 종교이기주의(종교의 지배와 독선)와 불의한 카스트제도를 정당화하는 근거가 되었다. 석가는 범아일여와 아트만을 부정함으로써 개인의 종교적 이기심과 불의한 신분제도를 부정했다. 그가 인간의 탐진치(貪瞋痴), 욕망과 감정을 철저히 부정함으로써 순수한 생명의 자유, 불성과 열반에 이른 것은 욕망과 감정으로 가득 찬 person, ego를 극복한 것으로 보인다. 그러나 욕망과 감정을 철저히 부정하고 소멸시키려고 함으로써 생명의 육체적 본능적 차원과 정신 영성적 차원을 분리시킨 것으로 보인다. 생명은 물성과 몸의 본능과 감정의 차원을 가진다. 인성에는 본능적 욕망과 감정의 차원이 있다. 욕망과 감정을 정화하고 고양시켜 생명 그 자체, 생명의 순수한 자유에 이르는 것이 생명의 목적이다. 그러나 현실 속에서 사는 사람들은 몸을 가진 존재이며 욕망과 감정을 가진 존재다. 욕망과 감정을 가지고 고통당하는 인생을 자비로운 맘으로 구제한다고 해도 욕망과 감정을 멸절시키려는 것은 여느 인간에게 큰 고통을 안겨 준다. 욕망과 감정을 함께 긍정하고 인정하면서 인생을 구제하고 살리는 길이 더 인간적인 길이다. 사람에게서 욕망과 감정을 떼어내는 것은 거의 불가능하기 때문이다.

기독교는 역사와 사회의 가난과 고난 속에서 욕망과 감정을 존중하면서도 생의 깊이와 높이를 드러냈다. 삶의 고통과 시련 속에서 하나님을 만남으로써 개인의 개성과 자유, 영혼의 죄와 은총을 깊이 체험했다. 기독교정신에서는 욕망과 감정이 존중되면서도 개성과 자유, 영혼의 깊이와 높이, 역사와 사회의 불의와 죄악, 개인과 사회의 혁신과 하나님 나라가 역동적이고 다차원적으로 드러났다. 그러나 기독교에는 조화와 일치, 포용과 원만의 정신이 결여되었다. 인간의 내면은 죄성과 영성으로 분열되고 사회는 악한 세력과 선한 세력으로 대립되고 영의 세계는 악마와 하나님이 맞선다. 갈등과 대립의 정신이 두드러지고 편협하고 배타적인 정신이 지배한다. 성숙하고 원만한 정신으로 깊이 차분하게 생각하고 맑은 이성으로 대화하고 설득하는 여유와 편안함이 부족하다.

한국의 건국설화: 하늘을 열고 나라를 세웠다.

한민족의 건국설화에 따르면 하늘을 열고 나라를 세웠다. 곰은 굴 속에서 쑥과 마늘을 먹으면서 오랜 기간 인고의 세월을 견디어냄으로써 사람이 되었다. 곰이 오랜 기간 고난과 시련을 참아내고 사람이 되었다는 것은 짐승의 본성을 정화하고 승화시켜서 인성으로 닦아냈다는 것을 의미한다. 땅의 물성과 법칙에 매인 욕망과 감정을 나타내는 곰이 사람이 되고 하늘에서 내려온 천인 환웅과 결혼하여 아들 단군을 낳고 단군이 나라를 세웠다. 하늘과 땅의 생명적인 교감과 교류 속에서 하늘과 땅과 사람이 하나로 되는 가운데 나라가 세워진 것이다. 나라의 이념은 '널리 사람을 이롭게 함'(弘益人間)과 '이치로써 세상을 가르치고 변화시킴'(理化世界)이다. '널리 사람을 이롭게 한다.'는 이념은 포용적이고 보편적이다. '이치로써 세상을 가르치고 변화시킨다.'는 이념은 맑은 지성과 높은 평화의 정신을 드러낸다. 하늘을 열고 나라를 세웠다는 것은 한민족의 건국정신이 높은 영성과 고상한 품격을 지녔음을 나타낸다. 하늘과 땅(땅에 매여 사는 곰)과 인간의 원만하고 조화로운 교감과 일치는 원만과 포용의 정신을 드러낸다.

한민족의 이름을 나타내는 '한'도 '크고 하나임'(큰 하나)을 뜻하고 '하늘, 하나님'을 가리킨다. '큰 하나'는 하늘을 가리킨다. 한자(漢子)로도 대(大)와 일(一)이 결합하면 천(天)이 된다. '한'(하늘)은 한없는 깊이와 자유를 나타내면서 큰 하나의 전체를 나타낸다. 한민족은 이름 속에 하늘, 하나님을 품고 있으며 하늘을 우러르며 그리워하였다. 한민족은 높은 산에서 하늘을 우러러 제사하는 오랜 종교 전통을 가진 겨레다. 하늘을 우러러 한 점 부끄러움이 없기를 열망한 민족이다. 하늘은 한없이 깊고 높은 것이고 끝없이 크고 넓은 것이다. 모든 것을 받아들이고 포용할 수 있는 넓은 품을 가진 것이다. 하늘은 한없이 자비하고 한 점 티 없고 구부러짐 없이 곧고 바른 것이다.

하늘처럼 하나가 되려는 열망이 간절하기 때문에 '하나임'을 느끼지 못하면 참지 못하고 갈라지는 경향도 있다. 그러나 그렇게 쪼개지고 갈라지는 것도 '하나'가 되려는 열망에서 비롯된 것이다. 분열과 다툼 속에서도 하나 되려는 열망과 힘을 이끌어낼 수 있다면 참되고 큰 하나 됨에 이를 수 있을 것이다. 한민족은 밖의 정신과 문화를 잘 받아들여서 풍부하고 깊은 정신문화를 형성했다. 유교, 불교, 도교, 기독교를 잘 받아들였고 과학기술과 예술문화도 잘 받아들이고 있다. 문화적 주체성을 잃고 혼란에 빠진 듯 보이지만 주체적이고 포용적인 '한'의 정신을 바탕으로 깊고 풍부한 정신문화를 형성해 갈 것이다.

인간과 인성에 대한 새로운 이해

21세기 인류는 인공지능과 생명공학의 도전과 위협을 받고 있다. 민주화, 산업기술화, 세계화가 동시에 이루어지는 21세기는 인간과 인성을 깊이 바로 이해하고 실현함으로써 역사와 사회의 주인과 주체로 살아야 한다. 인간과 인성은 오랜 생명진화 과정을 거쳐 형성된 존재이며 생각하고 말하고 소통하고 협력함으로써 민주화, 산업기술화, 세계화 시대를 열고 있다. 새 시대의 주인과 주체가 되려면 인간은 창의적으로 생각할 뿐 아니라 세계의 주인과 주체로서 깊고 높은 영성을 지녀야 한다. 창의적 지성과 높은 영성을 지니려면 과거의 종교철학전통의 사상과 지혜의 핵심을 배우고 이어갈 뿐 아니라 전통적 사상과 지혜를 비판적으로 극복하고 새로운 사상과 철학을 형성해 가야 한다.

그리스철학에서는 생각하는 과학적 지성을 배우고 중국에서는 천인합일과 정기신의 유기체적이고 종합적인 사상을 배우고 불교에서는 탐진치를 멸하고 순수한 생명 그 자체의 자유에 이르는 것을 배우고 기독교에서는 고난과 시련 속에서 솟아오르는 자발적 헌신성과 열정을 배운다. 그러나 그리스철학에는 하늘의 영성과 자발적 헌신과 희생의 정신이 부족하다. 중국의 사상에는 개인의 개성과 저항정신이 부족하다. 불교에는 욕망과 감정으로서의 자연생명과 불성과 열반으로서의 순수 생명이 대립되어 있다. 기독교정신은 배타적이고 편협해서 갈등과 분열을 일으키기 쉽다. 이런 약점과 결함을 우리는 우리 한민족의 전통종교사상에서 극복하고 치유할 수 있는 가능성을 확인할 수 있다. 하늘을 품고 하늘을 그리워하는 한민족은 하늘을 열고 나라를 세웠으며 홍익인간과 이화세계를 건국이념으로 내세웠다. 하늘을 품고 하늘을 그리워하는 영성은 하늘을 제거한 그리스 이성주의철학과 동아시아적 천인합일의 순응적 전체주의적 정신을 넘어서 창의적 개성과 영감을 줄 수 있다. 대화와 설득, 비판과 탐구의 정신을 지향하는 이화세계의 지성과 보편적 포용성과 상생적 평화세계를 지향하는 홍익인간의 정신은 기독교의 편협하고 배타적이며 독단적인 신앙을 넘어서 이성적이면서 원만하고 포용적인 정신을 줄 수 있다. 한국의 전통정신과 문화도 결코 완벽한 것은 아니다. '한'의 정신과 건국이념은 우리가 나아갈 방향과 이뤄야 할 목표를 가리킬 뿐이다. 우리 역사가 끊임없이 고난과 시련을 겪었고 근현대사는 치욕과 좌절 속에서 민주화와 산업화의 길을 열었다. 우리가 겪은 고난과 시련은 낡은 찌꺼기와 시련을 씻어내고 생명과 정신의 알짬을 실현하기 위한 단련의 과정이다.

오늘의 시대는 생명진화와 천지인 합일의 사상 속에서 인간과 인성을 이해할 것을 요구한다. 천지인 합일의 사상은 동아시아와 한국이 이룩한 생명철학이다. 생명진화는 현대의 과학과 지성이 밝혀낸 진실이고 진리다. 천지인 사상은 인성과 자연생명과 우주를 땅의 물질적 차원, 인간 생명의 차원, 하늘의 영성적 차원으로 이해하라는 사상이다. 물질과 생명과 영, 몸과 맘과 얼의 세 차원으로 인성과 우주를 이해하는 천지인 사상은 교리나 이론의 주장이 아니라 인간 생명과 우주의 진실과 실재를 드러내는 진리다. 땅의 물질에서 하늘의 영에 이르는 생명진화의 과정도 천지인 합일 사상을 드러내는 과학적 진실이고 사실이다. 천지인사상과 생명진화사상은 내적으로 결합된 하나의 생명 철학적 진리다.

동아시아와 한국에서 발전시킨 천지인사상은 민주정신과 과학정신이 결여됨으로써 운명론과 결정론의 굴레를 벗어나지 못했다. 운수(運數), 분수(分數)를 말하거나 음양오행과 풍수지리를 말함으로써 천지인사상이 수(數)와 물질적 환경의 지배와 영향을 받고 있다. 천지인사상이 민주정신과 생명진화의 과학사상과 결합되기 위해서는 수학적 물리 환경적 결정론과 운명론에서 벗어나야 한다. 하늘의 높은 영성과 맑은 지성을 가지고 하늘의 주체적 깊이와 자유에서 전체의 하나 됨에 이르기 위해서는 운명론과 결정론, 모든 물질적 환원주의에서 벗어나야 한다. 수론과 음양오행의 결정론과 운명론은 땅의 물질이 지배하고 결정하는 것을 의미한다. 땅의 물질세계는 하늘의 깊이와 높이에서 실현되고 완성될 수 있다. 하늘을 중심으로 생각하고 판단하면 결정론과 환원론, 운명론에서 벗어나 생명의 자유와 진리에 이를 수 있다. 인간과 인성을 천지인과 생명진화의 관점에서 이해할 때 민주, 과학, 세계평화의 세계, 주체와 전체의 일치에 이르는 인성이해와 인성교육을 할 수 있다.

2

생명:

생명진화와 천지인합일

1) 생명이란:

생명은 스스로 하는 자발적 주체이며 내적으로 통일된 전체다. 생명의 본성과 목적은 주체의 깊이와 자유에서 전체의 하나 됨에 이르는 것이다. 생명은 주체이면서 전체다. 생명은 주체와 전체의 일치다.

2) 생명의 본성: 자유, 기쁨, 사랑, 창조

생명은 물질의 타성적 잠과 법칙적 속박에서 해방된 것이다. 우주의 4차원 시공간 물질세계는 물질적 인과율, 운동법칙, 상대성원리가 지배하는 닫힌 세계다. 생명은 물질의 타성과 속박에서 해탈하여 새로운 존재의 세계를 연 것이다. 물질세계는 존재와 운동의 원인과 까닭이 밖에 있으나 스스로 하는 생명의 자발적 주체는 존재와 활동의 원인과 까닭이 제 속에 있는 것이다. 자유로운 자발적 주체로서 생명은 서로 주체로서 상생과 공존의 평화로운 관계를 형성하지만 상대성원리가 지배하는 물질세계는 서로 주체의 상생과 공존의 관계를 이룰 수 없다. 염통과 허파는 제 구실을 잘 함으로써 상생과 공존의 관계를 이루지만 인과율과 상대성원리로 서로 제약하고 속박하는 물질세계는 서로 주체의 상생관계를 형성할 수 없다. 물질로 이루어진 인간의 몸에도 인과율과 상대성원리가 적용되지만 생명체인 몸은 인과율과 상대성원리를 넘어서 상생 공존의 관계를 가질 수 있다.

물질의 타성과 속박에서 벗어난 생명은 해탈의 기쁨과 신명을 가진 것이다. 자유로운 기쁨과 신명은 상생과 공존의 사랑과 평화를 위한 것이다. 생명이란 땅의 물질 안에서 물질을 품고 물질을 초월한 하늘의 자유와 기쁨이고, 상생과 공존의 사랑과 평화다. 생명의 가장 깊은 내면에는 물질의 속박과 제약에서 해방된 기쁨과 신명이 있다. 물질의 제약과 속박에서 해방된 것이므로 물질에 의해서 오염되거나 얽매이지 않는 것이다. 물질에서 해방된 생명 그 자체는 시들지 않고 마르지 않는 것이며, 죄악과 더러움에 물들지 않는 것이다. 그것은 물질이 아니기 때문에 고난과 죽음을 모르는 것이며 죽어도 죽지 않는 것이다. 그것은 걱정과 근심이 없는 기쁨과 사랑이고, 끊임없이 솟아나는 자발적 헌신성이고, 솟아올라 나아가는 생의 약동이다. 생명은 기쁨과 신명, 사랑과 평화의 축제다.

생명은 물질 안에서 물질을 초월한 것이다. 생명은 물질을 초월한 것이면서 물질 안에 있는 것이고 물성을 지닌 몸을 가진 것이다. 생명이 물질의 법칙과 속성을 초월했다는 것은 물질의 법칙과 속성을 무시하고 외면했다는 것이 아니다. 생명은 물질의 법칙과 속성을 받아들이고 실현함으로써 넘어선 것이다. 생명의 신체적 현상과 활동은 물성과 법칙을 따르고 실현하면서 물성과 법칙을 넘어서 생명의 깊이와 자유를 바탕으로 상생과 공존의 관계를 새롭게 열었다(開新). 물성과 법칙을 초월한 생명이 물성과 법칙에 따라 생성소멸 하는 물질 안에 있으므로 생명은 깨지고 다치기 쉬운 연약하고 부드러운 것이다. 상처받고 죽을 수 있다는 것이 물질 안에 있는 생명의 가장 두드러진 특징이다. 생명의 가장 중요한 첫째 본성이 기쁨과 신명, 사랑과 헌신이라면 생명의 둘째 본성은 고난 받고 죽을 수 있는 연약함, 고난의 감수성이다.

생명은 스스로 하는 것이므로 주체적인 것이고, 새로우면서 자유로운 것이므로 창조적인 것이다. 물질의 속박과 제약에서 자유로운 생명은 스스로 하는 주체 '나'를 가진 것이며 '나'는 늘 새로운 것이면서 새로운 것을 창조하고 드러내는 것이다. 물질세계에 없던 새로운 세계를 연 생명은 자기 속에서 끊임없이 새로운 세계를 열어가고 지어내는 존재다. 생명의 속의 속으로 깊이 파고들수록 새로운 생명의 차원과 세계가 열린다. 스스로 하는 생명은 새로운 것이며 새로운 것을 창조한다. 생명의 새로움과 창조는 자기 자신의 새로움과 창조다. 생명은 늘 새로운 것이고 새롭게 자신을 낳고 짓는 것이고 더욱 깊어지고 높아지는 것이다.

3) 생명의 근본활동

생명진화의 오랜 역사를 돌이켜 보면 생명은 낳고 죽는 과정을 통해서 이어오고 진화 발전해 왔다. 모든 생명체, 식물과 동물은 씨와 알을 통해서 생명을 낳고 이어가고 진화해 왔다. 생명은 스스로 깨지고 죽는 씨올을 통해서 죽음과 신생의 과정을 거치면서 죽고 낳으며, 낳고 죽으며 새 생명을 낳고 이어주고 이어받는다. 씨올은 스스로 깨지고 죽음으로써 보다 나은 생명을 낳고 더 풍부한 생명활동을 펼친다. 흙 속에 묻혀 깨지고 죽음으로써 생명활동을 펼치는 씨올은 희생과 상생의 길을 보인다. 생명의 본성이 상생과 공존이듯이 씨올은 상생과 희생의 길을 구현한다. 흙 속에 묻혀 깨지고 죽음으로써 생명활동을 펼치는 씨올은 꽃과 열매와 씨올을 맺음으로써 자신을 실현할 뿐 아니라 뭇 생명을 먹여 살리는 먹이가 된다.

생명은 죽음과 고난을 이기고 사는 것이다. 십억 년 생명진화의 역사를 돌아보면 생명은 수없는 고난과 죽음을 이기고 이어오고 살아온 것이다. 지금도 생명세계는 먹고 먹히는 먹이사슬로 이어지고 얽혀 있다. 먹고 먹히면서도 죽어 없어지지 않고 더 힘 있고 풍성하게 살아 있다. 먹고 먹히고 죽고 죽이는 것보다 서로 먹이가 되고 서로 살리는 것이 더 근본적이고 힘찬 일이다. 생명은 먹고 먹힘 속에서 전체생명의 희생과 상생을 통해 생명을 이어가고 새 생명을 낳고 진화한다.

한 생명을 낳고 이어가는 일은 개체 생명의 일일 뿐 아니라 부모와 가족이 더 나아가서 우주 전체의 대생명이 함께 참여하는 일이다. 생명을 낳고 이어가는 나의 생명활동 속에는 우주 전체의 생명이 참여하고 있다. 십억 년 이어온 우주의 대생명이 오늘 나를 통해서 생명을 낳고 이어가는 것이다. 내가 쉬는 숨은 십억 년 이어온 것이고 내가 이어주는 유전자는 십억 년 진화하며 이어온 것이다. 생명진화와 인류역사를 통해서 전체 우주의 대생명이 하늘과 땅이, 하나님이 생명을 낳고 짓고 잇고 이어주는 일을 하고 있다. 생명과 역사의 근본활동은 생명을 이어가고 낳고 진화 고양시키는 일이다. 이것은 모든 생명이 하는 근본활동이면서 우주의 대생명이 맡긴 사명이다.

'스스로 함'은 생명의 근본원리다. 스스로 하는 생명의 가장 근본적인 활동은 생명의 주체인 '내'가 '나'를 새롭게 낳고 짓는 것이다. 내가 '나'를 깊이 파고 높이 키움으로써 내가 나를 새롭게 하고 만들고 짓는 것이다. 생명은 자신의 창조자이고 생산자이며 조각가이고 제작자다. 내가 나를 낳고 짓고 만드는 일에 남이 도울 수는 있어도 남이 나를 대신해서 나를 낳고 짓고 만들 수는 없다. 오직 나의 속의 속에 계시는 하늘(하나님)만이 내 속에서 나를 이끌어 나를 낳고 짓고 만들 수 있다. 나를 새롭게 하고 나를 낳고 짓고 만드는 일은 내가 하고 나만이 하는 일이면서 하나님만이 하고 하나님만이 할 수 있는 일이다.

4) 생명진화와 천지인합일

생명진화는 자연과학적으로 확인되는 역사적 사실이다. 그러나 자연과학은 생명진화를 탐구할 때 물질적 현상의 인과관계만을 따진다. 자연과학은 생명진화의 단편적 우연적 사실을 확인할 뿐이다. 그렇게 보면 생명진화는 중심도 방향도 목적도 의미도 없는 것이며 우연히 그렇게 진행된 것이다. 그러나 생명진화 과정을 내적으로 철학적으로 탐구하면 생명진화 과정에서 생명의 물질-신체적 차원과 내적 의식적 차원을 구별할 수 있고 더 나아가서 생명의 신적 초월적 차원을 말할 수 있으며 생명진화의 중심과 목적, 방향과 의미를 파악할 수 있다. 오늘날 뇌 과학이나 유전자 생물학에 따르면 인간의 뇌와 유전자는 생명진화의 과정을 반영한다. 인간의 뇌에는 물고기에서 파충류, 포유류, 영장류를 거쳐 인간에 이르는 뇌의 진화 과정이 반영되어 있다. 이것은 생명의 진화가 물고기에서 인간에 이르기까지 중심과 방향과 목적을 가지고 진행된 것으로 생각될 수 있고 낮은 단계에서 높은 단계로 진화 고양되었음을 알 수 있다.

동아시아는 예로부터 자연생명과 인간 사회와 우주를 하늘과 땅과 인간의 조화와 일치 속에서 파악했다. 땅의 물질과 인간의 생명과 하늘의 신령함은 우주와 생명의 세 차원을 나타낸다. 동아시아의 천지인 합일 사상은 생명을 평면적으로 이해하지 않고 입체적이고 종합적으로 파악했음을 보여준다. 인간의 생명은 땅의 물질적 차원, 인간의 역사 사회적 차원, 하늘의 신령한 초월적 차원을 함축하고 있다. 이런 세 차원을 몸, 맘, 얼로 나타낸다. 생명철학은 생명을 물질적 차원에서만 보지 않고 몸, 맘, 얼의 세 차원에서 하늘과 땅과 인간의 세 차원에서 보고 생명을 주체의 깊이와 자유에서 그리고 전체의 하나 됨에서 본다. 생명 철학적으로 보면 생명진화는 땅의 물질에서 하늘의 얼과 영에 이르는 과정이다. 생명 속에서 땅의 물질이 극복되고 정화되고 실현되고 고양되는 것이며, 하늘의 얼과 영이 땅의 물질인 몸속에서 드러나고 구현되는 것이다. 생명진화 과정은 생명과 인간 안에서 하늘과 땅과 인간이 하나로 되는 과정이다. 생명의 진화를 통해서 물성과 물질의 값과 소중함이 드러나고 실현되며 하늘의 뜻과 높음이 땅의 물질 속에서 드러나고 실현된다. 생명진화 과정에서 땅의 물질과 하늘의 영의 새로운 존재의 차원과 세계가 드러나고 실현된다.

생명진화는 땅의 물질서 하늘의 얼 생명에 이르는 사다리이며 다양한 존재의 차원들이 드러나는 무지개다. 생명진화의 사다리는 낮은 단계를 밟아버리고 올라가는 것이 아니라 낮은 단계를 정화하고 고양시키면서 낮은 단계들을 감고 끌어안고 올라가는 사다리다. 사람의 몸과 맘속에는 생명진화의 사다리가 들어 있다. 인간은 물성, 본능, 감정과 의식, 지성, 영성을 넘어 하늘에 오르는 사다리를 타고 오르는 존재다. 사람의 몸과 맘속에는 생명진화의 바다가 있다. 물성, 본능, 감정과 의식, 지성, 영성이 함께 뒤얽혀 소용돌이치는 생명의 바다, 벌레, 물고기, 파충류, 포유류, 영장류, 인간이 함께 살아 숨쉬는 생명윤회의 바다다. 인간은 자신의 몸과 맘속에서 얼마든지 생존을 위해 꿈틀거리는 벌레가 되고 본능에 충실한 파충류가 되고 본능과 감정에 따르는 포유류가 되고 지성과 영성으로 움직이는 사람이 될 수 있다.

초월과 고양, 신생과 진화를 통해서 생명은 물질의 소중함과 아름다움과 깊이를 드러낸다. 햇빛이 그저 번쩍이다 사라지는 불빛이 아니라 생명을 살리는 고맙고 아름다운 것임을 생명은 체험하고 알린다. 공기가 지나가는 바람이 아니라 생명을 살리고 키우는 고맙고 소중한 것임을 생명은 체험하고 알린다. 물이 그저 흘러가는 것이 아니라 목마른 사람을 살리는 생명수임을 체험하고 알린다. 흙이 생명체들에게 얼마나 고맙고 소중한가! 생명은 그것을 알려주고 보여주고 체험하는 것이다. 우주의 만물, 모든 물질, 별들은 제 몸을 불사르며 타오르는 불꽃이다. 흙과 물과 바람 속에는 에너지가 담겨 있다. 우주만물은 생명을 살리기 위해 불과 에너지를 아낌없이 내놓는다. 우주의 거룩한 희생과 사랑으로 생명 하나가 생겨나고 지탱되고 자라는 것이다.

생명진화의 중심과 꼭대기에 있는 인간은 몸, 맘, 얼을 지닌 존재다. 몸은 땅의 물성과 이어지고 맘은 인간의 감정과 의식을 나타내고 얼은 하늘의 신령(神靈)과 관계한다. 얼은 원초적 생기(生氣)를 뜻하고 생명과 정신의 씨알맹이 핵(核), 알짬 정(精), 기운 김을 뜻했다. 얼은 원초적 생명의 핵심이면서 정신의 핵심과 기운을 나타낸다.[77] 몸은 생명의 본능을 나타내고 맘은 지성을 나타내고 얼은 영성을 나타낸다. 사람이 자신의 몸과 맘과 얼을 하나로 통일하는 것은 생명

77) '얼'이 고어에서 기(氣), 기운, 김의 뜻으로 쓰였다. '얼' 서정범, 國語語源辭典. 보고사 2000. 431~2쪽 참조. '얼'(精神)은 '알, 알짬'(核, 精)과 서로 통하는 말이다. 이에 대해서는 김민수편 우리말 語源事典. 태학사 1997. 705, 736쪽의 '알다', '얼다' 항목 참조.

의 본능과 지성과 영성을 통합하는 것이고 하늘과 땅과 인간을 하나로 통합하는 것이다. 땅에 발을 딛고 하늘을 향해 직립한 인간은 몸, 맘, 얼, 본능과 지성과 영성, 하늘과 땅과 인간의 대통합을 이룰 사명과 책임을 가졌다. 몸, 맘, 얼/ 본능과 지성과 영성/ 하늘과 땅과 인간의 합일은 하늘에서만 가능한 일이다. 사람이 하늘을 향해 머리를 들고 곧게 선 것은 하늘로 곧게 솟아올라 하늘의 사람이 되기 위함이다. 하늘과 땅 사이에 하늘에 머리를 두고 곧게 선 인간은 하늘의 씨올(하나님의 형상, 하나님의 딸/아들)을 품은 존재다. 하늘의 자녀가 됨으로써 사람은 몸, 맘, 얼을 하나로 만들고 본능과 지성과 영성/ 하늘과 땅과 사람을 하나로 만들 수 있다.

한 사람 속에 우주가 들어 있다. 사람은 우주 전체와 이어져 있다. 사람 안에서 우주를 보고 우주 전체 속에서 사람을 본다. 사람이 우주보다 깊고 크다. 바깥 우주에 없는 것이 사람 속에 있다. 생명이 생겨난 것이 우주가 시작된 것보다 위대하고 인간이 태어난 것이 생명이 생겨난 것보다 위대하다. 인간이 하나님의 자녀로 태어나는 것이 인간이 태어난 것보다 위대하다. 결국 우주와 생명진화의 역사는 인간 속에서 하나님의 자녀가 태어나는데 목적이 있다. 인간은 제 속에서 하나님, 하늘의 씨올을 싹트게 하고 꽃 피고 열매 맺게 함으로써 하나님 하늘의 자녀가 되고 몸, 맘, 얼의 통일, 천지인의 합일에 이를 수 있다.

5) 생명과 시간이해: 생명의 시간과 놀이

동양에서는 시간과 공간이 통합된 것으로 보았다. 우주(宇宙)는 시간과 공간의 통합이다. 우(宇)는 사방상하(四方上下)의 공간을 나타내고 주(宙)는 고금왕래(古今往來)의 시간을 나타낸다. 공간의 우와 시간의 주가 합하여 우주를 이룬다. 사계절이 변화하는 땅에서 농사를 지으며 살았기 때문에 유기체적인 생명철학의 관점에서 시간과 공간이 통합된 세계를 보았다. 우주 공간 속에서 시간은 되풀이 되는 것으로 보았다.

이에 반해 서양에서는 자연세계를 로고스(이성)에 비추어 분석적으로 보았기 때문에 시간과 공간을 분석의 대상으로 보고 시간과 공간이 분리된 것으로 보았다. 시간과 공간을 분리시켜 분석의 대상으로 삼으면 시간과 공간은 계산하고 측정할 수 있는 것이 되고 과학의 대상이 된다. 과학자 뉴톤에게 시간은 객관적이고 변함없는 절대시간으로 파악되고 공간은 객관적이고 고정불변한 절대공간이 되었다. 뉴톤에게 영향을 받은 칸트는 공간과 시간을 인식과 지각의 형식과 조건으로 보았다. 인간의 인식과 지각, 삶의 행위가 이루어지는 조건과 형식으로서 인식과 지각의 전제로서 시간과 공간을 이해했다. 상대성이론을 제시한 과학자 아인슈타인은 시간과 공간을 분리할 수 없이 결합된 시공연속체로 보았다. 시간에 따라 공간이 바뀌고 공간에 따라 시간이 바뀐다. 물질의 중력이 작용하는 공간에 따라 시간이 휘어지고 움직이는 속도에 따라 공간이 바뀌며 운동하며 관찰하는 사람의 위치와 운동속도에 따라 시간과 공간이 다르게 보인다. 4차원 시공간에서 시간과 공간은 분리될 수 없다.

우주가 생성소멸하며 변화하는 시간의 과정을 가지고 있어도 시간은 생명에게만 의식된다. 생명이 없는 물질과 물체는 시간을 의식하지 못한다. 생명철학자 베르그송은 시간을 공간에서 분리하여 순수지속으로 이해했다. 인간의 지성은 대상을 분석하고 공간화하는 것이며 생명은 공간화할 수 없는 순수지속인 시간과 직결된 것이라고 보았다. 베르그송의 시간관을 비판한 과학문학철학자 바슐라르는 시간의 수직성, 단절성을 강조했다. 그는 시를 창작하는 창조의 순간을 주목했고 연속되지 않는 수직적 시간의 깊이와 높이, 창조적 생성의 순간을 강조했다. 인간의 결단과 의지에 따라 시간은 바뀔 수 있고 새롭게 될 수 있다는 것이다.

유영모와 함석헌의 씨올철학에서는 시간과 주체의 통일이 이루어진다. 다석은 '이제'를 지금 이 순간의 의미(때)와 '이 사람, 나, 제'의 의미(주체)로 이해했다. 다석은 '제'에서 때의 제와 주체의 제를 함께 본 것이다. 사람은 저마다 제 때를 사는 존재다. 그는 또 시(時)를 시(是), 시(詩)와 동일시함으로써 시간의 현재적 주체성(是)과 창조적 기쁨(詩)을 말했다.[78] 그에게 지금 이 순간은 물질과 몸의 시공간을 넘고 죽음의 바다를 넘어 영원에 이르는 문이다. '오늘'은 '오!늘'이고 '아침'은 '아 처음'이다. 오늘의 이 순간은 영원한 '늘'이고 아침은 늘 새롭게 시작하는 처음이다. 시간은 늘 새롭게 생성되고 영원을 품고 있다. 지금 이 순간은 영원한 과거를 품고 무궁한 미래를 그

78) 유영모, "제소리", 《제소리》 김흥호 편 솔 2001. 318쪽. 유영모의 '때의 철학'에 대해서는 박재순, 《다석 유영모의 철학과 사상》, 한울 2013. 219쪽 이하 참조.

리워하며 하늘로 솟아올라 앞으로 나아가는 순간이다. 시간은 속에 영원한 생명과 미래를 씨올로 품고 있다. 생의 주체에 의해서 덧없는 시간은 영원한 시간으로 바뀔 수 있다. 무상한 시간 속에서 영원한 시간이 열린다.

인간의 마음이 시간과 공간의 중심이다. 생명이 시공의 중심이다. 공간에 매인 덧없는 시간은 없음과 빔 속에서 공간의 매임에서 벗어나 빈탕의 영원한 시간으로 될 수 있다. 씨올철학의 시간관은 시간과 공간을 통합적으로 본 동양적 시간관을 계승한다. 그러나 시간을 생명의 주체와 일치시킴으로써 시간을 공간에서 분리하여 생명의 내면에서 이해한 베르그송의 시간관을 받아들인다. 그러나 지금 이 순간에서 영원한 생명에 이름을 강조한다는 점에서 베르그송을 넘어서 바슐라르의 수직적 단절적 시간이해와 상통하는 시간이해를 제시한다. 씨올철학의 시간이해는 지금 이 순간이 영원한 미래를 품은 씨올이라는 점에서 바슐라르의 수직적, 단절적 시간이해를 넘어선다.

베르그송은 생물학과 심리학에 근거해서 생명과 시간에 대한 철학을 제시했는데 없음(無)을 생각하지 못하고 없음은 단순히 없는 것이라고 했다. 따라서 그의 철학은 생명의 주체와 전체, 얼의 주체와 자유를 말할 수 없었다. 생명은 지금 이 순간 붙잡힘과 매임 없이 영원한 생명을 낳고 영원한 생명에 들어가는 것이니 기쁜 것이다. 삶은 시간의 중심과 근원이고 주인이고 주체이니 자유로운 것이다. 삶은 시간을 낳고 시간 속에서 영원한 생명에 들어가는 것이니 기쁜 것이다. 삶은 창조와 주체의 자유로운 시간이고 기쁜 놀이다. 삶 자체가 과거와 현재와 미래를 지어가는 창조이고 뜻을 낳고 뜻을 주는 놀이다.

고대 그리스철학자들은 수학과 기하학에 근거해서 철학을 했다. 데카르트와 칸트는 근대 물리학을 근거로 철학을 했다. 베르그송은 생물학과 심리학을 바탕으로 철학을 했다. 바슐라르는 문학을 바탕으로 문학적 상상력과 꿈을 가지고 철학을 했다. 21세기는 종교학과 신학을 가지고 철학을 해야 한다. 유영모와 함석헌은 종교경전과 영성을 바탕으로 철학을 했다.

오늘 우리는 땅의 물질적 시간과 하늘의 정신적 시간을 함께 생각하는 생명 철학적 시간 이해를 가져야 한다. 인간의 생명은 하늘과 땅의 합일을 이루는 것이기 때문이다. 땅의 물질적 시간은 자연의 순리와 질서, 절기와 리듬에 따른 시간이다. 우주 대자연은 별과 별 사이에 법칙과 질서에 따라 율동과 리듬을 가지고 움직이며 지구의 자연생명세계는 해와 달, 바다와 육지, 산과 들과 강이 어우러져 절기와 리듬을 가지고 움직인다. 몸을 가진 생명은 대자연의 순환적 움직임, 순리와 질서, 절기와 리듬을 따른다. 몸에는 자연의 절기와 리듬이 시간으로 반영되어 있다. 또한 인간의 몸과 맘에는 하늘의 정신적 시간이 반영되어 있다. 하늘은 시간과 공간의 창조적 근원이고 중심이다. 하늘은 주체와 시간의 일치, 주체적인 몰입, 신명과 흥이 일어나는 자리다. 인간의 몸과 맘속에는 대자연의 율동과 절기가 살아 있고 시간을 낳고 초월하는 하늘의 신명과 흥이 있다. 인간과 인성은 대자연의 절기와 질서에 순응하면서 시간의 주인과 주체로서 신명과 흥을 가지고 놀이하는 존재다.

3
인성과 어린이

1) 인간과 인성 이해

생명공학과 인성

자연과 생명의 본성은 오랜 생명진화 과정을 거쳐서 형성되었다. 자연적으로 또는 오랜 진화과정을 거쳐서 형성된 자연과 생명의 본성과 본질은 인위적으로 변경할 수 없는 것으로 여겨져 왔다. 그러나 생명공학이 발달하면서 유전자의 편집과 조작이 가능해졌고 화학물질과 세포의 형질을 변경시키는 일이 가능해졌다. 이제 인간이 자연과 생명의 본성과 본질을 인위적으로 바꿀 수 있게 된 것이다. 유전자 편집 기술의 발달로 유전자의 편집과 조작을 통해서 인간의 지능을 증진시키고 질병을 치유하고 외모를 개선하고 생명을 연장할 수 있다.

그러나 자연생명의 유전자, 몸의 변경이 생명의 본성과 인성을 변화시키는 것은 제한적이다. 몸의 형질을 바꾼다고 감정과 지성과 영성이 바뀌는 것은 아니다. 몸과 맘과 얼이 긴밀히 결합되었으나 몸과 맘과 얼 사이에는 비약과 초월이 있다. 질적 차이가 있다. 몸의 변질이 맘과 얼에 미치는 영향은 제한적이다. 유전자는 자연생명과 몸 생명에 속한 것이다. 유전자를 편집하고 조작해서 질병을 예방하고 치유하며 지능과 외모를 개선할 수 있겠지만 유전자 조작으로 석가와 예수와 공자, 성 프란시스코와 간디를 만들 수는 없다.

유전자 결정론은 물질과 몸이 생명과 정신을 결정한다는 것이니 물질·기계적 결정론, 환원론과 같은 것이다. 유전자가 물질이지만 생명을 담은 물질이므로 물리적이고 기계적으로만 작동하지 않고 매우 복합적이고 미묘하고 입체적으로 작용한다. 유전자들 사이에 서로 견제와 균형을 이루고 있다. 발현되지 않는 유전자들도 있으며 발현되더라도 견제하는 유전자가 있으면 작용이 억제될 수 있다. 유전자는 환경과 상태에 따라서 그리고 의지와 계기에 따라서 발현되거나 발현되지 않을 수 있고 다르게 작용할 수 있다. 따라서 유전자 편집과 조작이 인간과 인성에 미치는 영향은 제한적이다.

자연생명의 진화는 수 억 년에 걸쳐 유전자의 변화를 통해서 진행되었다. 그런데 인간은 자연생명의 진화에서 벗어나 스스로 자신을 형성하고 결정하고 계획하는 존재가 되었다. 이제 인간은 유전자의 변화를 통해 진화하는 방식에서 벗어나 생각과 지성과 영성의 변화를 통해서 진화하는 존재가 되었다. 인성과 정신은 생각과 글, 기계를 통해서 진화의 길을 열고 있다. 석가와 예수, 공자와 소크라테스, 성 프란시스코와 간디는 유전자를 통해서 만들어진 존재가 아니라 지성과 영성, 생각과 믿음을 통해서 새롭게 형성된 인물들이다. 유전자의 편집과 조작에 의해서 새롭게 만들어진 인종은 유전적으로는 진화된 인종일 수 있어도 물성에서 본능을 거쳐 감성과 지성과 영성으로 나아간 생명진화의 길에서 보면 그다지 새로운 것도 아니고 진화된 것도 아니다. 감성과 지성과 영성의 인성에 비추어보면 유전자 조작에 의해서 생겨난 인종보다 예수와 석가가 훨씬 새롭고 진화된 인종이다.

인간과 인성애 대한 이해와 규정

인간은 생명진화 과정에서 형성되고 천지인 합일을 이루는 존재다. 생명진화 과정은 땅의 물질에서 하늘의 영에 이르는 과정이다. 인간은 하늘과 땅 사이에 곧게 서서 하늘을 우러르고 하늘로 솟아올라 나아가는 존재다. 하늘로 솟아오름으로써 인간은 생명진화를 완성하고 천지인합일을 이룬다. 인성은 생명진화 과정에서 형성된 것이며 하늘과 사람과 땅의 세 겹으로 이루어져 있다. 몸, 맘, 얼은 땅, 사람, 하늘을 나타낸다. 인성은 땅의 물질에서 하늘의 영에 이르는 생명진화과정을 통해 형성된 것이며 그 과정을 반영한다. 땅의 물질 안에서 물질을 초월하여 하늘의 영성에 이르는 과정에서 인간의 감성과 지성과 영성이 닦여졌다. 땅의 물질에서 하늘의 영에 이르는 생명진화 과정이 인성 속에 오롯이 담겨 있다. 인성은 땅의 물성(몸)과 인간의 맘과 하늘의 영성을 아우른다.

하늘과 땅 사이에 곧게 선 인간은 하늘을 우러러 한 점 부끄러움이 없기를 바라는 존재다. 한글의 기본모음, · ㅣ ㅡ는 하늘 사람 땅을 나타낸다. 하늘(·)과 땅(ㅡ) 사이에 곧게 선 사람(ㅣ) 안에서 하늘과 땅이 하나로 된다. 한글 속에는 천지인 합일의 사상이 담겨 있다. 인간 안에서 땅의 물질과 하늘의 신이 만나고 있다. '삼일신고'는 이것을 "인간의 뇌 속에 신이 내려와 있다."고 표현하였다. 인간 안에서 하늘과 땅이 만나는 과정이 인성으로 실현되고 나타난 것이다. 몸, 맘, 얼은 인성의 세 차원을 나타내는 말이며 천지인이 인간 안에서 인성으로 구현된 것이다. 몸, 맘, 얼의 인성은 감성, 지성, 영성으로도 표현되고 감성은 느낌으로 지성은 생각으로 영성은 뜻으로 표현되기도 한다. 생명을 중심으로 인성을 보면 본능, 지성, 영성으로 구분할 수도 있다. 인성은 오랜 생명진화 과정에서 형성되고 지금도 앞으로도 형성되고 형성되어가는 역사적 실재이며 하늘과 땅과 인간을 아우르는 입체적이고 복합적인 존재이다.

인간은 다음과 같이 규정할 수 있다.

ㄱ) 인간은 생명진화의 중심과 꼭대기, 우주 생명나무의 꽃, 열매, 씨올이다.

ㄴ) 인간 속에 우주, 생명진화, 인류의 역사가 압축되어 있다. 인간은 작은 우주다. 한 사람을 만나는 것은 우주를 만나는 것이다.

ㄷ) 하늘을 향해 머리를 들고 일어선 인간은 생명진화와 천지인

합일의 실현, 우주와 생명의 모든 존재와 차원을 드러내고 실현하고 완성하는 책임과 사명과 의무를 지녔다.

ㄹ) 인간은 호모 사피엔스, 생각하는 존재다. 생각하는 것은 생명과 인성을 자각하고 천지인합일을 이루는 것이다. 인간의 생각은 하늘과 땅을 잇고 생명진화의 과거와 현재와 미래를 잇는 일이다. 생각함으로써 땅의 물성과 하늘의 영성이 드러나고 실현되며 생명진화의 목적이 이루어진다. 하늘과 땅 사이에서 생각하는 인간은 노래와 춤, 말과 글, 삶과 일, 기도와 행동으로 땅의 물질과 하늘의 얼(하나님)이 지닌 깊이와 아름다움, 거룩함과 오묘함을 드러내고 표현하고 실현하고 완성해야 할 사명과 책임을 지녔다.

ㅁ) 인간은 생명진화와 천지인합일의 씨올이다. 한 인간 속에 생명진화 전체가 들어 있고 천지인의 우주 전체가 들어 있다. 인생의 사명과 목적은 개체의 깊이와 자유에서 전체의 하나됨에 이르는 '새', '참', '한' 사람이 되자는 것이다. 사람 속에서 새로운 진화가 이루어져야 한다. 사람의 사명과 목적은 새 사람, 참 사람, '한' 사람을 낳고 '한' 사람이 되는 일이다.

인성은 본능적인 몸, 지성의 맘, 영성의 얼 세 겹으로 이루어졌다. 몸의 본성은 식본능과 성본능으로 이루어져 있다. 식과 색의 본능은 생명의 원초적 힘과 충동이다. 그것은 인간의 생명 에너지이며 원료다. 식색의 본능에 가장 충실하게 사는 것이 파충류다. 식색의 본능은 현재적인 것이다. 식색의 본능에 충실한 파충류는 과거와 미래를 모른 채 현재의 순간을 살 뿐이다. 맘의 본성은 감정과 기억, 의식과 지성으로 이루어져 있다. 맘의 본성의 낮은 차원은 감정과 기억이다. 포유류는 감정과 기억에 충실하게 살아간다. 감정과 기억은 현재의 삶을 과거와 관련짓는다. 포유류는 과거의 기억과 경험을 바탕으로 오늘을 살아간다. 맘의 본성이 지닌 높은 차원인 지성과 숭고한 종교 감정은 인간에게 속한 것이다. 탐진치의 낮은 감정이 맘의 본성에 속하면서 몸의 본능에 속하듯이, 숭고한 종교 감정은 맘의 본성에 속하면서 얼의 본성에 속한다. 얼의 인간에게는 지성과 함께 얼의 본성인 영성이 있다. 지성은 과거와 현재를 비판하고 새로운 미래를 계획한다. 영성은 땅의 물질적 제약을 넘어서 하늘의 자유와 높이에 이른다. 생명진화의 가장 높은 봉우리인 지성과 영성을 가지고 사람은 하늘의 세계로 들어간다. 지성과 영성을 지닌 인간은 과거와 현재를 넘어 새로운 미래를 창조하며 몸의 식색 본능과 맘의 감정과 기억을 승화시켜 생명과 정신과 영의 새로운 세계를 열어가는 존재다.[79)]

인성은 땅의 물질에서 하늘의 영성으로 나아간 생명진화 과정에서 형성된 것이며 생명진화 과정을 함축적으로 실현한 것이다. 인성은 땅의 물성과 인간의 지성과 하늘의 영성을 포함하며 생명진화 과정의 단계들을 지니고 있다. 인간의 몸과 맘에는 파충류의 본능적 욕망, 포유류의 감정, 인간의 지성, 하늘의 영성이 살아 있다. 인간이 본능적 욕망에 휘둘리면 뱀, 악어와 같은 파충류가 될 수 있고 감정

---

79) 파충류, 포유류, 인간의 뇌구조와 구실에 대해서는 정재승,정용,김대수 지음 『1.4킬로그램의 우주, 뇌』사이언스북스 2014. 50~2쪽 참조.

에 휘둘리면 호랑이, 늑대와 같은 포유류가 될 수 있고 지성을 가지고 살면 사람답게 살 수 있고 하늘의 영에 따라 살면 신과 천사가 될 수 있다.

인성은 몸, 맘, 얼의 세 차원을 지닌다. 몸은 땅을 나타내고 맘은 사람을 나타내며 얼은 하늘을 나타낸다.

몸에는 물질, 본능이 속하고 맘에는 감정, 의식, 지성이 속하고 얼에는 영성과 신이 속한다. 인성의 모든 차원들은 저마다 주체이며 전체다. 서로 얽혀 있고 맞물려 있다. 물질 몸속에 영과 얼이, 하늘이 깃들어 있고, 본능 속에 하늘의 꿈과 열망이 담겨 있다. 감정은 물질과 본능에 매인 것이면서 거룩하고 높은 얼과 아름답고 맑은 이성이 감정에 담길 수 있다. 지성은 본능의 종살이를 하는 꾀, 지능(잔머리)이 될 수도 있고 본능과 물질을 초월한 맑고 투명하고 보편적인 이성(理性)의 진리를 담을 수도 있다. 영성은 본능과 물욕에 매여 기복과 점술에 머물 수도 있고(샤머니즘) 지성과 이성을 품고 하늘의 높은 뜻을 이루면서 본능과 이성을 해방하여 제 구실을 하게 만들고 생명의 주체와 전체를 실현할 수 있다. 하늘의 영성에 이르러야 인성이 모두 제대로 실현되고 완성될 수 있다. 인간은 지성(知性, 호모 사피엔스)의 넓고 큰 바다를 건너고 이성의 높은 봉우리를 넘어야 하늘의 얼 생명에 이르고 인성을 온전히 실현하고 완성할 수 있다.

몸을 가진 인간의 본성(인성)은 땅의 물질, 물성을 포함한다. 물질의 물성과 법칙을 무시하고는 인간과 인성이 존재할 수 없다. 돌에 맞으면 다치고 총에 맞으면 죽는다. 인간의 유전자와 세포는 생화학적 물질로 이루어졌고 뇌의 신경세포들도 신경화학물질에 의해서 움직인다. 몸이 물질인 한에는 물성을 지녔고 물성을 지닌 것은 복사하고 복제할 수 있다. 인간의 인성이 지닌 물성에는 물성을 초월하는 생명의 씨울이 심겨져 있다. 인간의 몸과 물성은 물질의 법칙과 속박에 갇혀 있지 않고 생명으로 나아갈 수 있는 길이 열려 있다. 생명을 지닌 몸은 물질이면서 생명과 정신을 품고 있으며 감성, 지성, 영성과 소통한다. 몸은 숨을 쉬고 음식을 소화 흡수 배설하고 아기를 만들고 낳는 기관이다. 나쁘게 말하면 몸은 똥자루이고 번식기관이다. 그러나 몸은 생명의 집이고 거룩한 영의 집이 될 수 있으며 하늘이 깃들 수 있다.

인간은 생명을 유지하고 확장하기 위해서 식욕과 성욕을 지니고 있다. 인성에는 본능적인 욕망, 식욕과 성욕이 있다. 본능적 욕망에 가장 충실한 것은 파충류다. 인간에게도 본능적 욕망인 식욕과 성욕이 강력하게 작용한다. 인간에게서 식욕과 성욕은 감성과 지성과 영성을 향해 열려 있다. 식욕은 거룩한 사귐을 낳고 성욕은 아름다운 사랑과 고귀한 가정을 이룰 수 있다. 식욕과 성욕에는 아름답고 거룩한 사랑과 영원한 생명의 씨울이 심겨 있다.

인간은 감정과 의식을 가진 존재다. 몸을 가진 인간은 감각을 가지고 느끼는 존재다. 느낌을 생각하고 의식하기 때문에 감정이 생긴다. 생각하는 존재인 인간은 느낌에 대해서 생각하고 의식함으로써 느낌과 의식이 결합되어 감정을 갖게 되는 것이다. 감정은 느낌과 의식이 결합된 덩어리다. 감정도 아주 낮은 수준의 감정에서 아주 높은 수준의 감정까지 다양하다. 살인과 폭력을 저지르는 원한과 분노의 감정도 있지만 아름다운 예술과 고귀한 사랑과 거룩한 신앙의 감정도 있다. 감정은 한없이 깊고 높은 것이다. 감정은 변덕스럽고 일시적이지만 강력하고 깊고 높은 것이다. 감정은 땅의 물질에서 하늘의 영까지 아우르는 것이다.

인간은 지능과 지성을 가진 존재다. 지능은 다른 짐승들에게도 있는 것이다. 지능은 원초적 생명의지인 본능의 연장선에 있는 것이며 본능적 욕구를 실현하기 위한 꾀부림이다. 지능은 기본적으로 도구적이다. 지능에서 지성이 진화해 나왔지만 지성과 지능은 구별된다. 지성은 지능과는 달리 과거와 현재에 대한 비판적 성찰과 미래에 대한 창조적 계획을 할 수 있는 것이다. 지능은 다른 짐승들에게도 있는 것이지만 지성은 인간에게만 있는 것이다. 인간을 호모 사피엔스, 생각하는 존재라고 하는 것은 인간이 과거와 현재를 비판하고 미래를 새롭게 계획하고 구상할 수 있는 지성을 가진 존재이기 때문이다. 생각하는 지성은 인성의 핵심을 이룬다. 지성은 물질의 성질과 법칙을 이해하고 몸의 욕망과 감정에 관계하기도 하지만 물질과 본능을 넘어서 보편적이고 전체적인 진리를 탐구하고 드러내기도 한다. 지성은 인생과 역사의 차원에 속하면서 하늘의 자유와 전체에 관련된다.

인간의 본능과 감정과 의식은 자아를 형성한다. 본능과 감정과 의식이 고정된 것이 아니듯이 인간의 자아도 고정된 실체나 관념이 아니다. 자아는 인간의 내면에서 늘 새롭게 형성되는 통일된 초점과 같은 것이다. 인간의 내면에서 본능과 감정과 지성과 영성이 몸과 맘과 얼이 서로 충돌하고 조정하고 조화를 이루면서 만들어지는 통일된 초점이 자아다. 초점이 흐트러지거나 분열되면 자아도 흐트러지고 분열된다. 사람에 따라 자아 '나'는 본능의 욕구에 휘둘리기도 하고 감정에 따라 움직이기도 하며 지성과 영성에 따라 움직이기도 한다. 감성과 지성과 영성이 발달하여 아름다운 감성과 높은 지성과 깊은 영성을 가진 사람은 뚜렷하고 확실한 초점을 가지고 뚜렷하고 높은 자아, 인격을 가진 사람이다. 나, 자아, 인격이 고정된 것은 아니지만 사람에 따라 본능과 감정에 늘 휘둘리면 충동적인 자아와 인격을 가진 것으로 보이고 높은 감성과 지성과 영성으로 움직이는 사람은 고귀한 자아를 가진 것으로 보일 뿐이다. 물성과 본능과 감정은 물성에서 비롯된 것이므로 변덕스럽고 일시적이다. 지성과 영성은 하늘의 영원한 생명과 자유를 반영하는 것이므로 보편적이고 영속적인 것이다. 본능과 감정과 행동과 표정은 덧없고 일시적이지만 그 속에 하늘의 영원한 사랑과 자유를 드러내는 만큼 영원하고 보람과 뜻을 지닌 것이다.

2) 인성과 관련된 개념들에 대한 정리

인성

인성은 138억년 우주역사와 38억년 생명진화 과정에서 형성된 것이다. 몸의 물성과 본능과 감각, 맘의 감정과 의식, 얼의 지성과 영성이 모두 인성의 내용과 차원을 이룬다. 인성은 입체적으로 그리고 역사적으로 이해되어야 한다. 인성을 단면으로 잘라놓고 여러 차원들을 부분과 요소로 파악하는 것은 기계적으로 파악하는 것이다. 본능과 감각과 감정과 의식은 모두 인성의 중요한 내용을 이루면서 수십 억 년 생명진화 과정을 거쳐 진화하고 형성된 것이다. 인성의 모든 내용과 차원들은 저마다 오랜 역사와 사연을 가진 것이며 그 나름의 주체성과 전체성을 지닌 것이다. 인성의 내용과 차원들이 땅의 물질에서 하늘의 영에 이르는 사다리의 단계들을 나타내면서 각 단계가 다시 땅에서 하늘에 이르는 무지개처럼 생명진화의 모든 차원들을 아우르고 있다. 몸의 물성과 본능과 감각은 땅의 물질과 긴밀히 관련된 것이지만 지성과 영성, 하늘의 신령한 기운을 품을 수 있다.

인성은 생명진화의 중심과 절정을 이룬다. 그러나 인성에는 파충류의 본능적 욕구, 포유류의 감정과 기억, 인간의 지성과 영성이 함께 살아 있다. 인성은 본능과 감정과 지성과 영성을 아우른 것이다. 만일 본능적 욕구가 감정과 지성과 영성을 지배하고 억압하면 인간은 악어나 뱀과 같은 파충류처럼 될 수 있다. 또 욕망과 감정이 지성과 영성을 지배하고 억압하면 인간은 늑대나 사자와 같은 사나운 포유류처럼 될 수도 있다. 인간의 지능을 가진 악어와 뱀, 늑대와 사자는 얼마나 끔찍하고 잔인할 것인가? 지성과 영성으로 본능과 감정을 이끌고 고양시킨다면 인간은 아름답고 거룩한 존재가 될 것이다. 물성을 초월하여 물성 안에 생명이 생겨난 것 자체가 놀라운 일이다. 감각과 본능에서 감성과 지성과 영성이 닦여져 나온 것도 아름답고 기이한 일이다. 인성은 그 자체가 신비하고 경이롭고 아름답고 위대한 것이다.

자아

생의 주체, 자아, '나'는 고정된 실체가 아니다. 자아는 인성의 모든 내용과 차원들이 함께 만들어내는 통일된 초점과 같은 것이다. 본능과 감정과 지성과 영성이 서로 충돌하고 갈등을 일으키면 갈등하고 분열하는 자아가 있을 것이고 서로 조화를 이루어 하나로 결합되어 통일된 초점을 만들면 통일된 뚜렷한 자아가 있을 것이다. 볼록렌즈의 초점이 렌즈가 움직이고 상황이 바뀜에 따라 달라지듯이 사람의 자아도 내면의 의식과 외적 상황이 변함에 따라 달라진다. 자아는 늘 새롭게 생겨나는 것이고 변하는 것이다. 자아는 인성의 중심과 초점이다. 살아 있는 인간의 본성인 인성은 고정된 것이 아니므로 인성의 중심과 초점인 자아는 늘 새롭게 형성되고 생겨나는 것이다.

인성의 중심과 초점인 자아는 인성을 움직이는 내용에 따라 달라진다. 본능적 욕구가 주도하면 욕구에 충실한 자아가 되고 감정이 주도하면 감정에 충실한 자아가 되고 지성과 영성이 주도하면 지성과 영성에 충실한 자아가 된다. 그러나 인간의 자아가 백지상태에서 생성되고 움직이는 것은 아니다. 수 십 억년 생명진화 과정을 통해서 감각과 본능과 감정이 닦여지고 씻어져서 맑은 지성과 높은 영성이 나온 것이다. 감각과 본능과 감정은 십 억년을 두고 닦여지고 씻어진 것이고 그 결과 지성과 영성이 닦여져 나온 것이지만 지성과 영성의 역사는 짧다. 지성과 영성은 자연생명의 세계에서 매우 새로운 것이다. 지성과 영성을 중심으로 자아를 형성하는 것은 마땅한 일이지만 매우 어려운 일이다.

생명진화 과정에 비추어 볼 때 본능과 감정이 인성을 주도하는 것은 생명진화 과정을 거스르는 것이다. 지성과 영성이 인성을 이끌 때 생명진화는 실현되고 완성된다. 생명진화 과정이 보다 나은 생명을 낳기 위해서 끊임없이 죽고 낳는 과정을 되풀이했듯이, 인간의 자아도 보다 나은 자아를 낳기 위해 끊임없이 죽고 다시 낳아야 한다. 죽고 다시 낳는 것이 씨올이 시사하는 생명진화의 근본원리이고 인간 자아의 존재방식이다. '나'는 끊임없이 죽음으로써 새로 '나'를 낳는 존재다. 생명의 진화를 거스르고 천지인 합일을 가로막는 자아는 생명을 죽음과 파멸로 이끄는 거짓 자아이고 생명의 진화와 천지인 합일을 이루는 자아는 참된 자아다. 씨올이 깨지고 죽어서 더 크고 높은 생명활동을 펼치듯이 자아도 깨지고 죽어서 참되고 큰 자아로 거듭나야 한다.

인격(人格)

인격(人格)은 말 그대로 '사람을 바로 잡는 틀'이다. 격(格)은 '바로 잡을 격'이라고 한다. 서양에서 인격과 인성을 나타내는 말로 쓰이는 person, character와는 다른 말이다. person은 가면을 뜻하는 말이다. 본능적 욕구와 감정을 그대로 드러내고 표현할 수 없으니 가리고 숨기기 위해서 가면을 쓰는 것이다. 사회생활에서 겉으로 드러나고 표현되는 인간의 말과 행동과 표정은 속에 숨겨진 이기심과 욕구와 감정을 가리는 가면이고 위장하고 포장된 이미지다.

오늘날 인성과 인격 person에 관한 논의는 매우 다양하게 이루어지고 있지만 기본적으로 가면으로서의 person 개념이 깊이 반영되어 있다. 가면으로서의 person에 관한 인성과 인격이해는 인간과 사회를 갈등 속에서 보는 인간관과 사회관에서 비롯된 것이다. 인간과 사회에 대한 이런 갈등이론은 갈등과 대립 속에서 도시 국가사회(Polis)를 형성해 갔던 고대 그리스인들의 역사 정치적 경험에서 형성된 것이다. 국가사회는 정치 사회적 계층과 집단의 이해관계 속에서 투쟁하고 타협하면서 형성되고 발전해 갔다. 인간 내면의 욕망과 감정을 밖으로 그대로 분출하면 사회적 인간관계는 파탄 나고 국가사회는 무너진다. 인간의 내면에 이기심과 욕구와 감정이 가득하다고 생각하면 욕구와 감정이 조화롭게 조정되고 통일되기 어렵다. 주류심리학과 병리학은 욕구와 감정이 고통과 질병을 일으키는 것이며 이성의 지배와 통제를 받고 이성에 의해치유 되어야 한다고 생각한다.

중세 가톨릭 신학에서는 인격을 신과 관계하는 이성적 형이상학적 실체로 보았다. 근대철학자 칸트는 도구와 수단인 물건과 구별하여 인격을 "이성적 존재자로서의 인격을 오직 수단으로서의 상대적 가치밖에 지니지 못하는 '물건(Sache)'과 구별하여 '목적 자체'로서 '존엄(Würde)'하고 절대적 가치를 지닌다."고 하였다. [네이버 지식백과] 인격 [人格, Person] (칸트사전, 2009. 10. 1., 도서출판 b) 중세신학도 칸트도 인격을 이성 중심으로 파악함으로써 인성의 본능과 감정을 외면하거나 무시하였다. 인격을 욕구와 감정 중심으로 이해하는 것도 이성 중심으로 이해하는 것도 인성을 전체로 온전히 이해하는 것은 아니다.

인격(人格)이라는 말에서 생명진화와 천지인 합일의 생명 철학적 관점에서 인성을 이해할 수 있는 단초를 발견할 수 있다. 인격은 人格 말 그대로 사람을 바로 잡는 틀이다. 인성은 물성과 감각, 본능과 감정, 지성과 영성이 함께 어우러진 매우 복합적이고 섬세한 생명의 실재다. 인간의 자아는 고정된 실체가 아니라 늘 새롭게 형성되는 인성의 통일된 초점이다. 인격은 이 초점이 바르고 안정적으로 생성되게 하는 틀이다. 인격이 있기 때문에 자아는 나름의 안정감을 가지고 일관성과 연속성을 지닐 수 있다. 자아가 늘 동일한 것이 아니고 얼마든지 달라지고 새로워질 수 있는 것이지만 인간으로서 정체성과 동일성을 어느 정도 가질 수 있는 것은 인격이 있기 때문이다.

사람마다 정체성과 동일성을 갖기 위해서 인격을 지녀야 한다. 인격은 이성만으로 형성되는 것도 아니고 본능과 욕망으로만 형성되는 것도 아니다. 본능과 감정과 지성과 영성 사이에서 통일된 초점이 백지상태에서 아무렇게나 잡히는 것이 아니다. 살아가는 동안에 공부하고 단련하고 애쓰는 가운데 자아를 형성하는 틀 거리가 잡힌다. 어떤 사람은 본능과 감정이 주도하여 자아가 형성되는 틀이 잡히고 어떤 사람은 지성을 중심으로 자아가 형성되는 틀이 잡히고 어떤 사람은 영성을 중심으로 자아가 형성되는 틀이 잡힌다. 자아 '나'는 늘 새롭게 형성되는 것이지만 인격은 그 사람의 생애에 걸쳐서 어느 정도 일관성과 동일성을 마련해 준다. 물론 인격도 고정불변한 것이 아니며 내적인 의지와 상태에 따라서 외적인 환경과 조건에 따라서 바뀔 수 있고 새로워지고 고양될 수 있다. 지성과 영성이 주도하는 인격은 하늘과 연락하고 소통하는 것이며 생명진화와 천지인 합일을 이루는 인성의 틀 거리가 될 수 있다. 하늘과 닿고 하늘과 소통하는 인격은 한없이 존엄하며 절대적 주체와 목적이 될 수 있다. 인격이 생명의 근원과 중심을 드러내고 실현하는 한 인격은 절대적인 주체와 목적이 될 수 있고 존엄한 것일 수 있다. 그러나 인격은 물성과 감각과 이기심, 본능과 감정에 휘둘리고 흔들릴 수 있다. 그런 한에서 인격은 영원한 것도 절대로 존엄한 것도 아니다. 인격은 믿을 수 없이 허망하고 거짓되고 허약하고 변질될 수 있다. 인격이 잘못되고 실수하고 망가질 수도 있지만 인간이 살아가는 동안에 자기 나름의 인격을 가지고 지키고 세우고 높여가는 것이 생명진화와 천지인합일의 책임과 사명을 지닌 인간의 도리이고 본분이다.

인격은 자아를 낳고 자아를 바로 잡는 틀이다. 인성의 통일적 초점인 자아는 늘 새롭게 생성되고 태어나는 것이지만 인격은 상당한 정도로 연속성과 동일성을 가진 것이다. 인격은 절대적으로 고정되고 확립된 것은 아니다. 살아가는 동안에 몸과 맘과 얼의 관계방식과 행동방식이 어느 정도 안정되고 일관성을 갖게 되면 인격이 확립된다. 사람에 따라서 인격이 불안정하여 믿을 수 없는 경우도 있지만 감정과 생각, 말과 행동이 일관성이 있어서 미더운 사람이 있다. 자아를 낳고 바로 잡는 틀 거리로서 인격은 감정과 생각, 말과 행동을 바로 잡는 틀이기도 하다. 인격은 그 사람의 자아를 대표하고 표현하는 얼굴이다. 우리말 '얼굴'은 '틀, 꼴, 모습'을 나타내는 말이다.[80] 인격은 인성의 틀과 품위를 나타내며 본능과 지성과 영성, 몸과 맘과 얼이 어우러져 나타내는 얼굴이다. 따라서 인격은 본능과 감정을 감추는 가면도 아니고 사회적으로 미화하고 포장하는 이미지도 아니다. 인격은 몸과 맘과 얼이 본능과 지성과 영성이 서로 조화와 일치 속에서 함께 만들어내는 얼굴이다. 인격은 인성의 조화롭고 통일된 표현이고 생명진화와 천지인합일의 실현이다. 인격으로서 얼굴은 얼의 굴이고 골짜기다. 인격으로서의 얼굴에는 그 사람의 가장 높은 얼과 뜻이 드러난다.

성격, 성질, 성품

인격과 성격은 인간과 인성을 포괄적으로 나타내는 개념이지만 둘 사이에는 미묘한 차이가 있다. 인격이 인간의 지성과 영성, 생명의 주체와 전체, 하늘의 자유와 크기를 반영하고 지성과 영성을 중심으로 파악된 것이라면 성격은 성질과 체질, 몸과 물질의 질료, 바탕을 중심으로 파악된 것이다. 성격을 나타내는 서구어 character는 깎고 다듬고 새기는 것을 나타내는 말이다. 조각을 깎고 다듬듯이 몸의 욕망과 감정을 깎고 다듬고 새긴 것이 성격이다.

인간은 생명진화와 천지인합일을 이룰 사명과 책임을 가진 존재다. 그 사명은 하늘의 자유에 이르러야 이룰 수 있는 것이다. 그러나 사람은 욕망과 감정에 휘둘리기 쉬운 존재다. 인간의 사명은 너

80) 서정범 國語語源事典. 보고사 2000. 432쪽. 김민수편 우리말 語源事典. 태학사 1997. 735쪽.

무 크고 높아서 그 사명을 감당하지 못하고 많은 문제를 안고 있는 사람들이 많다. 하늘에 비추어보면 사람은 다 모자라고 못난 존재다. 따라서 지성과 영성에 비추어보면 이해될 수 없는 인간들과 인간들의 언행이 많다. 인간들의 성격을 유형화하면 불합리한 인간들과 인간들의 언행을 이해하는데 도움이 될 수 있다. 성격은 몸의 욕망이나 맘의 감정, 체질과 심리와 긴밀히 관련된 것이며 체질과 심리는 자연이나 사회의 환경과 조건과 깊이 연관되어 있다. 따라서 성격은 물질적 환경과 조건, 사회적 환경과 조건의 영향을 받는다. 따라서 성격을 체질과 심리에 따라 유형화하여 인간과 인성을 몇 가지 유형으로 나누어 설명하는 시도들이 있다.

이제마의 사상체질론, 칼 융의 심층심리에 근거한 심리적 유형론, 애니어 그램의 9가지 유형론이 있다. 사상체질론은 음양이론과 체질(허파, 간, 비장, 신장)을 결합하여 인간을 태음, 태양, 소음, 소양의 네 유형으로 나눈 것이다. 이것은 체질을 이해하고 섭생하고 치료하는데 도움이 될 수 있다. 칼 융의 심리적 유형론은 인간을 내향성과 외향성으로 나누고 이 두 유형을 다시 사고, 감정, 감각, 직관에 따라 8가지 인간유형을 구분했다. 환자들에 대한 심리 상담과 정신과적 임상치료의 경험에 근거한 심리적 유형론은 인간관계의 갈등을 바탕으로 형성된 것이며 인간의 생각과 행동이 결함과 제한을 가지고 있음을 전제한 것이다. 심리적 유형론은 갈등과 질병과 고통을 겪는 인간들을 진단하고 이해하고 치유하는데 도움이 될 수 있다. 애니어 그램은 원과 삼각형 그리고 1~9의 수를 결합하여 9가지 인간유형을 구분하고 본능적 에너지를 자기보존, 성적 사랑, 사회적 사랑으로 나누어 설명한다. 한국에서는 배(본능), 가슴(감정), 머리(생각)로 나누어 설명하기도 한다. 애니어 그램의 유형론도 인간의 성격과 심리를 그럴 듯하게 구분하고 설명하기 때문에 인간의 성격과 심리와 언행을 이해하고 자신의 성격과 심리를 이해하는데 도움이 될 수 있다. 그러나 원, 삼각형, 1~9의 수가 인간유형을 구분하는데 실제적인 의미가 있는지 의문이다. 그리고 자기 보존, 성적 사랑, 사회적 사랑을 바탕으로 인간의 성격과 심리를 유형화하는 것이 정당한 것 같지도 않다. 인성과 성격은 그보다 훨씬 깊고 높은 주체의 차원을 가지고 있으며 보다 풍성하고 다양한 전체의 차원을 지니고 있기 때문이다.

이런 유형론들은 모두 그럴 듯하게 인간의 성격과 심리를 유형적으로 분류하여 설명하기 때문에 많은 사람들에게 받아들여지고 있다. 성격을 유형들로 나누는 것은 결국 체질과 심리, 물성과 욕망, 물리 환경과 조건의 영향을 강조하는 것이다. 물질적 결정론을 반영하는 것일 수 있다. 이것은 과학적으로 검증될 수 없는 것일 뿐 아니라 인간을 하늘의 자유, 지성과 영성에 비추어보는 생명철학의 관점에서 보면 문제를 안고 있는 것이다. 물질적 자연환경이 삶에 미치는 영향이 크고 몸과 체질이 맘에 끼치는 영향이 크다. 그러나 인간은 땅에서 일어나 하늘에 머리를 두고 하늘을 향해 곧게 선 존재다. 지성과 영성을 가지고 생명의 본성과 목적을 실현하고 하늘의 뜻을 이룰 사명을 가진 존재다. 땅은 지역에 따라 경계를 나눌 수 있고 물체와 신체는 유형화할 수 있으나 하늘은 경계를 지을 수 없고 얼과 신은 유형화하여 구분할 수 없다. 하늘의 씨올(자녀)인 사람은 유형화할 수 없는 깊이와 자유를 가진 존재다. 예수, 석가, 공자, 간디, 유영모, 함석헌을 유형화하여 어느 유형에 가두는 것은 그이들의 존엄과 자유를 훼손하는 것이다. 공자가 "군자는 그릇이 아니다"(君子不器)라고 한 말도 참 사람은 특정한 유형에 가둘 수 없음을 가리킨다.

품성

아리스토텔레스는 영혼을 감정(pathos), 능력(dynamis), 품성(hexis)으로 구분했다. 감정은 욕구, 분노, 질투, 기쁨, 연민, 사랑, 쾌락, 고통을 포함하며 인간이 겪어야 하는 것이다. 능력은 감정을 겪을 수 있게 하는 것, 노여워하고 괴로워하고 연민을 느낄 수 있게 할 수 있는 것이다. 품성은 감정과 능력을 합리적으로 절제하고 조절하여 중도, 중용의 처신을 할 수 있는 정신상태다. 그에게 덕은 감정과 능력이 아니라 감정과 능력을 이성적으로 절제 조절하는 품성 상태다. 아리스토텔레스에 따르면 이성적 품성과 욕구적 품성이 있다. 이성적 품성은 생각하는 능력을 높여서 철학적 지혜, 이해, 실천적 지혜를 가짐으로써 이성적 능력을 탁월하게 발휘하고 실현하는 품성이다. 욕구적 품성은 욕구와 감정을 이성적으로 통제하고 조절함으로써 관후함과 절제의 덕을 실현하는 품성이다.

여기서 인간의 욕구와 감정, 사랑과 연민은 문제와 고통을 안고 있는 것으로서 이성의 통제와 조절의 대상이다. 이런 이성 중심의 인성이해는 욕구와 감정을 극복과 통제의 대상으로 봄으로써 욕구와 감정을 부정적으로 여기게 한다. 이런 영향으로 신학과 심리학과 병리학에서 감정을 고난과 질병으로 보는 전통이 확립되었다. 병리학 pathology는 감정(pathos)을 병으로 보는 생각을 드러낸다. 신학에서도 신의 pathos는 열정과 고난을 뜻한다. 정신과 의사들이 병든 인간들의 정신을 분석하고 치유하면서 감정은 질병이고 고통이라는 생각이 굳어졌다.

욕구와 감정을 질병과 고통으로 보는 인성이해는 건전한 품성을 기르는데 장해가 될 수 있다. 인간의 건전한 품성은 욕망과 감정과 지성과 영성이 함께 조화를 이룰 때 형성될 수 있다. 굶주린 사람에게 식욕은 부끄러운 것이 아니고 사랑하는 젊은 남녀에게 성욕은 억제할 것만은 아니다. 가족을 잃은 사람의 슬픔은 병이 아니고 슬픈 사람에 대한 연민과 사랑은 아름답고 고귀한 것일 수 있다. 이성중심의 인성이해는 인성에 대한 폭력과 훼손이 될 수 있다. 하늘(얼과 신)의 자리에서 보면 욕망과 감정과 이성은 서로 주체로서 조화롭게 실현되고 정화하고 고양될 수 있다. 욕망과 감정은 정화하고 고양됨으로써 아름답게 승화되고 실현되어야 한다. 감정에 의해 이성은 풍성하고 생동하는 생명력을 가질 수 있고 이성에 의해 감정은 정화되고 고양될 수 있다.

아리스토텔레스에 따르면 몸의 욕망과 맘의 감정은 이성에 의해서 통제되고 지배됨으로써 중용에 이르고 합리적 선택에 의해서 중도와 중용의 처신을 할 수 있다. 아리스토텔레스의 이런 생각은 욕망과 감정을 대상으로 볼 뿐 주체로 보지 않는 것이다. 욕망과 감정을 가진 사람의 자리에서 욕망과 감정을 보아야 한다. 욕망과 감정을 주체로 보아야 한다. 하늘의 자리에서 볼 때 욕망과 감정을 주체로 볼 수 있다. 몸과 맘에 하늘을 품을 때 욕망과 감정은 주체로서 조화롭게 실현될 수 있다. 식욕과 성욕은 이성과 합리적 선택에 의해서 중용과 중도의 길에 이르기 전에 식욕과 성욕 스스로 몸에 알맞게 조절되고 조화되어 중용과 중도의 알맞음에 이른다.

의식적 선택과 개입이 오히려 식욕과 성욕을 억압하거나 증폭시켜 중용과 중도의 조화에서 벗어나기 쉽다. 살을 빼기 위해서 억지로 식욕을 억압하고 굶으면 나중에 억눌렸던 식욕이 증폭되어서 폭식을 하게 되어 전보다 살이 더 찌는 경우가 있다. 성욕도 지나치게 억누르면 스트레스가 쌓여서 지나치게 성욕에 집착하게 된다. 식욕과 성욕은 몸에 맡겨두면 몸이 알맞게 조절하여 중도와 중용에 이르기 마련이다. 지나치게 많이 먹거나 지나치게 적게 먹으면 몸이 견디기 어려우므로 자연스럽게 알맞게 먹게 된다. 성욕도 지나치게 금욕하면 몸이 억압을 느끼고 지나치게 성욕에 매몰되면 몸을 상하게 된다. 지나친 식욕과 성욕은 몸을 해친다. 의식과 관념이 개입하지 않으면 식욕과 성욕은 스스로 조절된다. 다른 동물들은 본성적으로 식욕과 성욕이 몸에 알맞게 조절된다. 식욕과 성욕을 식욕과 성욕 자신에 맡겨두면 오히려 알맞게 조절될 수 있다.

감정도 이성이 인위적으로 개입하는 것은 좋지 않다. 기쁠 때는 기쁘고 슬플 때는 슬픈 것이 자연스럽고 건강한 것이다. 화가 날 때 화를 억누르는 것보다 화를 내는 것이 몸과 맘의 건강에 좋을 수 있다. 감정도 억지로 이성과 의식이 개입하지 않고 몸과 맘에 맡기면 몸과 맘이 알맞게 감정을 조절하여 알맞게 될 수 있다. 몸과 맘이 건강하면 욕망과 감정은 몸과 맘에 알맞게 조절되고 조율된다. 숨을 깊고 편안하게 쉬고 소화 흡수 배설이 잘 이루어지고 피가 잘 돌고

면역력이 높으면 몸이 알아서 욕망과 감정을 조절하고 조율하여 알맞게 한다. 맘이 놓이고 편안하여 의식과 생각의 억압과 왜곡과 은폐가 없다면 욕망과 감정은 스스로 알맞게 조절되고 조율될 것이다. 욕망과 감정이 지나치게 억눌리거나 지나치게 증폭되면 몸과 맘을 해치게 된다. 생명의 표현인 욕망과 감정이 몸과 맘을 해치는 것은 생명이 스스로 자신을 해치는 것이니 자연스럽지 않다.

감정은 이성보다 생을 더 깊고 높게 볼 수 있다. 감정을 통해서 생의 깊이와 높이가 드러날 수 있다. 감정은 병도 아니고 고통도 아니다. 감정은 몸과 맘의 병과 고통, 죄악과 불의를 치유하고 정화하고 표현하는 생명의 과정이고 방식이다. 감정은 몸과 맘의 생명 자신에게 맡기고 몸과 맘과 감정이 스스로 알맞게 조절되도록 하는 것이 좋다. 그러나 몸과 맘에 병이 생겨서 건강을 잃으면 몸과 맘이 욕망과 감정을 조절하기 어렵게 된다. 몸과 맘이 욕망과 감정을 조율하기 어렵게 될 때는 이성이 인위적으로 욕망과 감정을 통제해야 한다. 이성은 감정을 조절하는데 기여할 수도 있지만 방해하고 억압할 수도 있다. 이성이 감정을 합리적으로 조절할 수 있지만 그것은 이차적으로 삼차적으로 가능하고 허락되는 일이다. 근본적으로 그리고 일차적으로 감정은 생명 자신이 몸과 맘이 스스로 알맞게 조절하여 중용과 중도에 이르러야 한다. 몸과 맘이 스스로 알맞게 욕망과 감정을 조절하고 조율할 수 있을 때 좋은 품성이 확립된다. 하늘은 생명의 주체들이 서로 주체로서 전체의 하나 됨에 이르는 자리다. 하늘을 품고 하늘을 그리며 하늘에 이른 사람의 몸과 맘, 욕망과 감정은 조화롭게 실현되고 고양될 것이다.

습관

품성은 하루아침에 만들어지는 게 아니라 오랜 세월 확립된 습관에 의해서 형성되는 것이다. 습관은 되풀이 되는 생각과 행동에 의해서 형성된다. 좋은 습관이 형성되어야 좋은 품성이 만들어지고 좋은 품성이 만들어져야 좋은 인격이 확립되고 좋은 인격이 확립되어야 참 나가 되어 인성을 실현하고 인간의 사명과 책임을 다 할 수 있다.

습관은 생각과 행동을 되풀이함으로써 일상생활에서 익숙해진 생각과 말과 행동의 틀 거리다. 생명과 정신은 스스로 하는 주체이고 늘 새롭게 변화하는 것이므로 틀에 박힌 습관에 안주하면 새로운 변화와 창조적 활력을 잃는다. 생명과 정신은 늘 새롭게 길을 내고 스스로 새롭게 변화해야 한다. 그러나 생명과 정신은 수 십 억 년 생명진화의 과정에서 끊임없이 되풀이 하면서 실패와 좌절, 고난과 죽음을 통해서 조금씩 변화해왔다. 숨 쉬고 밥 먹고 자고 일하는 것은 되풀이 하는 일이다. 지구의 자전과 공전, 4계절의 순환과 변화, 밀물과 썰물의 교대와 같은 자연생명세계의 순환과 질서는 인생과 역사와 사회의 터전이고 토대이다. 인생과 역사와 사회도 순환하는 자연 질서의 터전과 토대 위에서 새롭게 변화하고 진보한다. 생명과 역사는 되풀이하면서 진화하고 진보한다. 인간의 몸과 맘도 되풀이 하는 가운데 새로워진다. 따라서 좋은 습관을 형성하는 것이 매우 중요하다. 좋은 습관은 좋은 품성을 낳고 좋은 품성은 좋은 인격을 낳고 좋은 인격은 참 나를 낳는다.

세 살 버릇 여든 간다는 말처럼 버릇이나 습관은 일찍이 형성되면 바꾸기 어렵다. 그러나 습관이나 버릇이 절대불변으로 고정된 것은 아니다. 습관과 버릇은 변할 수 있고 바꿀 수 있고 새로운 습관을 만들 수 있다. 습관은 가정과 사회, 학교와 교회에서 자연스럽게 형성되는 것도 있지만 의지를 가지고 스스로 형성할 수도 있다. 생각은 뇌 회로를 바꿀 수 있고 뇌 회로를 바꾸면 말과 행동을 바꿀 수 있고 말과 행동을 바꾸면 습관을 바꿀 수 있고 새로운 습관을 만들 수 있다. 좋은 습관과 좋은 성품은 생명진화와 천지인합일 과정에서 형성된 인성을 실현하고 완성하는 것이고 나쁜 습관과 나쁜 품성은 그 인성을 해치고 훼손하는 것이다.

3) 유아, 어린이

어린이는 어린아이를 높여 부르는 말이다. 유아는 어린이 가운데 어린이다. 유아는 인간의 새싹 같은 존재다. 연약하지만 소중하다. 유아는 인간의 영원한 과거다. 유아 속에 태초의 생명의 숨결이 살아있고 태고의 생명의 소식이 들어 있다. 유아는 인간의 새로운 시작이고 빛나는 미래의 약속과 희망이다. 유아를 보면서 생명의 기쁨과 새 시대의 희망을 갖게 된다. 유아는 인류의 씨올이다. 유아가 없다면 나도 인류도 사라질 것이다.

유아란

유아는 어린 새싹과 같아서 연약하고 부드러운 존재이고 상처받기 쉽고 스스로 살 수 없는 존재다. 따라서 부모와 어른의 보호, 희생과 헌신, 정성과 돌봄이 필요한 존재다. 유아는 만1세부터 만6세까지의 어린이를 가리킨다. 한 살이 되면 곧게 서서 걷기 시작하며 2세에 달리고, 3세에 자전거를 타며 4~5세에 한쪽다리로 뛰고 5~6세에 건너뛰기 등을 한다. 오줌과 똥을 가리고 말을 할 줄 알지만 자기 본위로 행동하고 현실과 비현실을 잘 구분하지 못한다. 판단력이 부족하다는 말이다.

유아가 하늘과 땅 사이에 곧게 서서 걸음마를 시작하는 것은 참으로 위대하고 중요한 일이다. 곧게 서서 걸음마를 시작하는 일과 말을 배우고 익히는 일이 함께 시작된다. 1세 전후에 걸음마를 배우기 시작하면서 동시에 말하기 시작하여 말하는 능력이 빠르게 증가한다. 말할 줄 안다는 것은 생각할 줄 안다는 것이다. 곧게 서서 걷는 일과 스스로 생각하고 말하는 일은 직결된 것이다. 사람이 곧게 서서 걷는 존재가 되었기 때문에 인후(咽喉)기관과 인두(咽頭)기관이 발달하여 발음을 다양하고 또렷이 할 수 있게 되었고 말하는 존재가 될 수 있었다. 하늘과 땅 사이에 곧게 서서 생활할 수 있기 때문에 사람은 하늘과 땅을 함께 보고 만물을 보고 이해하고 이끌고 움직이는 존재가 된 것이다.

유아는 걸음마를 배우면서 수없이 넘어지는 경험을 한다. 수없이 넘어지고 다시 땅을 딛고 일어서는 경험을 하는 것은 매우 중요하고 위대한 것이다. 사람다운 사람이 되기 위해서는 온갖 실패와 시련, 좌절과 절망을 이기고 일어서야 한다. 하늘과 땅 사이에 곧게 서야 사람다운 사람이 되어 사람 구실을 할 수 있다. 아무리 자주 넘어져도 다시 땅을 딛고 하늘을 향해 일어서야 한다는 것을 유아시절에 배우고 익혀야 한다. 하늘을 향해 곧게 섬으로써 사람은 하늘의 자녀(天子)가 되어 하늘, 땅과 함께 창조하고 생육하는 일에 참여하고 세상과 만물을 변화시키고 개혁하고 창조할 수 있는 존재가 된다.

유아에게는 땅의 물질세계와는 다른 말과 생각의 세계가 열렸다. 말과 생각의 세계, 창조와 상상의 세계가 열려서 유아는 이야기를 좋아한다. 감각능력이 발달하여 온 몸의 감각을 통해 기쁨을 느끼고 표현한다. 보고 듣고 냄새 맡고 먹고 마시고 맛보고, 소화 흡수 배설하고 손으로 만지고 안기고 안아주는 모든 일이 기쁘고 즐거운 일이다. 유아는 상처받기 쉽고 스스로 살아갈 수 없기 때문에 고통과 불안, 두려움을 느끼고 울고 떼쓰기도 하지만 사랑을 받고 안전하다고 느끼면 유아는 기쁘고 즐겁고 신나는 존재다. 어린 아기를 보면 저절로 기쁘고 사랑을 느끼는 데서 알 수 있듯이 어린 아기는 생명의 기쁨과 사랑으로 가득한 존재이고 유아는 기쁨과 신명으로 가득한 존재다.

어린이 시기는 인간의 자아가 창조되고 형성되는 시기다. 생명과 정신의 천지창조, 천지개벽, 천지조화(天地造化)가 일어나는 때다. 어린이의 몸과 맘에서 생명진화와 천지인 합일이 일어나고 있다. 태초의 생명과 모든 조상이 어린이 속에 살아 있다. 어린이는 어른의 어버이고 스승이다. 어린이는 생명진화의 거울이다. 어린이에게서 생명의 근원과 본성이 잘 드러난다. 어린이는 생명의 본성인 기쁨과 부드러움, 자람과 새로움을 오롯이 드러낸다. 어린이가 하늘의 신께 가깝다. 어린이의 삶은 생명의 근원과 본성을 드러내므로 기쁘다.

어린이에게서 깨끗하고 건강한 생명이 드러난다. 생명이 약동하고, 원기가 넘치고 생기가 솟아오른다. 손과 발에서 생명기운이 쭉쭉 뻗고 솟아난다. 아기의 발을 건드리면 아기의 발이 저절로 쭉쭉 뻗는다. 어린이는 건강한 생명을 지녔다. 어린이의 감각, 욕구, 감정, 생각은 다 건강하다. 서구의 의학, 병리학은 병든 인간을 진단하고 치유하며 심리학과 정신분석학은 병든 정신을 분석하고 치유한다. 이들은 인간을 이기심과 욕망으로 가득 찬 존재로 보고 인간관계를 갈등과 대립으로 보았다. 육체적 정신적 질병에 걸린 사람을 대상으로 연구하였으며 병자들의 욕망과 감정이 고난과 질병을 일으키는 것으로 파악하였으며, 병든 심리와 정신을 바탕으로 심리학이론과 인성이론을 만들었다.

인간의 인성과 인격을 갈등과 대립 속에서 보고 욕구와 감정을 고난과 질병으로 보는 심리학이론, 병들고 오염된 심리, 정신을 전제로 확립된 심리학이론, 인성이론, 교육이론으로 어린이를 가르치는 것은 잘못이다. 어린이는 생명의 근원과 중심에 가까운 존재이고 깨끗하고 건강한 생명을 지닌 존재이며 기쁘고 신명나는 존재다. 건강하고 아름다운 생명과 인간과 인성에 대한 이해를 바탕으로 어린이를 가르치고 돌보아야 한다. 어린이의 욕망과 감정이 악하고 더러운 것이 아니고 감각이 잘못된 것이 아니다. 어린이가 먹고 싶고 놀고 싶은 욕망은 건강하고 아름다운 것이며 보고 듣고 냄새 맡고 맛보고 만지는 것은 살아있음을 드러내는 건강하고 기쁜 것이다. 기쁘고 슬프고, 사랑하고 연민을 느끼는 감정은 고귀한 것이며, 화가 나고 두려워하고 불안을 느끼는 것은 생명의 아픔과 위기를 드러내는 심각한 것이다.

어린이의 삶과 정신 속에서 우주대생명(하늘과 땅, 생명진화와 인류역사, 하나님)이 생명진화와 천지인합일의 대역사를 지어가고 있다. 어린이기는 하늘의 기운과 땅의 기운이 만나고 몸속에 영과 얼이 깃드는 때다. 어린이 속에서 천지조화(天地造化), 창조와 진화가 일어난다. 유아가 쉬는 숨 속에 유아의 몸속에 흐르는 피 속에, 신경세포와 유전자 속에 욕망과 감정과 의식 속에 태초의 생명과 숨결이, 우주와 자연생명과 인류의 역사와 생명이 살아 있다. 어린이가 자라고 사람이 되는 것은 우주 자연의 생명이 스스로 하는 일이고 천지부모가 하는 일이고 하나님이 하시는 일이다. 생명진화와 인류역사 속에서 생명은 낳고 죽고, 죽고 낳으면서 새 생명을 이어오고 이어갔다. 새 생명을 낳고 잇고 이어받는 일이 어린이 속에서 일어나고 있다.

어린이는 작은 우주다. 어린이 속에 새 하늘과 새 땅이 있다. 어린이의 몸속에 땅의 기운과 질서가 반영되고 영혼(얼) 속에 하늘의 기운과 법도(질서)가 깃들어 있다. 어린이 속에서 하늘의 기운과 땅의 기운이 만나고 있다. 어린이 속에 하늘, 한 생명, 한울님이 계시다. 어린이의 몸속에 하늘 하나님이 계신 것은 땅 속에 하늘이 있는 것과 같다. 이것은 주역에서 말하는 지천태(地天泰) 괘를 나타낸다. 지천태는 하늘이 땅 아래로 내려가고 땅이 하늘 위로 올라오는 괘인데 가장 길하고 평화로운 것을 나타낸다. 이것은 또 신약성경에서 말하는 하나님의 말씀이 육신 속에 거하는 성육신(成肉身, Incarnation)의 진리를 나타낸다. 하나님의 말씀이 육신 안에 거한 것은 예수 그리스도다. 예수 그리스도는 구원과 화해를 가져오는 새 나라의 주인이다. 어린이는 지천태와 성육신의 현실이며 생명진화와 천지인 합일의 현실이다.

어린이는 낡은 세상을 깨트리고 새 세상을 여는 이다. 새 세상 새 나라의 상징이고 희망이며 약속이다. 어린이의 깨끗하고 새로운 생명은 낡고 부패한 세상에 대한 비판이고 심판이다. 어린이 속에 영원한 생명의 시간이 깃들어 있다. 어린이는 영원한 과거이며 새로운 미래다. 어린이는 영원한 과거와 영원한 미래가 만나는 생명과 역사의 중심을 드러낸다. 어린이는 과거, 현재, 미래를 하나로 꿰뚫고 새롭게 창조하는 개벽의 시간, 새로운 때의 중심을 드러내고, 새 세상을 여는 하늘의 뜻과 사명을 알려주는 기쁜 소식의 전달자다. 어린이는 새 생명을 이어가고 열어가는 새 시대 새 세상의 주인이고 주체다. 새 나라, 새 시대, 새 세상의 유업을 이을 상속자다. 땅에 내려온 하늘이고 몸을 입은 하나님이며, 영원한 생명과 진리의 화신(化身)이며 하늘의 딸/아들, 천자(天子)이고 아기 예수이고 아기 부처다. 그러나 어린이는 한없이 힘없고 약하고 아무 것도 모르는 이로 부모와 교사에게 맡겨진 존재다. 부모와 교사의 사랑과 정성, 헌신과 돌봄을 필요로 하고 부모와 교사를 전적으로 믿고 의지하며 온전히 자신의 생명과 존재를 내맡겼다.

어린이는 우주 생명의 중심이고 참 사람의 씨울이다. 어린이는 영원한 과거의 총합, 무궁한 새로운 미래의 잠재태다. 어린이 시기는 천지창조와 개벽이 일어나는 때, 생명진화가 압축적으로 이루어지는 때다. 어린이의 뇌는 생성되는 과정에 있다. 물고기, 파충류, 포유류, 영장류, 인간의 뇌가 순차적으로 그리고 동시에 형성되고 있다. 숨 쉬고 밥 먹고 소화 흡수 배설하고 신진대사를 통해 자연생명세계와 교감하면서 운동감각, 생존본능, 감정과 기억이 발달하고, 생각하고 인지하는 능력과 함께 공감과 배려의 영성이 형성되는 때다. 생각하고 말하고 느끼고 감정을 표현하는 때다. 생명과 감정과 얼이 쭉쭉 뻗고 힘과 얼이 솟구치고 날마다 몸과 맘과 얼이 자라고 새로워지는 때다.

어린이는 작고 연약하고 부드러운 새싹 같은 이고, 돌보고 보살피고 받들어야 할 목숨이며, 하늘의 자녀(天子), 아기 예수, 아기 부처다. 그러나 어린이는 천사가 아니다. 순진무구하고 선하기만 한 존재가 아니다. 유아는 얼마든지 이기적이고 떼쓰고 못될 수 있다. 어린이도 본능적 욕망과 사나운 감정을 가질 수 있다. 어린이를 두고 선악을 따지는 것은 옳지 않다. 어린이는 못되고 못나고 악하고 말썽을 부릴 수 있다. 어린이 속에도 파충류, 포유류, 영장류 시대가 있다. 모든 가능성과 잠재성이 다 있다. 생명의 다차원적이고 다양하고 중층적인 모습이 어린이에게 있다. 부모와 교사는 사랑과 정성으로 공경하는 겸허한 맘으로 어린이를 보살피고 이끌 수밖에 없다. 어린이의 인성의 싹이 잘 트게, 떡잎이 잘 나게 기도하는 맘으로 어린이를 돌보고 섬겨야 한다. 생명진화의 역사는 파충류의 본능적 욕구, 포유류의 사나운 감정, 영장류의 꾀를 이기고 지성과 영성을 닦아왔다. 어린이에게서도 지성과 영성이 닦여지기를 기도하고 사랑으로 기다릴 수밖에 없다. 인간의 지성과 영성을 닦아내는 인성교육은 생명진화의 역사에서 이미 열리고 닦여진 길을 가는 것이다. 이 길은 오랜 세월 수많은 시행착오와 실패, 시련과 좌절, 절망과 죽음을 이겨내고 닦아낸 길이고 환히 뚫린 길이다. 인성교육의 길은 갈 수 있는 길이고 가야할 길이다.

4

교육의 방향과 목적:
시대정신과 사명

민주화, 산업화, 세계화가 동시에 이루어지는 21세기는 한 사람 한 사람을 세계평화와 정의를 실현하는 책임적 주체로 기르는 교육을 요구한다. 세계평화와 정의를 실현하는 책임적 주체가 되기 위해서는 먼저 자기 생명과 정신의 참된 주체 '참 나'가 되어야 한다. 21세기 인성교육은 참 나를 찾고 참 나가 되는 교육이면서 세계평화와 정의를 실현하는 주체를 기르는 교육이다.

1) 어린이교육을 위한 시대정신과 사명

오늘의 어린이는 30년 후 나라와 세계를 이끌 주인공들이다. 오늘처럼 시대가 빠르고 크게 변하는 때는 없었다. 어린이들에게 시대의 변화와 새로운 시대정신을 이론적이고 사상적으로 가르칠 수는 없다. 그러나 어린이교육은 새로운 시대의 변화와 정신을 바탕으로 이루어져야 한다. 어린이에게 새 시대의 정신과 기운이 스며들게 해야 한다. 오늘의 시대는 민주화, 과학기술(산업)화, 세계화가 동시에 이루어지는 때다. 국민이 나라의 주인과 주체라는 자각이 확립되어야 하고 과학적이고 합리적인 생각을 가져야 하고 세계정의와 평화의 높은 뜻을 품어야 한다. 어린이는 민주화, 과학 산업화 세계화를 이끌고 완성하는 주체적인 세계시민이 되어야 한다. 이를 위해서 어린이는 2,500년 전 일어난 축의 시대의 정신과 철학, 고등종교와 철학의 정신을 이어받고 생명진화와 과학기술정신을 익혀서 새로운 정신과 철학을 확립해야 한다. 21세기는 공자, 석가, 예수, 소크라테스가 주도한 축의 시대를 넘어서 민주정신과 과학정신과 세계평화정신을 가지고 새로운 영성과 철학의 시대, 새로운 축의 시대를 열어야 한다. 예수, 석가, 공자, 소크라테스가 가르친 것은 사랑과 참의 정신이었다. 사람의 본성, 인성의 핵심이 사랑과 참이라는 것이다. 21세기 새로운 축의 시대는 사랑과 참의 정신을 바탕으로 생명진화와 현대과학기술과 세계의식을 아우르는 더욱 깊고 높은 정신의 시대다.

오늘의 인성교육은 새 축의 시대를 여는 교육이며, 축의 시대와 과학정신, 민주정신, 세계정신을 통합하여 실현하는 교육이고, 생명진화와 천지인 합일을 이루는 인성의 실현과 완성이다. 한국의 근현대는 유불도와 기독교의 만남을 바탕으로 과학정신과 민주정신을 실현해온 과정이다. 한국의 근현대 속에 새 축의 시대를 여는 세계 인류의 문명사적 과제와 사명이 압축적으로 제시되고 추구되었다. 한국의 근현대는 불의한 국가주의의 억압과 고통에서 벗어나 민주적이고 평화로운 나라를 이룩하고 세계평화와 정의를 실현하는 과제를 지니고 있다. 오늘의 인성교육은 국가주의를 극복하고 세계평화와 정의를 실현함으로써 한국근현대의 과제와 사명을 완성하고 새 문명의 새 시대를 여는 것이다.

새 시대, 새 문명의 주인공이 되려면 깊은 정신과 철학을 가져야 한다. 깊은 정신과 철학을 가져야 인성을 실현하고 사람다운 사람이 될 수 있다. 사람다운 사람이 된다는 것은 인성을 실현하는 것이다. 인성은 하늘을 우러르고 하늘로 솟아오르려는 간절한 염원을 가진 것이다. 하늘을 우러르고 하늘에 이르러 참된 자유에 이르고 모두 하나가 되는 것이 생명과 인간의 본성 속에 심겨진 꿈이고 염원이다. 인간은 인간에 머물러 있자는 것이 아니라 인간을 넘어서 새로운 인간이 되자는 것이다. 새 문명을 이루기 위해서는 새 인간이 나와야 한다.

모든 생명과 우주만물이 모든 인간이 새 인간의 탄생을 간절히 기다리고 있다. 한겨레는 하늘 열고 나라를 세웠고 높은 산에서 하늘에 제사 드리며 하늘을 그리워하고 하늘을 우러르는 오랜 종교문화 전통을 가진 민족이다. 한겨레는 스스로 '한'이라 일컬으며, 하늘, 하나님께 속한 겨레로서 한, 하늘, 한님의 자손이 되기를 염원했다. 한겨레는 천자(天子) 신손(神孫)이 되기를 바라고 천자 신손의 탄생을 기다린 민족이다.

사람의 몸은 땅에 뿌리를 두지만 얼과 혼은 하늘에 뿌리를 둔 것이다. 몸을 지닌 사람이 하늘의 자손이 된다는 것은 하늘과 땅과 사람의 우주적 합일을 이루고 생명진화를 완성한다는 것을 의미한다.

오랜 생명진화 끝에 사람은 하늘과 땅 사이에 곧게 섰다. 사람이 하늘과 땅 사이에 곧게 선 것은 하늘과 땅과 사람의 우주적 합일을 이룰 사명과 자격을 가진 것을 뜻한다. 사람은 몸, 맘, 얼을 가진 존재다. 몸은 땅을 나타내고 맘은 사람을 나타내고 얼은 하늘을 나타낸다. 사람다운 사람이 된다는 것은 몸, 맘, 얼을 통일시키는 것이며 몸, 맘, 얼의 통일은 하늘을 그리워하고 하늘을 품은 하늘의 사람만이 할 수 있다. 먼저 하늘, 하나님께 돌아가는 귀일(歸一)이 이루어져야 몸, 맘, 얼의 통일이 이루어진다. 몸, 맘, 얼의 통일을 이루는 것은 자연생명(몸)과 역사(인간)와 신(하늘)의 통합을 이루는 것이다. 몸, 맘, 얼의 통일을 이루기 위해서 다석 유영모는 몸성히 맘 놓아 뜻(얼) 태우는 삶을 살았다. 몸성히 살기 위해서 숨 쉬고 밥 먹는 일을 바르고 알맞게 하고, 맘이 놓이기 위해서 생각(이성)과 감정을 고르고 맑게 하였으며, 얼과 혼이 힘차게 살기 위해서 얼과 뜻을 태우는 삶을 살았다.

인성교육은 사람교육이다. 사람 자체가 사람으로 나서 사람으로 되는 존재다. 사람답게 사람노릇하며 사람으로 사는 일이 어렵다. 사람은 생명진화를 완성하고 천지인 합일을 이룰 책임과 사명을 가진 존재다. 사람은 100년 살면서 수 십 억년의 생명진화를 반복하고 거기서 한 걸음 더 나아가는 존재다. 사람은 땅의 물성과 욕망에서 감정과 의식을 거쳐 지성과 영성으로 하늘의 신성으로 나아가는 존재다. 수 십 억 년 생명진화의 어렵고 힘든 길을 되풀이 복습하고 영원한 미래의 삶을 예습하며 한 걸음 더 나아갈 책임과 의무를 지녔다. 생명진화를 완성하고 천지인합일을 이루는 인간의 책임과 사명은 큰 나무 꼭대기서 다시 한 걸음 더 나아가는 것과 같다. 백척간두(百尺竿頭)에 진일보(進一步)! 사람은 태어나기 어렵고 사람 노릇하기는 더 어렵다. 사람으로 나기 위해서 우주의 은혜와 공로가 있었고 생명진화 과정에서 수없는 시행착오와 실패와 시련이 있었다.

민주화 과학기술화 세계화를 이루는 주체적인 세계시민이 되려면 제 삶의 주인이 되어야 한다. 주체의 깊이와 자유에서 전체의 하나 됨에 이르러야 한다. 시간과 공간의 주인으로서 내 때를 내가 살아야 한다. 한국근현대는 봉건왕조와 국가주의의 불의한 억압과 고통에서 벗어나 세계정의와 평화로 나아가는 과정이다. 삼일운동은 국가주의의 불의와 속박에서 벗어나 민주적인 민족국가를 수립하고 세계정의와 평화의 길로 나아가자는 선언이고 혁명운동이었다. 대한민국의 헌법전문은 삼일운동의 정신과 이념이 국가의 정신과 이념임을 밝히고 있다. 남북분단과 6·25전쟁, 4·19혁명과 5·18민주화운동과 6월 민주항쟁, 그리고 촛불 평화시위는 우리 겨레가 온갖 시련과 고통을 겪으면서도 삼일운동의 정신과 이념에 따라 나아가고 있음을 보여준다. 한국은 하늘 열고 나라를 세웠음을 확인하였고 건국이념인 홍익인간을 교육이념으로 확정하였다. 홍익인간과 이화세계의 높은 건국이념과 정신, 국가주의의 총칼에 맞서 세계정의와 평화를 선언한 삼일운동의 거룩한 뜻과 정신은 민주정신, 과학정신, 세계시민정신을 담고 있다. 우리는 오랜 세월 하늘을 우러르며 홍익인간과 이화세계의 이념과 정신을 지켜옴으로써 세계시민의 정신과 자격을 닦아왔다. 나라사랑과 인류애가 일치하는 홍익인간과 이화세계의 이념과 삼일운동의 민주정신과 세계평화정신은 새 시대의 교육이념과 정신으로 충분하다. 하늘을 우러르며 하늘을 품고 그리워하며 살아온 한민족은 하늘의 높은 뜻과 얼을 키워왔다. 하늘의 높은 뜻과 얼을 가진 사람은 인공지능과 기계, 돈과 제도의 주인이 될 수 있다. 생명을 살리고 얼과 혼을 기르고 높은 뜻을 가지고 창의력과 상상력을 기르고 인성과 체력을 닦아서 새 시대 새 세상의 주인을 길러내자. 사람이 되게 하고 사람 구실을 하게 하자. 사람마다 참되고 자유로운 천자 신손이 되게 하자. 한국근현대에는 아름답고 거룩한 정신과 뜻을 이루며 살다 죽은 이들이 얼마나 많은가? 우리의 역사에 부끄러운 일이 많지만 아름답고 거룩한 뜻과 얼을 보인 이들이 참으로 많다. 인성교육의 정신과 이념이 역사 속에 살아 있고 인류 앞에 사표(四標)와 귀감이 될 인물이 많다. 안창호와 이승훈, 유영모와 함석헌, 김교신을 보라.

2) 교육이란

교육을 나타내는 우리말은 생명 철학적 교육의 뜻을 드러낸다. 교육을 나타내는 서양의 말과 비교된다.

가르침과 기름

교육(教育)은 가르치고 기른다는 말이다. '가르치다'의 어원을 살펴보면 ᄀᆞᆯ/ᄀᆞᄅᆞ(分析, 指摘, 言表)+치(강세접사)+다(어미) 또는 ᄀᆞᄅᆞ(耕

作)+치(養育)+다(어미)로 추정하기도 하고 '가르치다'를 '가루'에서 온 말로 보기도 한다.[81] 'ᄀᆞᆯ, ᄀᆞᄅᆞ'가 분석(分析)의 뜻이라면 '가루'로 보는 것과 일치한다. 지적(指摘)은 가리킨다는 말이고 언표(言表)는 말로 표현한다는 말이니 '가르치다'는 분석하고 가리키면서 가르칠 내용을 말로 표현하는 교육의 내용과 방법을 함축한다. '가르치다'가 경작(耕作)과 양육(養育)의 의미를 가졌다면 교육은 농경과 목축의 삶을 이어주고 이어받는 의미를 지닌 것이다. '가르치다'에서 '가르~'가 '가로되, 가라사대'처럼 '말하다'를 뜻하는 말이라면 가르친다는 것은 말로 일러주고 이끌어주는 것을 뜻한다. '가르치다'에서 '~치'가 양육을 뜻한다면 '치다'는 '기르다'는 의미를 갖게 된다. '기르다'는 '길다'(長)에서 온 말이며 '길게' 자라고 크고 하는 것을 뜻한다. 말로 일러주고 크게 자라게 하는 것이 교육이다.

에듀케이션과 페다고지를 넘어서

교육을 나타내는 서구어는 'education'과 'pedagogy'다. 'education'은 'educate'에서 온 말인데 '안에서 밖으로 끌어내다', '이끌다'는 뜻을 가진 말이다. 'pedagogy'는 그리스어 'paidos agogos'(소년의 길잡이)에서 온 말인데 이것은 '어린 소년을 집에서 학교까지 데리고 갔다가 데려오는 노예'를 나타낸다. 지식이 많은 노예, 또는 해방노예가 어린 소년을 학교까지 데리고 갔다가 데리고 오면서 가르치는 일을

81) 김민수편 우리말 語源事典. 태학사 1997. 10~11쪽 참조.

말은 데서 교육 pedagogy라는 말이 나왔다.

서구의 교육정신과 이론에는 education과 pedagogy로서의 교육개념이 반영되어 있다. 이 개념들을 중심으로 서구에서 교육을 어떻게 이해했는지 살펴보자. education으로서의 교육은 인간의 내면에 있는 본성, 본질, 능력, 역량, 잠재력을 이끌어내는 것이다. 이것은 절반만 옳은 교육관이다. 교육은 인간에게 무엇인가를, 지식과 정보와 기술 같은 것을 주입하고 채워 넣는 것이 아니라는 점에서 '이끌어냄'으로서의 교육관은 옳다. 그러나 참된 교육은 인간의 내면에 주어진 것, 완결된 것, 기성의 것을 끌어내는 것이 아니라는 점에서는 '이끌어냄'이라는 교육관은 옳지 않다. 교육은 단순히 내면에 있는 것을 마치 물건처럼 이끌어내면 되는 것이 아니다. 인간의 생명은 특히 어린이는 새롭게 형성되고 변화하는 존재이다. 어린이는 스스로 되고 스스로 하는 존재다. 어린이는 스스로 되고 스스로 하는 존재이므로 교육은 어린이의 속에서 스스로 자라고, 스스로 크게 하는 일이다. 기르는 일로서 교육은 스스로 자라고 스스로 크게 하는 일이다. 말로 일러주는 것으로서 교육은 스스로 하고 스스로 되도록 안내하고 길잡이가 될 뿐이지 대신하거나 강요하는 것이 아니다.

어린이의 길잡이 노예로서의 교육도 절반만 옳은 것이다. 교육은 부모가 하는 일이고 학교와 사회가 하는 일이다. 그러나 교육은 부모, 학교, 사회의 일로 한정되지 않는다. 어린이의 몸과 맘과 얼이 크고 자라고 성숙해지는 일은 부모, 교사, 사회가 도울 수는 있지만 어린이가 스스로 하고 스스로 되는 일이다. 더 깊이 생각해보면 어린이가 스스로 자라고 크는 일은 하늘과 땅이 우주 자연의 대생명이

하는 일이며 하나님의 일이다. 어린이의 몸과 맘이 자라고 크는 일을 누가 해 줄 수 있는가? 어린이 스스로 하고 스스로 되는 일이면서 어린이 속에서 하늘과 땅이, 자연생명이 하나님이 하시게 해야 한다. 교육은 우주 대자연과 하나님이 하는 거룩한 일이다. 부모와 교사는 어린이를 가르치고 기를 때 겸허하게 정성을 다 해서 섬기는 맘으로 해야 한다. 어린이교육은 겸허하게 받들어 섬기는 맘으로 해야 한다는 점에서 노예교육과 일맥상통하지만 천지부모와 하나님의 거룩한 일을 돕고 그 일에 참여한다는 점에서 노예의 정신과 자세로는 결코 할 수 없는 일이다. 하늘, 하나님의 자유로운 얼과 정신을 가진 자유로운 사람만이 어린이의 부모와 교사노릇을 할 수 있다. 하나님의 아들 예수는 섬기러 왔다고 선언하고 짓밟히고 고통당하는 사람들의 몸, 맘, 얼을 일으켜 세워 하늘나라로 이끌었다. 하늘나라는 몸, 맘, 얼의 인성이 실현되고 완성되는 나라다. 하늘의 자유를 가진 사람만이 남을 섬기고 남의 인성이 자유롭게 실현되게 할 수 있다. 우리말 '가르치다'는 경작과 양육을 나타내고 '기르다'는 자라게 하다를 나타낸다는 점에서 생명어린이교육에 훨씬 적합한 교육의 내용과 방향을 시사한다.

배우고 익힘(學習)

학생의 자리서 보면 교육은 배우고 익히는 것이다. 배운다는 말은 '밝게 하다'는 뜻으로 볼 수도 있고[82] 몸과 맘에 배게 한다는 뜻으

---

82) 김민수편 우리말 語源事典. 440쪽.

로 풀이할 수도 있다. 배운다는 것은 몸과 맘에 스며들어 배게 하는 것이다. 주입하는 것은 물리 기계적인 것이지만 스며들어 배게 하는 것은 물리적이지만 기계적인 것은 아니다. 기계는 기계의 힘으로 집어넣는 것이지만 스며들고 배어드는 것은 물성과 이치에 따라 화합하고 결합하는 것이다. 컴퓨터나 인공지능이라면 지식과 정보의 자료들을 주입하면 된다. 그러나 생명과 정신을 자라게 하는 교육이라면 자료를 주입하는 것만으로는 될 수 없다. 배우는 것은 스며들어 배게 하는 것을 넘어서 새끼를 배고 애를 배는 것처럼 배운 것을 잉태하는 것, 몸과 맘에 씨올을 심고 품듯이 배는 것이다. 배우는 것은 지식과 가치와 생각과 기술이 몸과 맘에 배서 움트게 하는 것이다. 배움은 배서 움트는 것이다. 또 교육은 익히는 것이다. 익히는 것은 익숙하게 하는 것이고 익숙하게 되는 것은 익어서 성숙해지는 것이다. '익히다'는 '익다'에서 온 말이다. 익다는 '씨와 열매가 여물다'는 말이다.[83] 씨올이 열매가 익듯이 익는 것이다. 교육은 학생의 몸과 맘과 얼이 익게 하고, 지식과 생각과 기술과 재주가 몸에 배게 하고 익숙하게 익어가게 하는 것이다. 교육은 생명과 정신의 씨올을 배고 움트게 하고 익어가게 하는 것이다.

놀이로서의 교육

가르치는 것은 물질적 속박과 제약에서 벗어나고 물질적 본능

83) 김민수편 우리말 語源事典. 845쪽.

적 욕망과 사나운 감정과 고집스러운 편견에서 벗어나서 생명과 정신이 자유롭게 되고 하늘을 향해 솟아올라 진화와 고양, 향상과 신생을 이루게 하는 것이다. 생명과 정신이 저답게 되어 주인과 주체로서 자신과 세상을 새롭게 창조하고 변화하여 보다 보람 있고 값지고 아름답고 참되게 하는 것이다. 참된 교육은 참 나에 이르는 교육이며 참 나를 실현하는 교육이다. 생명교육은 생명의 기쁨과 신명을 알고 느끼고 실현하고 누리게 하는 것이다. 배움과 깨달음이 깊어지면 생명의 본성이 살아나서 저절로 생명의 기쁨과 신명이 솟아나고 노래와 춤이 나온다. 생명의 본성은 기쁘고 신나는 것이기 때문이다. 놀이는 머리로만 하지 않고 몸과 맘과 얼이 함께 하는 것이다. 그러므로 가르치고 배우고 익히는 교육은 생명이 스스로 하는 것이므로 기쁘게 스스로 하는 놀이가 되어야 한다. 본래 교육과 예배는 성인식과 같은 종교의식(宗教儀式)에서 발전되어 나온 것이다. 종교의식은 춤과 노래의 축제로 이루어졌다. 예배와 교육은 춤추고 노래하는 놀이로 해야 한다. 몸만 노래하고 춤추는 것이 아니라 맘과 얼도 함께 춤추고 노래해야 한다. 몸, 맘, 얼이 함께 노래하고 춤출 때 몸과 맘과 얼이 하나로 되고 몸과 맘과 얼이 쑥쑥 크고 쭉쭉 자라며 솟아오르고 나아가게 된다. 가르치고 배우는 일도 하늘을 우러르며 하나님께 예배하는 일도 몸과 맘과 얼이 함께 노래하고 춤추는 놀이가 되게 해야 한다.

앎은 알맹이를 붙잡는 것이다

배우고 익힌다는 것은 사물과 사실, 생명과 정신에 대한 지식과 정보, 자료(data)를 얻는데 머무는 게 아니다. 지식과 정보, 자료는 객관적인 사실을 가리킬 뿐 인간의 인성과 주체와는 관련이 없다. 지식과 정보, 자료도 배우고 익혀서 체화(體化), 체득(體得)하고 맘과 혼에 새겨지게 해야 인성과 주체를 고양시키고 새롭게 하는 교육이 될 수 있다. 배우고 익혀서 무엇을 안다는 것은 알맹이, 알짬에 이르고 알맹이, 알짬을 붙잡는 것이다. 단순히 지식과 정보, 자료를 아는 것은 사물과 생명의 껍데기, 현상을 아는 것에 지나지 않는다. 그것은 참으로 아는 게 아니다. 무엇을 안다는 것은 그 본질과 핵심, 알짬과 알맹이를 알고 그 알짬과 알맹이가 나의 몸과 맘과 혼에 스며들고 배어들어 나와 하나로 되는 것이다.

서구의 학문방법과는 달리 동양의 학문방법은 삶 속에서 깨달음을 전제하고 추구한다. 서구의 학문을 나타내는 말, science나 Wissenschaft는 모두 앎과 지식을 뜻한다. 서구의 학문은 앎, 이성적인 지식과 사실적인 정보를 추구한다. 그런데 동양의 학문은 "모르는 것을 배우고(學) 의혹을 묻는 것(問)이다." 서경(書經)에서는 학(學)을 "가르침을 받아서 깨달음을 전하는 것"(受敎傳覺悟)이라고 했다.[84] 동양의 學은 객관적인 지식과 논리보다는 주체와 객체가 통전되는 '깨달음'에 초점을 둔다. '배움'을 뜻하는 '學'은 가르침과 깨달음이 몸과 맘에 '배게' 하는 것이다. "모르는 것을 배우고 모르는 것에 대

84) 張三植 編,『大漢韓辭典』博文出版社, 1975, 374쪽 참조.

해 묻는” 동양의 학문은 ‘모르는’ 인식대상에 대해 겸허하게 접근하며, 그 인식대상을 받아들이는 자세를 지닌다.

‘알다’는 말도 서양의 말과 비교된다. 서구언어의 뿌리 말인 인도유럽어에서 ‘알다’를 나타내는 말(라틴어 scio)의 말 뿌리는 ‘skei’인데 “자르다, 분리하다, 가르다”를 뜻한다.[85] 서구언어에서 ‘알다’는 대상을 ‘가르고, 잘라서’ 본다는 뜻을 품고 있다. 인식주체인 이성적 자아의 자르고 분리하는 능력이 앎의 내용과 행위를 구성한다. 인식대상은 가르고 자르는 인식행위의 수동적 대상에 문다. 이에 반해 우리말 ‘알다’는 사전에서 “배우거나 경험하여 모르던 것을 깨닫다.”로 풀이된다. 그리고 ‘알다’의 뿌리 말 ‘알’은 ‘알맹이’(核), ‘알짬’(精), ‘알’(卵)이고 ‘얼’(情神)과 통한다.[86] 우리말 ‘알다’는 인식주체의 인식능력이나 행위와 관련되지 않고 인식대상의 본질 내용과 관련된다. ‘알다’는 인식대상의 알맹이와 알짬, 잠재적 생명력을 긍정하고 받아들이는 것이다. ‘알다’는 인식대상에 ‘알맹이’, ‘알짬’, ‘생명의 씨앗’이 있다고 믿고 대상에 접근한다. ‘알다’는 인식대상의 알짬[내적 본질]이 알려질 수 있음을 전제한다. 앎에는 인식대상의 알짬이 담겨 있다. 이런 앎의 행위에서는 인식대상이 중심과 주체로 존재한다. 서구 언어에서 ‘알다’는 인식대상을 분석하고 해체해서 대상에 대한 지식과 정보를 얻는 것이라면 한국어에서 ‘알다’는 인식대상 전체의 핵심을 손상시키지 않고 주체로 드러나게 하는 것이다. 한국어에서 ‘알다’는 전체적인 이해와 깨달음을 뜻한다. 이런 말의 어원적 차

85) J. Pokorny, Indogermanisches etymologisches Wörterbuch. Bern, A. Francke Hg. 1969. 919쪽.
86) 김민수 편, 『우리말 語源辭典』. 태학사 1997. 705쪽.

이는 서구에서는 인식대상을 지배하고 통제하는 인식론을 시사하고 한국에서는 인식주체인 인간의 이성적 자아가 겸허하게 인식대상을 긍정하고 신뢰하고 존중하며, 인식대상에 맞추는 인식론을 시사한다.

안다는 것은 알맹이에 충실(充實, 忠實)하고 착실(着實)하고 진실(眞實)하게 되는 것이다. 앎이 알맹이, 알짬을 드러내는 것이라면 거짓은 껍데기, 거죽에 머무는 것이다. 본래 거짓은 '거죽, 거즛'에서 온 말이며 껍데기, 거죽을 나타내는 말이다. 알맹이, 알짬에 이르지 못하고 거죽에 머물고 거죽에 매어 있는 것이 거짓이다. 무엇을 배우고 익혀서 알게 된다는 것은 거죽, 껍데기에 머물지 않고 알맹이 알짬에 이르고 알맹이, 알짬을 붙잡는 것이며 몸과 맘에 배게 하고 익숙하게 하는 것이다. 열매 실(實)은 열매가 알차게 익어가는 것을 뜻하는 말이다. 충실, 착실, 진실은 인식하는 주체인 나와 인식되는 대상인 사물과 생명의 알맹이, 알짬이 알차게 익어가는 것을 뜻한다. 배우고 익혀서 앎에 이르는 것은 인식주체와 인식대상의 알맹이, 알짬이 함께 알차게 익어가게 하는 것이다. 물건과 기계, 일과 관계, 생명과 조직, 정신과 이념의 알짬과 알맹이가 나(우리)의 몸, 맘, 얼과 함께 알차게 익어가게 하는 것이 배우고 익히는 것이고 앎에 이르는 것이다. 앎에 이르고 앎을 붙잡는 것은 나의 인성과 사물의 본성을 실현하고 완성하는 것이다.

배우고 익힌 앎이 익숙해져서 고정되고 확정되면 생명에게 굳고 딱딱한 껍질이 된다. 스스로 자라고 탈바꿈하며 새롭게 되는 생명과 정신은 고정된 앎에 머물 수 없다. 익숙해지고 고정된 지식과 정보는 생명과 정신을 고정시키고 생명과 정신의 창조적 진화와 성장을 가로 막는다. 따라서 배우고 익힌 앎은 때가 되면 깨트려 버리고 새로운 모름(未知)의 세계로 나아가서 생명과 정신의 새로운 알맹이를 붙잡아야 한다.

깨 배움과 되 배움

유영모는 철학(哲學)은 '깨배움'이고 과학(科學)은 '되배움'이라고 했다. 종교와 철학의 배움은 보다 깊고 높은 지혜와 깨달음을 얻어서 생명과 정신의 자아와 의식이 자라고 커지고 고양되고 향상되는 것이다. 따라서 현상적이고 표면적인 지식과 사실에 머물러 있으면 종교와 철학의 배움이 이루어지지 않는다. 또 인간의 자아와 의식이 물질적 본능적 욕망과 감정, 표층적인 지식과 생각에 머물러 있으면 종교와 철학의 깨달음에 이를 수 없다. 종교와 철학의 배움은 기존의 지식과 주장, 물질적 본능적 욕망과 감정, 의식과 편견을 깨트리고 깨어나서 배우는 배움이다. 물질적 욕망과 감정에서 깨어나고 낡은 생각과 의식을 깨트리고 배우기 때문에 '깨배움'이라고 한 것이다.

과학(科學)에서 '科'는 벼 禾와 말 斗가 결합된 말이다. 벼와 같은 곡식을 '말'로 되는(측량하고 재는) 것이 과(科)다. 과학은 측량하고 재고 비교하고 유추함으로써 지식과 법칙을 발견하는 학문이다. '되배움'이란 양적으로 물질과 일들을 됨(측량하고 비교함)으로써 배우는 학문이다. 배운다는 것은 끊임없이 자신(나, 주체)이 깨어나고 깨져서 새롭고 높고 깊은 앎의 세계로 들어가는 것이고 객관적으로 측량하고 비교하고 유추함으로써 앎의 세계를 넓혀가는 것이다.

깨배움과 되배움을 통해서 우주자연과 생명과 정신의 주인과 주체가 되어 생명진화와 천지인 합일의 우주적 신적 과업을 실현하고 완성하는 것이 인간의 책임과 사명이다. 참 교육은 땅의 물질서 생명(사람)을 통해 하늘의 영에 이르고 몸, 맘, 얼의 통일과 완성에 이르는 것이다. 이것은 한없이 크고 원대한 일이지만 누구나 해야 할 일이다. 그러나 이것은 결국 제 삶을 제가 스스로 살도록 하는 것이며 제가 저답게 되고 저 자신이 되는 일이기도 하다. 참 교육 내가 나답게 되는 일이며 내가 나답게 되는 일은 숨을 깊고 편히 쉬고 밥 잘 먹고 잘 자고 하늘과 땅 사이에 곧고 바르게 서는 일에서 시작된다. 교육은 부모의 시대를 넘어서 새 시대, 제 시대의 주인이 되게 하는 것이고, 과거의 유업을 물려받고 새 시대 새 문명을 낳게 하는 것이다. 사람이 말하고 생각하는 존재가 된 것은 스스로 삶의 주인과 주체가 되어 생명진화와 천지인합일의 책임과 사명을 감당할 수 있는 존재가 된 것이다. 몸의 유전자와 직립인간의 구조는 말과 이성의 틀과 문법과 발음의 구조와 능력을 가지고 있다. 직립인간의 신체구조(유전자와 뇌신경 망과 구조)인 몸, 생각하고 말하는 지성과 감정의 맘, 우주의 시간과 공간을 꿰뚫는 뜻과 정신의 얼은 하나로 통하고 이어져 있다. 인간의 인성(감성과 지성과 영성) 속에 몸과 맘과 얼의 결합과 통일이 이루어져 있다. 직립인간의 신체구조, 몸의 유전자, 신경망, 뇌신경구조는 말하고 생각하는 맘의 지성적 심리구조를 반영하고 맘의 말과 지성의 구조와 기능은 하늘의 얼과 뜻을 향해 열려 있다. 그러나 몸과 맘과 얼 사이에는 질적 차이와 차원의 차이가 있으므로 깨배움과 되배움을 통해서 몸과 맘과 얼을 열어서 서로 연락하고 소통하고 일치하게 해야 한다.

3) 교육의 목적

교육은 하늘과 땅 사이에 곧게 서서 하늘과 땅의 주인으로서 책임과 사명을 다하는 존재가 되게 하는 것이다. 땅의 물질적 제약과 법칙적 속박에서 벗어나 하늘을 향해 머리를 들고 일어서게 해야 한다. 교육의 목적은 생명진화와 천지인 합일을 이루는 건강하고 바른 인간이 되게 하는 것이다. 하늘과 땅 사이에 바르고 곧게 서도록 하는 것이 교육의 목적이다. 하늘과 땅 사이에 바르고 곧게 선 사람의 몸에는 하늘과 땅의 원기가 넘치고 맘에는 바른 기운과 떳떳하고 평안한 감정이 가득하고 얼에는 하늘의 높은 뜻이 불타오른다. 몸이 성하고 맘이 놓이고 얼과 뜻이 힘차게 타오르고 솟아오르는 사람이 건강하고 바른 사람이다. 건강하고 바른 인간의 몸과 맘속에서 하늘과 땅은 서로 화합하고 소통한다. 건강하고 바른 사람은 위로 하늘과 줄곧 뚫리고 옆으로 이웃 만물과 줄곧 뚫린 이다. 얼과 혼과 뜻이 살아 있는 이의 몸과 맘과 얼은 줄곧 뚫려 있고 하늘과 땅의 바른 기운이 가득하다.

건강하고 바른 사람으로 교육하려면 건강하고 바른 사람의 기준과 목적을 가지고 교육해야 한다. 그러나 이성 중심의 그리스의 철학과 서구의 주류 철학, 심리학 교육학은 인간의 욕망과 감정, 인성과 심리를 병적이고 고통스러운 것으로 보고 이론과 사상을 형성해 왔다. 이성적으로 보면 비이성적인 욕망과 감정은 병이고 고통이다. 서구어에서 감정을 나타내는 말은 pathos인데 pathos는 고난과 병으로 이해되었다. 병리학을 pathology라고 하는 데서 감정에 대한 서구인들의 이해를 확인할 수 있다. 근현대의 심리학자들은 몸과 맘이 병든 인간들을 대상으로 인성과 심리를 연구하고 갈등과 병의 관점에서 심리학과 인성의 이론을 제시했다. 프로이드나 융 같은 대표적 주류 심리학자들은 인간과 인성이 이기심과 욕망으로 가득 차고 갈등과 고통 속에 있는 것으로 보고 욕망과 감정을 이성으로 치유할 병과 고통으로 보았다. 이런 심리학 이론과 인성이론이 교육학의 이론적 근거와 바탕이 되었다. 인간의 욕망과 감정, 인성과 심리를 질병과 고통으로 보는 심리학이나 교육학의 이론과 사상으로는 건전한 인성교육을 할 수 없다. 인성교육은 마땅히 건강한 인간과 인성이해를 바탕으로 이루어져야 한다. 특히 어린이교육은 건강한 인간과 인성이해를 바탕으로 이루어져야 한다. 어린이는 생명의 근원과 중심을 드러내는 존재이고 건강하고 깨끗한 생명이 약동하고 원기가 솟아오르는 존재다. 어린이의 생명은 건강하고 기쁘고 신명이 나는 것이다.

생명은 물질의 법칙과 속박을 벗어나 기쁘고 신나는 것이며 서로 살림과 공존의 삶, 사랑과 평화를 이루는 것이다. 이성적으로 생명과 인간의 본성을 관찰하고 분석하는 것으로는 건강한 생명과 인간의 본성을 교육으로 고양시키고 향상시킬 수 없다. 생명에 대한 이성적 관조(觀照)는 생명에 대한 이해와 깨달음일 뿐이다. 이성의 관조와 관찰로는 해탈과 사랑의 기쁨과 신명, 서로 살림과 공존의 사랑과 평화를 모르고, 물질을 넘어 새 세계를 열고 창조하는 창조의 보람, 신생의 기쁨과 뜻을 모른다. 더욱이 이성의 관조와 관찰로는 건강하게 맥박치고 솟아오르고 나아가는 어린이의 생명을 자라게 하고 새롭게 창조적으로 진화하고 탈바꿈하게 할 수 없다.

교육의 목적은 건강하고 행복한 인간이 되게 하는 것이다. 건강하고 행복한 인간은 몸과 맘과 얼이 다 함께 건강하고 제 구실을 잘 하면서 몸과 맘과 얼이 하나로 통하고 고양되고 향상된다. 아리스토텔레스에 따르면 행복은 좋음(善) 그 자체를 실현하는 것이다. 좋음은 기능을 잘 하는 것이다. 조각가에게는 조각을 잘 하는 것이 좋은 것이다. 피리 연주자에게는 피리를 잘 부는 것이 좋은 것이다. '좋음, 잘'은 기능을 탁월하게 발휘하는데 있다. 인간의 좋음(善)은 인간의 고유한 기능인 이성의 능력을 잘 발휘하는 것이다. 그리스인들에게 덕(arete, 德)은 탁월한 능력이다. 기능을 잘 발휘하는 것이 좋음이고 '잘'이다. 좋음('잘')이 선이다. 좋음 자체, 가장 좋은 경지(최고선)에 이르는 게 행복이다. 인간의 고유한 기능은 이성을 잘 사용하는 것, 생각을 잘 하는 것이다. 이성의 기능을 잘 하는 것이 관조(觀照)다. 관조는 보고 알고 이해하고 깨닫는 것이다. 이론 theoria, theory는 봄, 보다(theorein)에서 나온 말이고 이데아(이념) idea도 보다(idein)에서 온 말이며 이데아와 같이 쓰이는 형상 Form도 눈에 보이는 모양, 꼴을 나타내는 말이다. 이성은 물질세계와 정신세계의 모양과 꼴을 관찰하고 관조하는 것이다. 이론을 탐구하는 이성적인 관조의 삶이 좋은 삶, 행복한 삶, 건강한 삶이다. 행복, eudaimonia는 좋은 정신, 영혼을 뜻한다. 로고스가 영혼의 본질과 신성을 나타낸다고 보았기 때문에 인간의 로고스인 이성이 잘 관찰하고 관조하면 좋은 영혼이 되고 행복한 삶이 된다는 것이다. 그러나 이성의 관찰과 관조로는 생명의 주체와 전체의 일치에 이르지 못하고 몸, 맘, 얼의 창조적 진화와 신생이 일어나지 않는다. 관찰과 관조로는 감성과 지성과 영성의 통합적인 실현과 완성이 이루어지지 않는다. 따라서 그것은 인간의 참된 행복과 건강에 이를 수 없다.

생명은 물질의 법칙적 제약과 물성적 속박을 벗어나 해탈과 해방의 기쁨과 신명, 자유와 사랑, 자발적 헌신과 희생에 이른 것이다. 유교에서 중용의 中은 천성, 하늘로부터 타고난 본성(天然之性)을 그대로 지키는 것이고 中和는 감정이 일어나도 고르게 조화를 이루어 일어나지 않은 것처럼 中에 이르러 천성(天然之性)을 지키는 것이다. 중용의 덕성과 품성은 천연지성, 하늘의 도와 이치, 천명을 지키는 것이고 하늘에 충실하고 하늘의 도리에 알맞게 되는 것이다. 감정이 일어나도 일어나지 않은 것처럼 내색하거나 표현하지 않는 것이다. 그러나 인성, 타고난 본성인 천성을 그대로 지키는 것으로는 생명진화와 천지인합일을 이룰 수 없다. 감정을 정화하고 승화하고 고양시키며 지성과 영성을 실현하고 고양시킬 수 없다. 천성은 하늘로부터 주어진 것이며 오랜 생명진화 과정을 거쳐서 형성된 것이고 오늘 나에게 전해진 것이다. 생명의 본성은 그대로 있는 것이 아니라 새롭게 변하는 것이고 진화하고 고양되는 것이며 끊임없이 탈바꿈하고 새롭게 다시 태어나는 것이다. 생명은 늘 새롭게 되는 것이고 스스로 하는 것이다. 천성은 그대로 지켜질 것이 아니라 탈바꿈해서 씨올처럼 깨지고 죽어서 싹트고 꽃과 열매를 맺어야 한다. 삼일신고에 나오는 성통공완(性通功完)은 본성을 통하게 하여 사명과 일을 완성한다는 말이다. 바탈, 본성을 뚫어서 싹이 트고 사람의 사명, 천명을 이뤄야 한다. 생명진화와 천지인 합일을 이루는 인간의 사명과 천명을 이루고 행복해지려면 인간의 속의 속에서 조건 없이 사랑과 자비가 흘러넘쳐야 한다. 사랑과 연민, 희생과 헌신의 자발성이 인성의 사명, 뜻, 보람을 이루게 하고 행복하게 하는 것이다. 그러려면 타고난 생명의 본성이 깨지고 뚫려서 탈바꿈하여 새롭게 되어야 한다. 타고난 본성을 지키려는 유교의 중용과 중화도 인성을 실현하고 완성하는 행복과 구원에 이를 수 없다.

오늘 한국의 교육에 서양 특히 그리스의 교육이념과 철학이 깊이 반영되어 있다. 교육의 목적과 관련해서 서양의 교육이념과 철학을 비판적으로 검토하고 대안을 마련하는 것은 매우 중요하게 여겨진다.

기능과 역량의 강화

그리스 철학에서는 교육을 통해서 인간의 기능과 역량을 강화하려고 했다. 인간의 기능과 역량을 강화하는 것이 오늘날에도 교육의 가장 중요한 목적이 되고 있다. 그리스에서 선(좋음)은 기능을 잘 하는 것이며, 덕은 기능을 잘하는 탁월한 능력이다. 좋은 조각가는 조각을 잘 하는 사람이고 좋은 피리 연주자는 피리를 잘 연주하는 사람이다. 기능을 잘 하는 것이 선한 것이고 좋은 것이다. 인간의 고유한 기능은 이성적 사유다. 이성적 사유를 잘 함으로써 인간의 고유한 기능을 잘 발휘하고 다른 기능들도 잘 발휘하게 할 수 있다. 그리스 교육의 목적은 기능과 역량을 강화하는 것이다. 그러나 진정한 교육의 목적은 기능과 역량의 강화가 아니라 인성을 총체적으로 실현하고 완성하는 것이다. 몸, 맘, 얼이 조화와 일치에 이르고 저마다 실현되고 완성되어 생명과 천명을 이루게 하는 것이다. 몸이 성하여 오감을 살리고 감성이 깊고 풍부하게 하고 맘이 놓여서 감정과 지성이 높고 맑게 하고 얼과 뜻을 태워서 참 나를 낳아 새 시대, 새 세상을 열어야 한다. 물질을 초월한 기쁨과 사랑이, 생명의 본성이 실현되면 감성, 지성, 영성이 심화 발전, 진화 고양되고, 개성과 창의가 발달하고 기능과 역량이 강화된다. 기능과 역량보다 인성의 고양과 실현이 먼저다. 이성이 깊고 자유로워져야 이성의 능력과 기능이 잘 발휘될 수 있다. 이성은 하늘의 얼과 신에 이르러야 깊어지고 자유로워진다.

덕성과 품성의 함양

그리스철학, 아리스토텔레스에게 덕성은 이성의 기능을 탁월하게 발휘하는 것이며 품성은 이성적 지혜, 이해의 덕과 관후함과 절제의 덕을 실현하는 것이다. 이성적 지혜와 관후, 절제의 덕은 모두 합리적 선택으로 중용, 알맞음에 이르는 능력이다. 알맞음의 기준은 국가적으로는 법이고 인간적으로는 이성적 사유의 합리성이다. 그러나 법과 합리성은 생명과 정신의 껍데기다. 법과 합리성은 인간의 본성을 깊고 온전하게 드러내고 실현하지 못한다. 유교에서 덕은 하늘의 본성과 도리에 충실한 것이다. 德, 悳(덕)은 直心 곧은 맘이다. 하늘의 명령과 뜻, 길과 법도에 충실한 것이 덕이다. 알맞음 中은 하늘의 길과 이치, 본성을 곧은 맘으로 지키는 것이다. 천성과 천도가 가운데, 中이다. 유교의 덕을 이루는 가운데(中)는 정태적이고 보수적이다. 주어진 천성과 천도를 지키는 것이기 때문이다.

생명진화와 천지인합일을 이루는 인간의 본성을 실현하고 완성하는 덕과 가운데는 보다 역동적이고 진취적으로 파악되어야 한다. 생명진화와 천지인합일의 가운데(中)는 사람 속에 있다. "사람 속에서 하늘과 땅이 하나로 된다."(人中天地一 천부경) 생명진화와 천지인합일을 이루는 '가운데'는 인성의 가장 깊은 속에서 창조적 변화와 신생의 중심으로 파악되어야 한다. 다석은 창조적 변화와 신생의 역동적 가운데를 가온찍기와 줄곧뚫림으로 설명했다. 가온찍기는 내 맘의 가운데를 한 점으로 찍어서 줄곧 뚫려 있게 함으로써 하늘과 소통하고 이웃 만물과 소통함으로써 인성이 새롭게 실현되고 완성되게 하는 것이다. 인성을 실현하고 완성하는 가운데는 하늘을 향해 솟아올라 나아감으로써 새로운 나가 되고 '새 나'를 낳는 가운데(알맞음, 중용,덕)이다. 그것은 변화 속에서 변하지 않는 중심을 지키고 생명의 목적과 뜻을 이루는 가운데(中)이다.

생명과 인성의 창조적 진화와 탈바꿈은 생명의 근원과 중심에서 이루어진다. 생명의 근원과 중심인 가운데에서 창조적 진화와 탈바꿈이 일어난다. 애벌레가 고치가 되고 고치가 나비가 되는 역동적 변화와 탈바꿈, 씨올이 깨지고 죽어서 새싹이 나오고 꽃과 열매가 나오는 창조적 변화, 낡은 나가 새롭고 참된 나로 바뀌고 십자가 죽음에서 부활의 생명에 이르는 갱신과 신생이 생명과 정신의 참된 가운데(中)이다. 생명과 정신의 속의 속에서 흘러넘치는 자발적 사랑과 헌신, 연민과 자비가 가장 높은 덕이고 가운데다. 자신의 몸과 맘과 얼을 하늘에 제사지내고 하늘의 아들/딸이 되어 하늘의 뜻을 이루는, 우주와 역사의 창조자, 구원자, 해방자가 되는 것이 가장 높은 덕이다. 우주만물과 자연생명과 인간이 허무와 썩어짐의 운명에서 벗어나 뜻과 보람, 영원한 생명과 가치에 이르게 하는 것이 인간의 책임과 사명이고 덕 있는 것이고 덕성과 품성을 온전히 이루는 것이다. 관후함과 절제, 이성적 지혜보다 하늘의 뜻을 이루는 사랑과 헌신, 흘러넘치는 사랑, 조건도 제약도 없는 헌신이 더 높은 덕성과 품성이다. 창조하고 사랑하고 함께 기뻐하고 신명나게 서로 살리고 공존하는 것이 높은 덕성과 품성이다.

뜻 교육

오늘 절실하게 필요한 것은 삶의 뜻과 보람, 천명과 사명을 가르치는 교육이다. 오랜 생명진화 과정을 거쳐서 하늘과 땅 사이에 곧게 선 사람은 과거와 현재와 미래를 하나로 잇고 새 세상을 여는 생의 주인이고 주체다. 인간은 역사와 우주에 뜻과 보람을 주는 존재다. 인간은 이성의 관조가 아니라 자신의 인성을 실현하고 완성함으로써 스스로 뜻을 가지고 우주와 역사의 뜻을 이루고 보람을 얻고 영원한 생명에 이르러야 한다. 사람을 통해서 역사와 우주, 자연생명과 인류사회는 뜻과 보람을 얻고, 영원한 생명에 이른다. 우주가 시작한 것(빅뱅)보다 생명이 생겨난 것이 더 위대하고 생명이 생겨난 것보다 인간이 태어난 것이 더 위대하고 인간이 태어난 것보다 하늘의 딸, 아들, 천자신손(天子神孫), 성현이 나오는 게 더 위대하다. 물성에서 생명으로 생명에서 인간으로 인간에서 천자로 탈바꿈하는 것이 생명진화와 천지인합일의 길이다.

4) 어린이 교육

교육은 생명을 낳고 이어가는 생명과 역사의 근본활동이다. 교육은 전체 대생명의 자발적이고 스스로 하는 근본활동이다. 부모와 교사는 생명과 역사의 근본활동을 도우며 그 활동에 참여하는 이다. 근본적으로 생각하면 교육은 지식을 주입하는 것도 본성 속에 주어져 있는 것을 이끌어내는 것도 아니다. 교육은 생명을 이어주고, 새롭게 하고 창조하고 낳는 일이다.

어린이교육은 어린이의 생명과 자아를 새롭게 형성하는 일이다. 어린이의 삶 속에서 십억 년 생명진화와 수 백만 년 인류역사가 압축적으로 짧은 시간 안에 되풀이된다. 어린이의 몸속에 맘과 얼이 깃들고 몸과 맘과 얼이 하나의 인성과 인격을 이룬다. 몸과 맘과 얼이 형성되고 하나로 통일되는 인성과 인격의 틀이 잡히는 것은 천지개벽이 일어나고 창조와 진화가 일어나는 것이다. 따라서 함부로 개입하거나 조급하게 변화를 주려고 해서는 안 된다. 하늘과 땅의 전체 대생명이 어린이의 인성을 형성하도록 기다려야 한다. 천지부모의 일에 맡겨야 한다. 어린이가 스스로 21세기를 알아가도록 도와야 한다. 어린이는 새 시대의 주인이고 제 시대를 제가 알아가고 제 시대를 맡아서 책임지고 이끌어야 하므로 부모와 교사는 섬기는 자세로 겸허하게 하늘의 자녀, 새 시대의 주인을 받들고 섬기는 자세로 안내하고 이끌어야 한다.

어린이의 짜증과 말썽에 깊은 주의를 기울여야 한다. 우주도 불편과 아픔이 있고 생명에도 고통과 시련이 있다. 몸에 맘이 열리고 맘에 얼과 혼이 깃드는 일이 편할 리만은 없다. 수학과 평면기하학의 세계는 고통과 시련을 모른다. 그러나 물질 속에 사는 몸은 아프고 맘은 괴로운 것이다. 불편과 아픔이 있어서 우주가 생기고 생명진화가 일어나고 인간의 갈등과 역사가 있는 것이다. 우주와 인생은 문제와 병, 아픔과 불편을 지닌 것이다. 어린이는 십억 년 생명진화의 고통과 시련, 실패와 좌절, 절망과 죽음을 통과하고 나온 존재가 아닌가? 우주와 생명진화의 고통과 불편이 어린이 속에 반영되어 있다. 어린이도 아픔과 불편을 가진 존재다.

씨올이 무거운 흙을 뚫고 솟아오르는 일이 연약한 씨올에게는 버거운 일이다. 어린 생명이 몸을 뚫고 맘이 열리고 맘을 뚫고 얼과 혼이 깃드는 일이 저절로 쉽게 될 리 없다. 어린이가 짜증을 부리고 말썽을 부릴 때 혼의 아구가 트기 위해서 천지개벽과 천지인합일이 일어나는 줄 알고 겸허하고 조심하여 받아주어야 한다. 함석헌은 아주 어린 시절, 알 수 없는 짜증과 불편으로 괴로움을 느낀 적이 있었다고 한다. 평소에 어린 함석헌을 귀하게 여겨 나무라는 일이 없던 부모가 까닭 없이 짜증내고 몸을 비꼬며 우는 함석헌을 "공연히 짜증낸다."고 꾸짖었다. 노년에 이른 함석헌은 어린 시절을 돌이켜 보면서 까닭 없이 짜증내는 자신을 나무랐던 부모가 잘못한 것은 아니었다고 생각하였다. 그러나 자기도 알 수 없는 자신의 짜증과 투정이 맘속 깊은 영혼의 얽힘에서 온 것으로 생각하면서 만일 어머니 아버지가 영혼의 얼크러짐에서 나온 짜증과 투정을 잘 받아주고 영혼의 얼크러짐을 펴주었다면 자신의 혼이 지금보다는 더 크게 자랐을 것이라고 하였다. 교사와 부모의 따뜻한 말 한 마디, 부드러운 손길, 다정한 웃음이 얼크러진 어린이의 영혼을 일으켜 세울 수 있다. 어린이를 대할 때는 기도하는 맘으로 정성을 다해서 받들고 섬겨야 한다. 어린애들이 까닭을 알 수 없이 우는 것은 "위대한 혼의 아구가 트려고 그러는지도 모른다."고 함석헌은 말했다. "사람의 한 마디 말, 한 손가락 댐이 어린이에게는 일생에 무슨 영향이 되는지도 모른다...교육을 한답시고 아이들보고 마구 욕을 하기와, 정치를 한답시고 민중을 함부로 덮어 누르는 것은 무섭고 끔찍한 살인이다...얼마나 많은 석가의 씨가 무지한 어미의 손에 망가지며, 얼마나 많은 예수의 싹이 잔인한 종교가의 말에 밟혀버리는 것일까?"[87]

---

87) 함석헌, "이단자가 되기까지", 함석헌전집4. 한길사 1983. 178~9쪽.

그러나 어린이는 천사도 아니고 신도 아니다. 어린이의 본성이 선한지 악한지 논하는 것은 적절하지 않다. 인성에 대한 성선설도 성악설도 관념일 뿐이다. 어린이도 본능과 감성과 지성과 영성을 가진 인간이다. 어린이 속에도 파충류, 포유류의 짐승이 살아 있다. 어린이에게도 식욕과 성욕이 있다. 어린이는 몸과 맘에 짐승과 같은 욕망과 감정을 품은 존재이면서 하늘 생명의 씨올을 품은 존재이며 천자와 신손이 될 거룩한 존재다. 어린이의 몸과 맘에는 하늘 생명의 거룩한 씨올이 심겨져 있고 사랑과 평화의 아름다운 뜻이 새겨져 있다. 욕망과 감정을 잘 길들이고 지성과 영성을 살려야 한다. 짐승 같은 본능과 감정을 잘 정화하고 승화해야 한다. 땅의 물질에서 하늘의 영에 이르는 생명진화의 길은 어렵고 힘든 길이다. 그러나 생명진화와 천지인합일에 이르는 이 길은 이미 뚫린 길이며 환히 열린 길이다. 어린이는 이 길을 다시 가야 한다. 하늘과 땅 사이에 곧게 서서 천지인합일을 이루며 살려는 인간의 삶은 한없이 기쁘고 보람찬 것이면서 말할 수 없이 힘들고 어려운 것이다. 모든 인생의 짐은 무겁고 길은 멀다. 쉽고 편한 인생은 없다. 힘들고 어려운 인생길을 가는 것은 생명과 정신 속에 한없는 보람과 기쁨, 아름다움과 값을 지녔기 때문이다. 앞으로 어린이가 이 고단하고 어려운 인생길을 가는 동안에 수많은 실패와 좌절, 시련과 고통을 겪으면서 기쁨과 보람, 성공과 승리를 맛볼 것이다.

돈과 기계가 지배하는 물질주의, 생존경쟁과 성공 출세주의가 지배하는 사회와 부모의 영향을 어린이도 쉽게 받는다. 어린이의 몸과 맘에 오염된 가치관과 인생관이 배어들 수 있다. 어린이도 못되게 굴고 말썽과 사나운 감정과 이기심으로 움직일 수 있다. 그러나 어린이는 무한한 가능성과 잠재성을 가졌다. 쉽게 바뀌고 변화할 수 있는 것이 어린이의 특징이다. 얼마든지 새롭게 될 수 있다. 어른은 바뀌기 어려워도 어린이는 바뀔 수 있다. 인생의 설계를 하는 때요 기초와 토대를 놓는 때다. 교사와 부모의 따뜻한 눈길과 말 한 마디가 어린이의 인생을 바꿀 수 있다. 교사와 부모가 정성을 다 해서 잘 도와야 한다. 새 시대의 주인공인 어린이들은 하늘 생명의 씨올을 품은 이들이며 천자 신손(神孫)이 될 이들이다.

어린이는 연약하고 새 시대를 모르기 때문에 어른이 진실하고 정성을 다해서 알려주어야 한다. 사랑과 헌신, 희생과 정성으로 이끌어야 한다. 유아기, 아동기, 사춘기 때는 새로운 자아가 형성되고 창조되는 때이므로 희생하고 헌신하는 이가 있어야 한다. 조건 없이 사랑하고 긍정하고 이해하고 받들어 주는 이가 있어야 한다. 어린이와 사춘기 아이들은 조건 없는 희생적인 사랑과 헌신, 정성과 보살핌에 힘입어 자신들의 자아를 형성하고 새 시대로 나아간다.

어린이의 시간은 단선적이고 계량적이지 않다. 어린이의 시간은 중층적이고 입체적이다. 어린이의 시간은 계산할 수 없는 것이다. 사람은 모두 저마다 다른 시간을 가지고 있지만 특히 어린이는 저마다 특별한 시간을 가지고 있다. 1) 우주 자연 환경의 질서와 흐름과 리듬, 철과 절기에 따르는 시간을 가지고 있다. 모든 생명체는 제 속에 생체시계를 지니고 있다. 땅의 물질적 리듬과 흐름, 질서와 절기에 따라 살고 움직이고 자라는 어린이의 시간이 있다. 2) 생명과 정신

속에 있는 주체적 시간을 가지고 있다. 생명, 정신, 얼이 시간의 중심과 근원이다. 어린이의 내적 생명, 영혼의 속의 속에서 과거와 현재와 미래가 하나로 만나고 있으며 영원한 새 시간이 생성되어 나오고 있다. 3) 어린이는 흥과 멋에 빠지면 시계나 시공간의 시간을 벗어나서 몰입하고 영원한 시간에 들어갈 수 있다. 주체의 '제'(나)와 때 '제'가 하나로 되면 제 때, 제 시간이 되면 흥과 멋이 나온다. 어린이와 시간이 하나로 되어, 어린이가 제 때 제 시간을 살면 신이 나고 흥이 나고 멋이 있다. 어린이의 교육은 어린이가 시간의 주인이 되게 하는 것이다. 우주 대생명의 리듬과 흐름 속에서 어린이의 생명이 맥박치고 뛰놀게 하라! 그러면 어린이의 몸과 맘에서 영원한 과거와 무궁한 미래가 하나로 되어 새로운 생명과 정신이 생성될 것이다. 어린이가 때의 주인이 되어 신이 나고 흥이 나서 멋지고 아름다운 창조하고 혁신하는 사람이 될 것이다.

생명 중심의 어린이인성교육

어린이교육은 생명 중심의 인성교육이 되어야 한다. 어린이는 생명의 씨올이다. 어린이를 새 생명, 새 정신의 씨올로, 새 시대, 새 나라, 새 세상의 주인으로 키우는 교육이 되어야 한다. 새 시대를 열고 만들어가는 사람으로 어린이를 길러야 한다. 새 시대를 열고 만들어가는 사람이 되려면, 새 시대, 새 세상의 주인이 되게 하려면 먼저 제 삶, 제 시간, 제 환경, 제 몸, 제 맘의 주인이 되어야 한다. 새 시대의 주인이 되기 위해서 어린이는 먼저 저답게 기쁘고 행복한 사람,

이웃과 더불어 살면서 보람과 고마움을 느끼는 사람, 주어진 환경과 인생을 창조적으로 멋지게 사는 사람이 되어야 한다.

어린이교육은 어린이가 사람 되고, 사람 노릇을 하게 하는 일이다. 어린이가 사람으로 되어 사람 구실을 하게 하는 일은 우주와 인생에서 가장 고귀하고 큰일이다. 어린이교육은 새 시대의 주인을 낳는 교육이다. 서양에서 교육을 뜻하는 pedagogy는 해방노예가 주인집 자녀를 시중드는 일이며, 교사를 뜻하는 pedagogue는 주인집 도련님의 길잡이, 보호자다. 어린이교사는 해방노예처럼 겸허하게 어린이를 섬겨야 하지만 부모의 심정으로 하늘의 거룩한 심정으로 정성을 다 해서 믿음과 사랑으로 어린이를 기르는 일에 헌신해야 한다. 어린이교육은 하늘이 맡긴 거룩한 일이다. 어린이는 새 나라의 주인이고 우주의 신령한 영혼이다. 하늘과 땅 우주 사이에 가장 존귀한 존재요 신령한 존재다. 어린이의 몸과 맘에서 생명진화와 천지인합일이 일어나고 천지개벽과 조화(造化)가 일어난다. 어린이는 새싹이 트고 자라는 것과 같아서 간섭하거나 강제할 수 없다. 어린이에 대한 일방적 교육, 계획과 의도에 따른 주입식 교육은 어린이를 망치고 파괴하는 교육이 될 수 있다. 그런 교육은 마치 새싹이 더디 자란다고 새싹의 목을 뽑아 올리는 것과 같다. 그런 교육은 어린 새싹 위에 독성 물질을 퍼 붇는 것과 같다. 그런 교육은 어린이를 살리고 기르는 교육이 아니라 짓밟고 죽이는 교육이다. 생명을 살리고 키우는 어린이교육의 기본원칙은 어린이로 하여금 '스스로 하고 스스로 되게 하라!'는 것이다.

어린이의 뇌와 감각기관들은 전체적으로 거의 동시에 빠르게 발달한다. 한 살이 되면 곧게 서서 생각하고 말하는 존재가 된다. 오감이 발달하고 감정과 의식, 지능과 생각이 발달한다. 어린이는 소화 흡수 배설을 통해 생명을 체험하고 사랑과 갈등 속에서 다른 사람을 만나고 자연만물을 알아가는 과정 속에 있다. 어린이는 자신과 타자에 대해서 무한한 호기심을 지니고 있다. 어린이로 하여금 즐거움으로 자연생명과 우주와 자기를 발견하고 만나고 알아가게 하라! 어린이의 몸과 맘에 감각, 감정, 생각이 올바로 틀 잡히게 사랑과 신뢰와 존중의 맘으로 돌보고 격려하라! 어린이의 몸과 맘에 하늘의 거룩한 뜻과 얼이 깃들게 하라! 어린이가 밥 먹고 배설하고 숨 쉬고 자고 놀고 노래하고 춤추고 다투고 넘어지고 울고 말하고 생각하는 가운데 생명의 기쁨과 사랑을 느끼고 하늘의 거룩한 얼과 뜻을 느끼게 해야 한다.

생명교육은 생명이 잘 자라도록 기르는 것이다. 기른다는 것은 '길게' 하는 것이다. '길다'(長)는 크고 오래 가고 잘 하고 좋은 것이다. 어린이와 어린이의 생명과 인성을 기른다는 말은 좋은 맘씨와 착한 성품, 잘 하는 것, 장점, 능력을 찾아서 알아주고 알려주고 키워주는 것이다. 쭉쭉 자라고 쑥쑥 커가는 어린이를 억누르고 꾸짖는 것보다는 잘하는 것, 장점과 능력을 찾아서 알려주고 칭찬해야 한다. 교사가 어린이의 착하고 좋은 맘씨와 성품, 좋은 점과 재주를 사랑으로 칭찬하고 키워 줄 때 어린이는 잘 자라고 어린이의 인성은 잘 길러진다. 사랑받고 칭찬 받을 때 생명은 가장 잘 자란다. 사랑받고 칭찬받을 때 사람은 가장 기쁘고 기쁠 때 생명은 가장 잘 자란다. 함석헌은 말했다. “너는 나를 기쁘게 하라, 내가 또 너를 기쁘게 하리라. 우리 맘은 기쁜 때에 가장 잘 자라기 때문이다. 추운 겨울날 줄어들었던 싹도 따뜻한 봄볕이 쬐면 곧 터져 나오는 모양으로 뜻 같지 않은 세상풍파에 상하여 움츠렸던 우리 맘도 어느 따뜻한 맘이 보내주는 사랑의 노래를 들으면 곧 기운을 펴 자라기를 시작하여 아름다운 생각이 여름 하늘의 구름처럼 피어오른다. 사람이 맘 속에 사랑하는 사람이 생기면 그 속 생명이 놀라운 속도로 자란다. 그 맘은 사랑하는 자를 기쁘게 하기 위하여 온 우주를 뒤타기[88] 때문이다. 사랑이 생긴 맘처럼 부지런한 것은 없고, 사랑이 생긴 맘처럼 민첩한 것은 없다. 치밀하기도 그에 비할 자가 없고 모험적이기도 그를 따를 이가 없다. 그는 쉬기를 잊어버리고, 잠자기를 고치며, 방법 찾기를 그만두고, 행복 구하기를 내던진다. 참말 세상에 어디서 따뜻한 말을 한 마디 들을 곳도 없고, 어디다 그것을 줄 곳도 없는 사람처럼 불행한 사람은 없다.”(‘맘을 다하라’ 함석헌전집 10권 365쪽)

88) ‘뒤다’와 ‘타다’를 결합해서 ‘뒤타다’란 말을 쓴 것 같다. ‘뒤다’는 ‘뒤지다’(무엇을 찾으려고 샅샅이 들추거나 헤치다)는 말이고 ‘타다’는 ‘올라타다’는 말이다.

5

교육내용과 방법:

신명나는 아이

획일적이고 정형화된 교육에서 자유롭고 다양하고 창의적인 교육으로

개성적이고 창의적인 '나'를 찾는 생명교육은 스스로 하고 스스로 되게 하는 교육이므로 획일화하고 정형화할 수 없다. 어린이교육의 기본철학과 방향을 가지고 자유롭고 다양하고 창의적으로 교육해야 한다. 어린이교육을 획일화하고 정형화하면 지식 중심의 주입식 교육이 될 수밖에 없고 이런 교육은 어린이의 몸과 맘과 얼을 살리는 교육이 아니라 억압하고 병들게 하고 죽이는 교육이다. 자유롭고 다양하고 창의적인 교육이 몸, 맘, 얼을 살리는 어린이교육의 근본이고 원칙이다.

1) 인성교육의 내용

생명진화와 천지인 합일이 이루어지는 인생은 오묘한 진리의 세계로 들어가는 문(중묘지문, 衆妙之門)이다. 인간은 땅의 물질에서 생명을 거쳐서 하늘의 영성에로 솟아올라 나아가면서 물성의 이치(物理), 생명의 본성과 이치(生理), 감성, 감정, 의식의 이치(心理), 지성과 영성의 도덕 종교적 이치와 법칙(道理)을 구현하고 실현한다. 물질과 생명과 정신의 다양한 차원과 본질의 오묘하고 풍성한 법도와 이치가 인간의 삶을 통해서 몸과 맘과 얼의 차원에서 실현된다. 인간의 인성, 몸, 맘, 얼은 우주와 자연생명과 역사와 신적 생명의 씨올이다. 우주와 자연생명과 역사와 신적 생명의 이치와 법도가 인성 속에 구현되어 있다. 어린이의 몸, 맘, 얼이 새롭게 형성되고 자라는 것은 우주만물과 생명과 정신의 오묘한 법칙과 이치를 구현하고 실현하는 것이다. 따라서 인성, 몸, 맘, 얼을 탐구하고 아는 것은 우주와 생명과 역사와 신을 탐구하고 아는 것이고 우주와 생명과 역사와 신을 아는 것은 인성을 아는 것이다.

몸은 우주 만물의 이치와 법도를 실현하고 드러내며 맘은 생명과 역사의 이치와 법도를 실현하고 드러내며 얼은 하늘과 신의 법도와 이치를 실현하고 드러낸다. 우주만물은 물질의 법칙과 이치를 드러내고 실현하며 생명은 생명의 이치와 법도를 드러내고 실현한다. 맘은 맘의 이치와 법도를 드러내고 실현하며 얼은 하늘의 얼과 신의 법도와 이치를 드러내고 실현한다. 어린이의 몸과 맘과 얼이 형성되는 과정에서 우주와 생명과 정신의 오묘하고 풍성한 이치와 법칙이 실현된다. 물질과 생명과 정신 사이에, 몸과 맘과 얼 사이에 내적인 비약과 초월, 질적 차이와 고양(高揚)이 있다. 물질, 생명, 정신, 몸, 맘, 얼을 탐구하고 안다는 것은 물질, 생명, 정신/ 몸, 맘, 얼 사이의 초월적 차이와 비약적 고양을 이해하고 안다는 것이다.

어린이가 하늘과 땅 사이에서 곧게 서서 걷기 시작하면서 생각하고 말하게 되는 것은 우주와 생명과 정신(천지인)의 이치와 법도를 드러내고 실현하는 것이다. 인류가 하늘과 땅 사이에 곧게 서서 걷기 시작하면서 인후와 인두기관이 발달하여 오묘하고 다양한 소리를 낼 수 있게 되었고 말할 수 있게 되었다. 말은 이치와 법도, 본질과 뜻을 드러내고 표현하는 것이다. 숫자는 오묘한 법도와 이치를 평면적으로 단순하게 나타내는 것이고 말은 입체적이고 다양하게 나타내는 것이다. 말은 수단이고 목적이다. 본래 로고스는 말과 법칙, 수를 헤아리는 것을 함께 나타내는 말이다. 말은 이치와 논리, 법칙과 질서를 나타내는 것이다. 말은 서로 다른 주체들 사이의 소통과 연락이다. 소통과 연락은 공통적이고 보편적인 논리와 이치, 법칙과 질서를 바탕으로 이루어진다. 수는 2차원 평면의 세계에 속한다. 수는 크기와 분량의 차이를 규칙적이고 객관적이고 추상적으로 평면적으로 나타낸다. 수는 질적 차이, 질감(質感), 내적 초월과 비약을 나타낼 수 없다. 말은 하늘과 땅 사이에 직립한 인간이 하늘과 땅 사이, 인간과 인간 사이, 인간과 만물 사이에 소통하고 연락하고 표현하고 실현하는 것이다. 몸, 맘, 얼 사이에 물질과 생명과 정신 사이에 서로 뚫리고 이어져 있으면서 서로 다르고 비약적 고양과 초월이 이루어져 있음을 드러내고 표현하고 실현하는 것이다.

어린이생명교육의 목적과 내용과 방법은 몸이 성하고 맘이 놓이고 얼과 뜻이 타오르게 하는 것이다. 어린이는 스스로 하고 스스로 되는 존재다. 교사와 부모는 어린이가 스스로 하고 스스로 되도록 믿음과 사랑과 정성을 가지고 돕고 섬겨야 한다. 몸이 성하게 하고 맘이 놓이게 하고 얼과 뜻이 생동하게 하는 것은 일반적인 인성교육의 목적이고 내용이고 방법이다. 어린이는 연약하고 스스로 생존할 수 없는 존재이므로 특별한 보살핌과 섬김을 필요로 한다. 스스로 생존할 수 없는 존재를 스스로 하고 스스로 될 수 있도록 보살피고 돕는 것이 어린이교육의 핵심이다.

몸성히

어린이도 스스로 숨 쉬고 밥 먹고 소화 흡수 배설을 하면서 살아간다. 그러나 어린이는 바르고 건강한 몸가짐과 자세를 배우고 익히지 못했으며, 음식을 마련하고 선택하고 알맞고 바르게 식사하고 설거지하는 일을 스스로 하지 못한다. 몸은 땅의 흙과 긴밀한 관계를 가지고 있다. 성경에 따르면 하나님은 흙을 빚어서 사람의 모습을 만들고 하나님의 생기를 코에 불어넣음으로써 사람을 창조했다. 사람의 몸은 흙으로 빚은 것이며 하나님(하늘)의 생기를 숨 쉬고 사는 존재다. 몸은 흙에서 난 곡식과 채소, 그리고 그 곡식과 채소를 먹고 사는 짐승들의 고기를 먹고 형성되고 지탱된다. 그런 의미에서 몸은 흙으로 빚어진 것이다. 유영모는 밥 먹고 소화 흡수 배설하는 것은 흙으로 흙을 빚는 것이라고 하였다. 몸은 흙이고 음식도 흙이니 음식을 먹고 소화 흡수 배설하는 것은 흙으로 흙을 빚는 것이다. 그래서 예로부터 신토불이(身土不二), 몸과 흙이 둘이 아니라고 한 것이다. 사람의 몸은 땅의 흙과 긴밀한 순환관계에 있으므로 몸이 성하려면 몸과 땅(흙)이 건강하고 바른 관계를 가지고 소통하고 연락해야 한다. 몸은 땅의 기운과 흐름과 질서와 법도를 받아서 살아간다. 땅의 좋은 기운과 도움을 받아 살아야 몸이 성하게 된다. 먹거리는 그 지역에서 난 싱싱하고 깨끗한 곡식과 채소여야 한다. 그 지역의 산과 강, 들과 하늘의 대기(大氣), 하늘과 땅의 기운이 담긴 바람을 숨쉬고 맑고 깨끗한 물을 마셔야 한다.

몸이 성하려면 숨을 깊고 바르게 쉬고 밥을 알맞게 먹어야 한다. 교사와 부모는 어린이와 함께 숨을 깊고 편안하게 쉬고 밥을 알맞고 바르게 먹는 법을 가르치고 실천해야 한다. 어린이의 몸이 스스로 저절로 바르고 깊고 편안한 숨을 쉬도록 가르쳐야 한다. 밥을 알맞고 바르게 먹는 습관과 태도가 몸과 맘에 배게 해야 한다. 이것은 억지로 강요해서 될 일이 아니다. 부모와 교사가 함께 자연스럽게 숨쉬고 밥 먹는 바르고 건강한 습관과 태도를 배우고 익혀야 한다. 몸과 맘에 익히면 시키지 않아도 바르게 숨 쉬고 알맞게 먹는 몸과 맘이 될 것이다. 몸이 알아서 바르게 숨 쉬고 알맞게 먹는 데까지 가야 한다. 몸이 스스로 알맞게 먹고 마시는 법을 익히면 지나치게 많이 먹거나 적게 먹는 일이 없을 것이다.

몸은 하늘의 바르고 큰 기운을 숨 쉬어야 한다. 몸은 땅의 기운을 받아 살 뿐 아니라 하늘 기운을 받아서 산다. 밥을 알맞게 먹어서 땅의 기운이 두텁고 든든하게 몸에 쌓이게 하고 하늘의 바르고 큰 숨을 쉬어서 하늘의 크고 맑은 기운이 몸속에 가득 차게 해야 한다. 몸속에서 하늘기운과 땅의 기운이 하나로 만나서 생명과 정신이 깊고 높이 드러나고 실현되어야 한다. 몸이 성하려면 하늘과 땅 사이에서 몸이 노래하고 춤추게 해야 한다. 하늘과 땅의 기운이 어린이의 몸속에서 하나로 어우러지면 생의 약동과 진화가 몸속에서 일어나고 노래와 춤이 나온다. 하늘의 기운과 땅의 기운이 몸속에서 생동하면 몸이 성하고 몸이 성하면 맘을 놓을 수 있고 맘이 놓이면 얼과 뜻이 타오를 수 있다.

맘이 놓이게

어린이가 맘이 놓이지 않으면 불안하고 불안하면 맘이 위축되고 억눌린다. 그러면 인격은 쪼그라들고 품성은 거칠고 비뚤어지고 일그러진다. 맘이 불안하고 위축되면 사나운 욕심과 거친 감정이 몸과 맘을 지배한다. 그렇게 되면 몸도 맘도 반듯하고 떳떳하게 자라지 않고 자신감을 잃고 과장하거나 허영에 빠지는 사람이 되기 쉽다. 어린이의 맘이 놓이게 하려면 삶에 안정감을 줘야 한다. 어린이의 주변 환경이 안정되고 평안해야 한다. 무엇보다 부모와 교사가 어린이를 믿어주고 존중하고 사랑과 정성으로 보살펴야 한다. 어린이가 사랑받고 존중받으면 자연스럽게 어린이의 맘이 놓이게 된다. 교사와 부모는 어린이를 대할 때 한결 같아야 한다. 변덕스러운 부모와 교사가 있으면 어린이의 맘이 놓이지 않는다. 서로의 존재에 대해서 고맙고 감사한 맘을 가질 때 어린이와 교사가 서로 맘이 놓이고 편안해진다. 맘이 놓이면 몸도 씩씩하고 활기차게 되고 인격과 품성도 바르고 크게 틀이 잡힌다. 어린이가 짜증을 내고 말썽을 부릴 때 십억 년 생명진화와 2백만 년 인류사를 생각하면서 인내심과 여유를 가지고 참고 기다려야 한다. 어린이가 자신의 잘못된 생각과 감정을 생명진화와 천지인합일의 큰 뜻과 방향에 비추어 스스로 바로잡고 펼 수 있도록 가르치고 이끌어야 한다.

얼과 뜻이 타오르게

어린이를 존중하고 믿어주고 사랑하는 것이 어린이를 버릇없고 저밖에 모르는 사람으로 만들어서는 안 된다. 사랑과 존중은 하늘과 땅의 절도(節度)와 도리에 맞아야 하고 생명진화와 천지인합일을 이루는 것이어야 한다. 어린이에 대한 믿음과 존중과 사랑과 고마움이 어린이를 교만하고 고집 세고 이기적인 인간으로 만들어서는 안 된다. 어린이에 대한 부모와 교사의 사랑과 존중은 어린이의 인격과 품성이 아름답고 고귀하게 형성되도록 이끌어야 한다.

어린이는 어린이답게 기쁘고 신명나는 어린이로 자라야 한다. 그러나 기쁨과 신명 속에서 어린이의 인격과 품성이 얼과 뜻이 하늘처럼 높고 맑으며 산과 들, 강과 바다처럼 그윽하고 깊고 의젓해야 한다. 알게 모르게 사랑과 정성으로 하늘의 높고 밝은 기운과 땅의 깊고 두터운 기운이 어린이의 몸과 맘속에 스며들고 배어들어서 얼과 뜻이 씨울처럼 심겨지고 싹이 트고 불꽃처럼 타오르게 해야 한다.

어린이의 몸과 맘속에서 하늘의 크고 높은 얼과 뜻이 심겨지고 타오르게 하려면 하늘의 맑고 시원한 바람이 불어오고 하늘의 높고 거룩한 뜻이 드러나는 교육이 되어야 한다. 물질적 인과율과 이해관계를 넘어선 따뜻하고 아름다운 사랑이 교사와 부모의 말과 행동, 표정과 태도에서 드러나고 표현되어야 한다. 어린이의 생명과 영혼을 존중하고 섬기는 순수한 헌신과 희생의 정신이 교육의 바탕이 되어야 한다. 돈벌이로만 교육을 하고 직업적으로만 교육을 한다면 그것은 노예가 하는 교육(페다고지)에 지나지 않는다. 교사와 부모의 몸과 맘속에서 흘러넘치는 사랑과 헌신의 정신이 살아 있어야 한다. 속에서 흘러넘치는 사랑과 헌신의 정신과 태도만이 어린이의 영혼과 뜻을 바르고 높게 세울 수 있다. 교사와 부모의 몸과 맘속에 하늘이 열리면 어린이의 몸과 맘속에도 하늘이 열릴 것이다. 교사와 부모의 몸과 맘에 하늘의 자유와 사랑이 드러나면 어린이의 몸과 맘속에서 하늘의 자유와 사랑이 솟아날 것이다.

2) 어린이인성교육 방법 10가지

어린이인성교육은 어린이의 인성이 잘 형성되고 발달하고 고양되게 하는 것이다. 기계나 상품이라면 제작하고 만들어 줄 수 있겠지만 어린이의 인성은 제작하거나 만들어 줄 수 없다. 어린이가 스스로 제 몸과 맘과 얼의 본성을 실현하고 완성하도록 교사와 부모는 돕고 격려하고 안내하고 이끌 수 있을 뿐이다. 어린이인성교육은 어린이가 인성을 잘 형성하고 기를 수 있도록 격려하고 이끄는 일이다. 어린이와 어린이의 인성을 잘 이해하고 어린이에 대한 사랑과 정성으로 믿음과 신뢰를 가지고 어린이를 격려하고 이끌어야 한다. 어린이를 격려하고 이끄는 10가지 방법과 지침을 제시한다.

(1) 솟아올라 나아가게 하라!

어린이는 하루가 다르게 몸, 맘, 얼이 자라고 크고 새롭게 된다. 어린이의 몸과 맘속에서 하늘의 기운과 땅의 기운이 어우러지며 십억 년 생명진화와 우주 대생명의 천지인 합일이 일어난다. 어린이의 몸과 맘에는 생의 원기가 약동한다. 몸, 맘, 얼이 새롭게 태동하므로 가만히 있을 수 없다. 몸, 맘, 얼이 새롭게 열리고 시작하니 살아서 꿈틀거리고 새롭게 변화한다. 날마다 하루가 다르게 쑥쑥 쭉쭉 자라고 큰다. 어린이는 어린이답게 생기 넘치고 활발하게 키워야 한다. 어른의 심정과 느낌으로 생각과 판단으로 어린이를 억누르고 통제하려고 해서는 안 된다.

어린이의 몸과 맘과 얼 속에서 천지인합일과 생명진화가 일어나게 하라! 어린이의 몸과 맘과 얼이 솟아오르고 앞으로 나아가게 하라! 몸과 맘이 쭉쭉 뻗고 솟아오르고 나아가게 해야 한다. 어린이의 몸이 성하고 맘이 놓이고 얼과 뜻이 타오르게 하라. 어린이의 기가 살아나게 하라. 어린이의 기를 살려주는 교육이 되어야 한다. 소리지르고 뛰어놀게 하는 것만으로는 어린이의 인성교육이 된다고 할 수 없다. 몸의 기운이 씩씩하고 성하면서 맘의 생각과 감정이 잘 피어나고 바르고 곧게 자라나도록 해야 한다. 더 나아가서 하늘의 높은 뜻이 깃들고 하늘 생명의 싹이 트게 해야 한다. 생각과 감정만이 아니라 높은 뜻과 영감이 어린이의 몸과 맘에 깃들게 해야 한다. 몸에는 바른 기운이 맘에는 맑은 생각과 감정이, 얼에는 뜻이 살아 있게 해야 한다. 바른 기운이, 맑은 감정과 생각이, 높은 뜻이 솟아오르게 하고 나아가게 하라!

(2) 숲 교육: 숲에서 놀게 하라

콘크리트 벽으로 둘러싸인 공간에서 지식 중심의 교육을 하면 아이들의 생기와 인성은 메마르고 창의력과 상상력은 고갈된다. 숲은 큰 우주와 소통하고 자연생명세계와 교감하는 열린 공간이다. 우주와 자연생명이 살아 숨 쉬는 숲에서 아이들을 교육하면 아이들의 몸, 맘, 얼에서 아이들의 인성이 살아나고 창의력과 상상력이 솟아난다. 숲에서 하늘과 땅 사이서 노래하고 춤추게 하라!

본래 교육과 예배는 노래와 춤의 축제로 이루어졌다. 노래와 춤의 의식(儀式)이 고대 인류의 교육과 예배였다. 제정일치 시대에는 무당(巫堂)이 제사장이고 군왕이었다. 무당의 무(巫)는 하늘과 땅 사이에서 사람들이 함께 춤추며 하늘과 땅을 소통하게 하는 것을 나타내는 글자다. 하늘과 땅 사이에서 몸, 맘, 얼이 노래하고 춤추게 하라. 하늘과 땅 사이서 숲 속에서 노래하고 춤추다 보면 몸은 생기가 넘치고 맘은 기쁘고 신이 나며 얼은 높은 뜻을 품게 된다. 그러므로 몸으로만 노래하고 춤추는 게 아니라 맘으로도 얼로도 춤추고 노래하게 해야 한다. 땅의 기운과 하늘의 기운으로 노래하고 춤추게 하라.

어린이의 몸과 맘에서 하늘의 기운과 땅의 기운이 하나로 만나게 하라. 하늘의 기운과 땅의 기운이 만나면 저절로 노래하고 춤추게 되고 영감이 떠올라 창조하고 새 세상을 꿈꾸게 된다.

어린이는 우주와 자연생명의 주인이고 주체다. 어린이로 하여금 자신의 시간과 공간을 누리게 하고, 우주만물과 자연생명과 함께 놀게 하라. 노래하고 춤추고 뛰어놀면서 어린이는 우주와 생명과 정신의 이치와 법도를 배우고 익히게 될 것이다. 숲에서, 밖에서 자연과 어울리게 하라. 자연의 품에서 자라게 하라! 우주만물과 자연생명이 어린이의 스승이 될 것이다. 숲이 스승이다. 자연이 가르치고 길러준다. 숲, 산, 강, 나무, 꽃, 바다, 하늘, 흙, 자연 만물은 수 십 억 년 오랜 세월 갈고 닦고 씻어서 이루어진 것이다. 숲에서 만나는 자연만물과 생명은, 햇빛과 바람은 경솔하거나 변덕스럽지 않고 한없이 깊고 두텁고 오묘한 것이다. 자연의 산과 강은 맑고 그윽하여 사람의 깊은 인격과 성품을 닦아준다. 숲은 인성교육의 아름답고 거룩한 도장이다.

자연생명세계가 살아 숨 쉬는 숲은 영감과 창조, 상상력과 생명력의 원천이다. 과학기술은 자연생명세계를 흉내 낸 것이고, 문학과 예술은 자연생명을 느끼고 그린 것이며, 철학과 종교는 자연생명의 주체와 전체를 깨닫고 드러내는 일이다. 위대한 과학자들 가운데 많은 사람이 자연생명세계에서 영감을 얻고 깨우침을 얻었고 오늘의 많은 첨단과학은 자연물질과 생명을 모방한 것이다. 과학기술은 물질과 생명의 이치와 신비를 드러내고 실현하자는 것이다. 위대한 과학자, 문학자 예술가 철학자 종교인을 기르려면 숲, 자연생명세계서 상상력과 영감을 얻게 하라. 과학기술과 산업물질문명의 창조적 주인과 주체가 되려면 기계와 물질과 제도를 배우고 익히는 데서 머물지 말고 숲에서 생명력과 영감과 상상력을 길러야 한다. 자연만물과 생명세계를 깊이 체험하고 아는 만큼 감성과 지성과 영성이 깊어지고 밝아지고 높아질 것이다.

(3) 몸과 맘으로 하늘을 우러르게 하라!

어린이로 하여금 푸른 하늘을 보게 하라. 우리는 하늘 열고 나라를 세운 한겨레이고 하늘을 그리워하고 하늘을 우러르며 살아온 민족이다. 우리 선조들은 밝고 따뜻한 삶을 위해서 해 뜨는 동쪽, 밝고 환한 땅을 찾아온 사람들이다. 하늘의 해와 달과 별을 보게 하라. 어둠을 밝히며 떠오르는 해, 세상을 붉게 물들이며 지는 해! 밤하늘의 달과 별을 보게 하라. 눈부시게 빛나는 태양, 밝고 뚜렷한 달, 신비한 별들, 밝고 환한 하늘을 가슴에 품고, 시원한 대기를 숨 쉬는 사람은 큰 뜻을 품게 되고 따뜻한 맘을 지니게 되고 떳떳하게 말하고 행동하는 사람이 될 것이다. 하늘을 품고 모시고 사는 사람은 실패와 좌절의 과거를 벗어나고 현실의 속박과 제약을 떨쳐버리고 새로운 미래를 여는 용기와 힘과 지혜를 갖게 될 것이다. 하늘을 품은 사람은 새 세상과 새 역사를 창조할 용기와 지혜를 갖게 될 것이다.

하늘을 머리에 두고 곧게 서게 하라. 아무리 자주 넘어지고 쓰러져도 다시 하늘을 향해 일어서는 믿음과 희망을 갖게 하라. 몸과 맘에 하늘을 품고 하늘을 우러르는 사람은 땅의 물질적 힘과 속박에

굴복하지 않는다. 아무리 많이 넘어져도 다시 일어나는 믿음과 용기를 갖게 된다. 어린이가 넘어지고 쓰러지면 씩씩하게 일어나게 하라. 하늘을 향해 일어나는 어린이로 길러라. 하늘을 생각하고 하늘을 우러르는 어린이의 몸과 맘속에 얼 힘이 솟아날 것이다. 몸과 맘에 바른 기운이 솟구칠 것이다. 생명교육의 핵심은 얼과 혼의 힘을 기르는 데 있다. 사람은 하늘에 머리를 두고 곧게 서서 사는 존재다. 우리 겨레는 하늘을 우러러 한 점 부끄러움이 없는 삶을 추구했다. 하늘을 우러르면 바른 기운이 살아나고 얼과 혼의 높은 뜻과 힘이 자라난다.

하늘은 생명의 근원과 중심이다. 하늘에서 생명의 주체와 전체가 온전히 드러나고 생명과 인간의 본성이 탈바꿈하여 새롭게 될 수 있다. 억지로 계획적으로 인간의 인격과 성품을 바꾸고 변화시킬 수 없다. 생명의 근원과 중심인 하늘에 이르면 얼과 혼이 힘차게 되고 인성은 스스로 새롭게 되고 거듭나고 고양되고 크게 자란다. 하늘의 지극한 사랑과 정성으로 하늘의 곧음과 평화로 어린이를 섬기고 돌보면 어린이의 인성은 깊어지고 새롭게 되고 크게 고양된다.

(4) 오감을 느끼고 체험하게 하라.

몸의 감각은 시각, 청각, 후각, 미각, 촉각의 오감으로 이루어져 있다. 시각을 빼놓고는 감각의 대상들이 자신의 존재를 알려주고 전해주는 것을 받아들이는 것이다. 촉각은 사람의 몸과 감각대상이 서로 자신을 내어주고 맞닿음으로써 서로 인정하고 받아들이는 것이다. 존재와 생명의 개방이고 수용인 촉각은 존재와 생명을 내맡기는 매우 모험적이고 위험한 감각이다. 촉각은 자신의 존재를 열고 다른 존재를 받아들이는 놀라운 체험이고 행위다. 미각은 대상의 존재를 녹이고 수용하는 과정에서 대상의 존재와 성격을 경험하는 것이다. 후각은 대상이 풍기는 물질적 신호를 받아들이는 것이다. 청각은 대상이 울리는 파동을 받아들이는 것이다. 시각은 대상이 자신의 존재를 제시하거나 알리지 않는데도 일방적으로 대상을 지각하는 것이다. 시각에서는 대상의 적극적이고 주체적인 참여가 없다. 그러나 깊이 생각하면 시각도 대상이 반사하는 빛을 보는 것이다. 빛이 없으면 시각은 기능을 하지 못한다. 눈에 들어온 빛으로 대상이 반사하는 빛을 본다는 점에서 시각도 일방적인 것만은 아니다. 시각을 포함해서 모든 감각은 부분적이고 표면적이다.

몸의 감각은 자연만물이나 생명에 대한 인간의 주체적인 생명 체험이다. 감각은 느낌을 낳고 느낌은 감정을 낳고 감정은 생각과 의식을 품고 생각과 의식 속에 지성과 영성이 있다. 따라서 감각은 느낌, 감정, 생각, 지성, 영성과 이어져 있다. 계산기계인 컴퓨터나 사진기는 언제나 정해진 자료와 데이터를 받아들일 뿐이다. 조건과 상황이 동일하다면 기계는 언제나 똑 같은 자료와 데이터를 받아들인다. 그러나 생명을 가진 인간의 감각은 조건과 상황이 동일하다고 해도 동일한 감각과 느낌을 갖는 것이 아니다. 사람의 감각과 느낌에는 질적 차이가 있다. 사람마다 감각을 받아들이고 느끼는 내용과 정도가 다르다. 같은 사람이라고 해도 그 사람의 심정과 처지에 따라서 감각과 느낌의 내용과 정도가 다르다. 같은 꽃과 나무를 보고도 시인, 화가, 음악가, 철학자, 종교인은 다른 느낌과 생각을 가질 수 있다. 같은 사람이 같은 산을 보더라도 어제 본 산과 오늘 본 산의 느낌이 아주 다를 수 있다. 감각 속에는 느낌과 감정이 감정 속에는 생각과 지성이 생각과 지성 속에는 영성과 신성이 깃들 수 있다. 인간의 감각 속에서 한없이 깊고 높은 세계가 열릴 수 있다.

어린이인성교육은 감각에서 시작된다. 몸으로 느끼면 생각도 나고 생각도 깊어지며 뜻도 깨닫고 높아진다. 생각하면 생각이 나고 생각이 깊고 풍부해지면 느낌도 깊고 섬세해지며 감각도 다양하고 풍부해진다. 뜻을 알고 느끼면 느낌도 생각도 깊고 풍성해지며 감각도 날카롭고 민감해진다. 춤추고 노래하며 노는 가운데 감각, 느낌, 생각, 뜻이 자라고 커진다. 몸으로 느끼고 생각하면서 물질세계의 신비한 깊이와 조화, 지식과 법칙을 배우게 하라! 스스로 생각하게 하라! 감각, 느낌, 생각, 뜻, 감성, 지성, 영성은 서로 다른 차원이면서 뗄 수 없이 결합되어 있다. 어린이의 감각과 느낌을 살려야 한다. 감각과 느낌이 살면 생각, 뜻도 살아난다. 우주의 물질과 사람의 몸에는 생명과 정신과 영에 통하는 신비의 문이 있는 것 같다. 물성과 지성과 영성은 상통(相通)한다. 오감을 통해 몸과 물질세계의 신비한 문이 열리게 하라! 몸, 맘, 얼이 건강해지고 느낌과 감정과 생각이 바로 서고 얼과 혼이 깊고 커질 것이다.

숲, 자연은 생명의 품이고 하늘과 땅의 기운을 숨 쉬고 받을 수 있는 자리다. 햇빛, 바람, 물, 새소리, 나무와 꽃을 만나고 느끼게 하라! 감성과 지성과 영성이 피어나리라! 몸으로 따뜻한 햇볕과 시원한 바람을 느끼면 저절로 기쁘고 고마운 맘이 난다. 목마른 사람에게 깨끗하고 시원한 물이 얼마나 소중하고 고마운가! 굶주린 이에게 밥과 과일이 얼마나 소중하고 좋은가! 숨이 막히고 답답한 사람에게 맑고 시원한 대기는 얼마나 고맙고 좋은가! 이 우주에 생명이 없다면 바람과 물, 햇빛과 흙이 얼마나 소중하고 고마운 것인지 어찌 알겠는가? 이 우주에 사람이 없다면 누가 우주 만물의 값과 아름다움을 드러내고 실현하겠는가? 어린이로 하여금 햇빛과 바람이 고맙고 좋고 즐거운 것임을 느끼게 하라! 그러면 몸 맘 얼이 쑥쑥 자라리라! 빛과 대기와 물과 흙이 아낌없이 자신을 내어주기 때문에 생명이 생겨나고 지탱되고 진화하고 고양되는 것이다. 우주만물의 거룩한 희생과 사랑으로 우리가 먹고 마시고 숨 쉬고 생각하고 살 수 있는 것이다. 기쁘고 고마운 맘으로 숲에서 숨 쉬고 뛰어놀고 즐기게 하라. 그러면 어린이의 인성이 옹글게 실현되고 발달하고 고양될 것이다.

(5) 고맙고 따뜻한 맘, 착하고 바른 맘을 길러라!

양심과 지성을 지닌 사람이 되게 하라! 양심을 살리고 기르는 일이 인성교육의 중심이다. 몸, 맘, 얼로 이루어진 인성의 가운데는 맘이다. 맘이 몸과 얼을 잇고 하나로 되게 한다. 착한 맘, 좋은 맘을 키우고 못된 맘, 나쁜 맘을 누르는 일이 교육의 핵심이다. 맘이 깊고 굳세고 강인한 사람은 어떤 일을 하고 어떤 처지를 당하든 잘못되는 일이 없을 것이다. 양심은 물건처럼 따로 있는 게 아니다. 있다고 믿으면 있는 것이고 없다고 버리면 없는 것이다. 맘을 깊이 파고 갈고 닦고 높이고 고양시키면 우주보다 크고 하늘보다 높은 것이다. 맘이 쪼그라들고 막히면 바늘 한 개도 꽂을 수 없지만 맘을 열고 펼치면 무한 우주를 담고도 남는다.

사람이 사람답게 산다는 것은 나쁜 맘을 버리고 좋은 맘을 길러 가는 것이다. 순간순간, 어떤 상황과 일을 만나든지 나쁘고 못된 맘을 누르고 착하고 좋은 맘을 살려야 한다. 남에게 해를 끼치고 생명을 파괴하는 거짓되고 잔혹한 맘을 버리고 생명을 살리고 키우는 어질고 착한 맘을 길러야 한다. 바르고 곧은 맘을 가지면 몸과 맘속에 바른 기운이 길러진다. 상황과 조건이 아무리 어렵다 해도 맘을 굳세고 씩씩하고 떳떳하게 가져야 한다. 실패와 패배, 잘못과 허물, 가난과 고통, 질병과 슬픔, 절망과 죽음 속에서도 양심은 곧고 바르게 지켜야 한다. 양심만 바로 지키면 실패도 패배도 가난도 질병도 죽음마저도 이길 수 있다.

양심 속에는 얼과 혼이 있다. 양심은 착하고 어진 맘이며 바르고 깨끗한 맘이고 지성과 감성으로 옳고 그름, 좋고 나쁨을 분별할 수 있는 맘이다. 양심이 힘 있게 살아나려면 지성과 감성이 바로 쓰이려면 얼과 혼이 살아 있어야 한다. 얼과 혼의 힘을 키우는 것이 양심을 살리고 기르고 지키는 것이다. 양심이 없으면 얼과 혼도 시들고 지식과 기술도 생명과 정신을 해치게 된다. 지식, 기술, 정보를 배우고 익히는 일도, 놀이, 사귐, 운동도 다 얼과 혼의 힘을 키우는 일이 되어야 한다. 활을 쏘고 씨름을 하고 축구, 야구, 배구를 해도 결국 얼과 혼의 힘이 커지고 높아져야 한다. 어린이 교육은 어린이의 몸,

맘, 얼을 기르고 실현하고 높이는 일이 되어야 한다. 몸이 성하면 맘이 놓여서 양심이 살아나고 양심이 살아나면 얼과 혼이 힘차게 살아난다. 교육은 몸을 성하게 놀리는데서 시작하고 양심을 기르고 살리는 데로 나아가고 얼과 혼의 힘을 기르고 키우는 데로 나아간다.

(6) 어린이의 눈으로

어린이의 몸은 아직 온전히 발달하지 않았지만 몸의 기관과 신경체계가 전체적으로 새롭게 형성되고 발달하고 있다. 뇌신경구조와 체계도 전체적으로 새롭게 형성되고 발달하지만 아직 온전히 발달하지 않았다. 심리와 감정, 인격과 의식도 아직 완전히 틀이 잡히지 않았다. 그러면서도 어린이는 인간의 한 부분이 아니고 불완전한 인간이 아니다. 또 어린이의 심정은 인간정신의 표면과 껍질이 아니다. 어린이는 미숙한 대로 온전한 인간이고 참되고 알찬 인간이다. 어린이는 상당한 정도로 생각하고 말하는 존재가 되었지만 아직 추상적이고 이론적인 추론과 지식, 복잡한 문법구조와 이론체계에는 관심이 없고 받아들이기도 어렵다. 따라서 어린이에게 지식과 이론중심의 교육을 하는 것은 어린이의 몸과 맘, 뇌와 심리를 크게 해치는 것이다. 어린이를 어린이의 눈으로 어린이답게 기르라는 것은 어린이의 몸과 맘의 발달단계에 맞추어 교육하라는 것이다. 어린이로 하여금 어린이답게 숲에서 노래하고 춤추며 뛰놀게 하면 저절로 오감이 발달하고 심리와 감정, 생각과 지성, 얼과 뜻이 깊고 높고 크게 된다.

어린이의 심정과 처지에서 생각하고 느끼고 판단하고 가르쳐라.

어린이는 교육의 대상이 아니라 교육의 주체이고 생의 주체다. 생각하고 느끼고 판단하는 주체다. 주체는 감각과 이성으로는 알 수 없는 것이다. 어린이를 가르치는 교사는 주체로서 어린이가 알 수 없는 존재임을 분명히 알아야 한다. 모름을 지키고 겸허하게 어린이를 보고 이해하고 섬겨야 한다. 나의 생각과 계획과 이론과 틀을 깨트릴 수 있어야 한다. 교사의 생각과 이론과 지식, 감정과 주장을 가르치고 주입하려들지 말고 모름을 지키는 겸허한 자세로 어린이의 삶과 행동, 말과 생각, 느낌과 감정에서 감탄하고 놀라고 배우는 교육이어야 한다. 어린이의 심정과 눈으로 어린이의 처지에서 생각하고 느끼고 판단해야 어린이 교육을 할 수 있다.

그러나 어른이 어린이를 흉내 내고 따라 하는 것은 어린이를 존중하는 게 아니라 업신여기는 것이다. 어른은 어른답고 어린이는 어린이답게 말하고 행동하고 판단해야 한다. 어른이 어른다울 때만 어린이처럼 순수하고 자유롭고 아름다울 수 있다. 어른이 거짓으로 어린이 흉내를 내는 것은 어른과 어린이를 함께 모독하고 조롱하는 것이니 경계할 일이다. 어린이를 어른과 마찬가지로 독실하고 무겁게 대할 줄 알아야 한다. 어린이를 함부로 대하지 말아야 한다. 어린이를 무겁게 존중할 수 있을 때 비로소 어린이의 눈으로 어린이를 볼 수 있다. 어린이의 눈으로 어린이를 본다는 것은 어린이를 인격과 영혼의 중심과 주체로 본다는 것이기 때문이다.

어른이 자기의 편견과 욕심과 집착에서 해방될 때, 하늘의 깊이와 자유에 이를 때 비로소 어린이를 하늘의 주인과 주체로 대하고 섬기고 받들 수 있고 어린이를 어린이로 볼 수 있다. 어른이 어른으로 성숙할 때만 어린이를 어린이로 보고 가르칠 수 있다. 지극히 낮아져서 자기를 비우지 않으면 어린이의 눈으로 어린이를 볼 수 없다. 어린이에 대한 지극한 사랑과 정성이 없으면 어린이의 심정과 처지에서 어린이를 보고 느끼고 생각하고 판단할 수 없다. 어른의 맘에 하늘의 빔과 자유가 없으면 어린이를 어린이의 눈으로 볼 수 없다.

(7) 작은 일에 주목하는 씨ᄋᆞᆯ교육

알차고 실속 있는 사람으로 길러야 한다. 허영, 허세를 부리는 사람. 억지를 쓰는 사람은 인간과 인성의 껍데기에 머무는 사람이다. 껍데기는 크고 화려해 보이지만 실속이 없는 것이고 알맹이 씨ᄋᆞᆯ은 작고 초라해 보이지만 알차고 실속 있는 것이며 무궁한 생명과 고귀한 정신을 지닌 것이다. 껍데기에 집착하는 사람은 물질과 생명과 정신의 껍질만 만지작거리고 인생의 겉만 핥다 가는 사람이다. 생명과 인간의 본성을 꽃 피우고 열매 맺으려면 겉을 뚫고 껍질을 벗겨내고 껍데기를 깨트리고 알맹이로 살아야 한다. 우리말 '참'은 '알이 차오르는 것'(알 참)을 나타내고 '거짓'은 '거죽, 껍질에 매인 것'을 뜻한다. 껍질에 매인 것이 거짓된 삶이고 알차고 실속 있는 것이 참된 삶이다. 착한 사람은 알맹이에 충실한 착실(着實)한 사람이고, 참된 사람은 알맹이를 참되게 드러내고 실현하는 진실(眞實)한 사람이다.

거짓되고 허황된 삶은 껍질에 매여서 껍질을 자랑하고 내세우는 사람이고 참되고 알뜰한 사람은 알차고, 실속 있는 사람이다. 알찬 사람이 되도록 어린이에게 껍질과 알맹이를 분별하면서 사는 법을 가르쳐야 한다. 물질과 생명과 정신에도 물건과 일과 관계에도 껍질이 있고 알맹이가 있다. 껍질과 알맹이를 분별하는 것이 모든 지혜와 삶의 기본이다.

그런데 인성의 껍질과 알맹이는 구별하기가 쉽지 않다. 크게 보면 몸은 맘의 껍데기이고 맘은 얼의 껍데기다. 그러나 몸속에도 알맹이와 껍데기가 있고 맘속에도 알맹이와 껍데기가 있고 정신과 영혼에도 알맹이와 껍데기가 있다. 욕망과 감정, 감각과 생각, 의식과 지성, 영혼과 얼에도 껍데기와 알맹이가 섞여 있고 중층적이고 복합적으로 겹쳐 있다. 인간의 생명진화 과정은 겉에서 속으로, 껍질에서 알맹이로 물질에서 생명과 정신과 영으로 몸에서 맘과 얼로 진화되고 발전되고 고양된 것이다. 물질과 몸, 감각과 욕망, 감정과 의식도 저마다 껍질에서 알맹이로 겉에서 속으로 진화 발전하고 정화 고양하면서 끊임없이 내적으로 깊어지면서 자기초월의 과정을 거쳐 왔다. 따라서 껍질 속에 알맹이가 있고 알맹이 속에 껍질이 있다. 껍질에서 알맹이로 나아가려면 씨올이 껍질을 깨고 싹이 트듯이 껍질을 깨고 벗기고 뚫어서 탈바꿈하는 변화가 있어야 한다. 탈바꿈을 통해서만 껍질에서 알맹이로 나아갈 수 있고 씨알맹이가 자기를 깨트리고 꽃과 열매를 맺을 수 있다. 생명의 껍질인 감각과 느낌에서 아름다운 예술과 거룩한 영감이 꽃 피고 열매를 맺을 수 있다. 식욕과 성욕에서 거룩한 가정과 공동체의 아름다운 사귐이 나올 수 있다.

어린이인성교육은 씨올교육이다. 어린이의 인성이 여물게 하고 인성의 씨올이 싹트게 하라! 어린이는 생명의 작은 씨올이다. 어린이와 관련된 모든 일, 때, 장소, 물건, 감정과 느낌, 대화와 놀이는 모두 씨올이다. 순간순간, 작은 변화와 작은 일들 속에서 작은 기쁨과 감동과 깨달음 속에서 생명과 정신의 위대한 씨올이 싹트고 있음을 알자. 씨올이 작고 단순해 보여도 싹이 트고 가지와 잎이 나고 큰 나무가 되어 아름다운 꽃과 풍성한 열매를 열듯이 물질에도 감각, 느낌, 감정, 생각에도 한없이 깊고 풍성한 세계가 담겨 있다. 오늘날 과학은 물질 속에서 얼마나 놀랍고 오묘하고 풍성한 세계를 펼쳐내는가! 사람의 감각도 느낌도 생각도 모두 깊고 풍성한 생명과 정신의 씨올이다. 미세한 감각과 느낌에서 위대한 시와 예술과 영감을 이끌어낼 수 있다.

생명의 씨알맹이는 작은 씨 속에 있다. 기회는 작은 일, 생각 속에 있다. 작은 일에 충실한 사람이 큰일도 잘 하게 된다. 작은 씨올 속에 무궁한 생명의 신비가 숨어 있다. 껍질에 머물면 생명의 알맹이, 풍부함을 모른다. 인성교육은 눈에 보이지 않는 작은 일, 작은 변화, 미세하고 미묘한 감정과 감동, 작은 생각과 깨달음 속에 위대한 생명과 정신의 씨올이 싹트고 있음을 알고 그 씨올이 싹트게 하는 교육이어야 한다. 작은 일에서 배우고 깨달아야 한다. 작은 일과 작은 변화 속에서 크고 아름다운 것을 발견하는 지혜를 길러야 한다. 아주 작은 변화가 세상을 바꿀 수 있다. 아무리 좋은 말, 크고 아름다운 말을 많이 해도 미세하고 작아 보이는 일들과 과정이 잘못되면 다 잘못된 것이다. 악마는 디테일 속에 있다는 말이 있다. 디테일, 미세하고 작은 부분과 과정이 잘못되면 다 잘못되는 것이다. 미세하고 작은 일이 바로 될 때, 작은 과정과 절차가 성실하고 알차게 진행될 때 교육은 비로소 목적에 이를 수 있다. 작은 생각, 작은 배려, 작은 변화가 큰 변화 큰 성공을 가져온다.

(8) 인성교육은 새 나라를 여는 일이다

우리나라 건국설화는 하늘 열고 홍익인간, 재세이화의 높은 뜻을 건국이념으로 세웠다. 웅녀가 어두운 굴속에서 쑥과 마늘을 먹으며 참고 견딤으로써 짐승의 성질과 버릇을 정화하고 승화시켜서 사람다운 성품과 인격을 닦아냄으로써 왕을 낳았다는 이야기는 수성(獸性, 짐승의 본성)을 닦고 진화 고양시켜서 인성을 실현하고 완성하는 것을 나타낸다. 우리나라의 건국설화 속에 인성을 닦아서 나라를 바로 세우고 세계평화를 이루는 높고 큰 뜻이 담겨 있다. 사람의 몸과 맘에는 파충류와 포유류의 버릇과 습관, 본능과 욕망, 감정과 의식이 살아 있다. 인성교육을 한다는 것은 사람의 몸과 맘속에 남아 있는 짐승의 성질과 버릇을 인성으로 닦고 씻어서 정화하고 고양시키는 것이다. 하늘의 신령하고 자유로운 바람으로 하늘의 높은 뜻과 얼로 인성을 닦고 씻어야 하며 깎고 다듬어서 인성과 인격을 형성해야 한다.

인성교육은 천지인합일을 이루는 일이고 천지인합일은 사람의 인성 속에서 하늘을 여는 일이다. 나라의 주인과 주체인 국민 한 사람의 마음에서 하늘이 열리는 것은 새 나라를 세우는 것이다. 몸과 맘속에 하늘이 열린 사람만이 민주, 평화, 정의를 이룰 수 있다. 새 나라의 주인이 된 사람은 세계정의와 평화를 이루고 세계평화시대를 열 수 있다. 사람의 몸과 맘속에서 하늘도 땅도 사람도 생명의 주체로 만난다. 생명진화는 땅의 물질 속에서 흙 속에서 하늘의 얼 생명으로 나아감으로써 새 하늘과 새 땅을 지어왔다. 생명진화의 끝에 나온 사람 속에서 새 하늘과 새 땅이 열리고 새 나라가 열린다. 어린이 속에서 새 하늘과 새 땅이 열리고 새 나라가 시작된다. 어린이의 몸과 맘에 하늘이 열리고 새 나라가 시작되게 하라. 어린이가 곧 새 나라다. 인성 속에서 하늘이 열리게 하여 사람의 인성과 품성 속에서 천지인 합일이 이루어지게 하여 새 나라 새 역사를 열어야 한다. 어린이의 인성을 닦아서 바로 세우는 것은 나라를 바로 세우는 것이고 세계평화를 이루는 것이다.

(9) 차별을 모르는 하늘과 땅의 맘으로

어버이의 맘으로 가르쳐야 한다. 하늘과 땅은 못나고 힘없고 작은 것들도 버리지 않고 품고 길러준다. 어버이는 못나고 어리숙한 자식일수록 더 보듬고 보살핀다. 잘난 아이는 잘난 대로 못난 아이는 못난 대로 기르고 가르치는 것이 하늘과 땅의 가르침이고 어버이의 가르침이다. 약하고 못난 아이를 사랑으로 돌보고 일으켜 세울 때 하늘과 땅의 깊고 높은 뜻이 드러나고 생명의 주체와 전체가 온전히 실현될 수 있다.

어버이의 맘으로 보면 못나고 힘없고 못된 어린이도 사랑스럽고 특별하고 존엄하다. 모든 어린이는 구체적이고 특별하며 개성을 지닌 존재다. 능력과 기능의 차이가 있고 외모와 성격이 다르지만 모든 어린이는 생명의 주체적 깊이와 자유를 가지고 전체의 하나 됨에 이른 보편적이고 우주적인 존재다. 어린이의 몸과 맘속에서 생명진화와 천지인합일의 거룩하고 위대한 일이 일어나고 있다. 작지만 구체적이고 특별한 존재인 어린이 속에서 생명의 보편성과 전체성을 확인할 수 있다. 따라서 평균적인 어린이 모델을 설정해 놓고 그 모델에 맞추려고 하는 것은 수학(산술)적이고 기계적인 교육이지 생명교육도 인성교육도 아니다. 생명인성교육은 구체적인 어린이의 특별하고 특수한 개성과 삶을 존중하고 그 어린이를 그 어린이로 보고 받들고 섬기는 교육이다.

(10) 흘러넘치는 사랑과 힘으로

생명과 정신의 속의 속에서 흘러넘치는 사랑과 힘으로 어린이를 기르고 가르쳐야 한다. 모든 계산과 조건을 넘어서 흘러넘치는 사랑과 힘이 교사의 심정 속에서 솟아나게 하라. 흘러넘치는 사랑과 힘은 하늘에서만 솟아나는 것이다. 참 교사가 되려면 흘러넘치는 사랑과 힘을 얻기 위해서 하늘을 우러르고 그리워하며 하늘을 향해 솟아오르는 삶을 살아야 한다. 교사의 몸과 맘속에서 하늘과 땅이 하나로 만날 때 속에서 흘러넘치는 사랑과 힘이 솟아날 것이다.

속에서 흘러넘치는 사랑과 힘이 생명과 정신, 인간과 인성의 근본이고 중심이다. 속에서 흘러넘치는 사랑과 힘이 없으면 사람 노릇을 할 수 없고 인성을 실현하고 고양시킬 수 없다. 스스로 흘러넘치는 자발적 헌신과 사랑이 없으면 스스로 사람이 될 수 없고 자신의 인성을 실현할 수 없으며 어린이의 인성을 살리고 키우고 자라게 할 수 없다. 어린이생명교육은 교사와 부모가 사람이 되는 교육이고 자신의 인성을 닦고 실현하고 꽃 피우는 교육이다. 속에서 흘러넘치는 사랑과 힘이 없으면 사람다운 사람이 될 수 없고 인성을 꽃 피우고 실현할 수 없으며 어린이의 인성 속에서 흘러넘치는 사랑과 힘이 솟아나게 할 수 없다.

6

교사와 부모의 마음가짐과 자세:
어린이와 어른이 함께 가는 길

자연생명의 진화에서 정신생명의 진화로

인간 이전에는 자연적인 생명의 진화가 이루어졌다. 생명체의 몸이 자연환경에 적응하고 자연환경을 극복하면서 새롭게 변화되고 진화되었다. 그 진화과정은 몸의 유전자와 뇌신경세포와 체계 속에 실현되고 구현되었다. 어떤 의미에서 이제까지의 생명진화는 유전자의 진화였다. 그러나 사람이 되면서 생명의 진화는 자연생명의 진화에서 정신생명의 진화로 넘어갔다. 자연적 신체적 생명진화의 제약을 넘어서 맘과 얼, 지성과 정신, 생각과 감정과 의식, 말과 글, 학문과 기술, 문화와 문명의 변화와 발전을 통해서 끝없는 빠른 진화의 길로 나아가게 되었다.

인간에게는 몸뿐 아니라 맘과 얼이 더욱 중요하게 되었다. 생명진화와 천지인 합일을 실현하는 인간은 한 개의 자연적인 생명체가 아니라 우주 자연생명세계와 역사의 주인과 주체가 된 것이다. 스스로 하는 주체의 정신을 가지고 스스로 생각하고 책임지고 맡은 사명과 뜻을 이루는 창조적인 사람이 되어야 한다. 기계문명의 창조자로서 기계의 주인으로 살 수 있어야 한다. 그러자면 인간은 생각과 지성, 영성과 신성을 통해서 참된 주체이면서 참된 전체로서 사는 존재가 되어야 한다. 참된 주체이고 참된 전체인 자리는 하늘이다. 하늘에서 인간은 비로소 참된 주체의 깊이와 자유에 이르고 전체가 하나로 되는 얼과 신의 자리에 이른다. 하늘을 우러르며 하늘을 품고 그리워하며 참 나가 되어서 대우주의 자연생명과 더불어 그리고 대우주 자연생명의 주인과 주체로서 창조적이고 책임적인 존재로 살아야 한다.

사람의 몸과 맘에는 파충류와 포유류가 살아 있다. 몸의 본능과 욕망과 감정을 보면 사람도 동물이며 짐승의 본능과 감정을 가지고 있다. 물론 사람의 욕망과 감정은 짐승과 꼭 같은 것이 아니다. 사람의 욕망과 감정은 파충류의 욕망과 감정과 일치하는 부분이 있으면서도 질적인 차이를 가지고 있다. 사람의 얼굴과 파충류의 얼굴(뱀, 악어, 공룡의 얼굴)을 비교하면 사람의 욕망과 감정이 얼마나 깊고 섬세하고 고귀한지 알 수 있다. 사람의 욕망과 감정은 짐승의 욕망과 감정이면서 땅의 물성에서 하늘의 영성에 이르는 다양하고 아름다운 사다리와 무지개를 품고 있다. 사람은 몸의 욕망과 감정을 지니면서도 하늘의 아름다움과 거룩함, 자유로움과 고귀함을 가진 존재다. 욕망과 감정을 존중하면서 욕망과 감정 속에서 생명의 씨올을 싹트게 하고 꽃과 열매를 맺어야 한다.

땅의 물성과 몸의 본능을 지닌 인간과 인성은 이 땅에서 사는 동안 완결된 존재가 될 수 없다. 몸과 물성은 땅에서 분리될 수 없는데 몸과 물성을 지닌 인간이 하늘의 자유와 존엄에 이르려고 하는 것은 어쩌면 불가능한 일이고 결코 완성될 수 없는 일처럼 보인다. 인간은 불가능한 일을 가능하게 해보려고 애쓰는 존재다. 인간의 몸과 맘속에 하늘이 열리지 않으면 인성을 실현하고 완성하는 일은 불가능하고 절망적인 일이다. 그러나 인간의 몸과 맘속에서 하늘이 열리고 내적 비약과 초월이 이루어짐으로써 땅의 물성과 짐승의 수성을 지닌 인간이 하늘을 향해 솟아올라 나아갈 수 있는 길이 열린다. 인성을 실현하고 사람답게 살려면 물질과 물성, 본능과 욕망을 가지면서 그 속에서 내적인 승화와 자기초월을 통해서 하늘을 향해서 솟아올라 나아가는 수밖에 없다. 몸, 맘, 얼로 이루어진 인성을 교육하는 일은 서로 사람이 되고 서로 인성을 실현하고 완성해가는 길 위의 교육이다. 인성교육은 서로 사람이 되는 교육이다. 인성교육의 길을 어른과 어린이가 함께 가는 것이다. 인성교육은 먼저 교사와 부모가 사람이 되고 인성을 실현하는 길로 나아가는 것이다. 교사와 부모가 사람이 되지 못했고 인성이 닦여지지 않았는데 어떻게 어린이를 사람 되는 길로 이끌고 어린이의 인성을 실현할 수 있겠는가? 교사와 부모는 어린이와 함께 인성 실현의 길을 가는 동반자다.

함께 사람 되는 길

어린이인성교육에서 어린이는 문제가 없다. 인성교육은 어린이 자신의 주어진 인성을 자라게 하고 높이는 일이기 때문이다. 자신의 인성을 깨닫고 실현하면 된다. 어린이는 스스로 자라고 스스로 자기를 실현하면 된다. 어른인 교사와 부모가 어린이의 인성을 자라게 하고 키우는 일은 어려운 일이다. 자신의 인성이 아니라 남의 인성을 그것도 어린이의 인성을 키우고 자라게 하는 일이기 때문이다. 인간과 인성은 완성이 없어서 늘 미완과 미결과 미생의 과정에 있다. 스스로 사람이 되지 못하고 인성을 실현하지 못한 사람이 남을 사람 되게 못하고 남의 인성을 실현하게 할 수 없다. 인성교육은 어른이 먼저 사람이 되고 인성을 실현하는 일이다. 인성교육은 교사와 학생이 함께 인성을 자각하고 실현하는 일이다. 어린이인성교육을 위해서는 먼저 교사와 부모가 참된 사람이 되고 인성을 실현하고 완성해야 한다.

그러나 참 사람이 되고 인성을 실현하고 완성하는 일은 완전과 완성이 없기 때문에 어린이와 어른이 어린이인성교육과정에서 함께 서로 참 사람이 되고 인성을 실현하는 길을 가야 한다. 어린이인성교육 과정에서 먼저 어른이 인성을 자각하고 실현하는 일이 일어난다. 어른이 어린이의 인성과 삶에서 자신의 사람됨과 인성을 깨닫고 배우게 된다. 어린이를 만나고 어린이를 가르치는 과정에서 먼저 어른이 참 사람이 되고 인성을 자각하고 실현하게 되어야 한다. 어른은 못된 사람이고 자신의 인성을 자각하지 못하는데 어린이만 참 사람이 되게 하고 인성을 실현하고 꽃 피우게 할 수는 없다. 열등감과 무기력에 빠진 사람이 어린이를 자신감과 활력을 지닌 사람으로 이끌 수 없다. 자기를 미워하고 남에 대한 분노와 불만이 가득한 사람이 어린이에게 자기를 사랑하고 남을 사랑하고 돕는 사람이 되라고 가르칠 수 없다. 내가 먼저 나를 사랑하고 남에게 고마움을 느껴야 어린이에게 자기를 사랑하고 남에게 고마운 맘을 가지고 살라고 가르칠 수 있다.

어린이는 어린이답게 어른은 어른답게

어린이가 스스로 기뻐하고 신명나게 노래하고 춤추는 과정에서 스스로 인성이 자라나고 고양되는 것이며 교사는 어린이를 섬기고 돕는 자세를 가져야 한다. 그러나 어린이가 스스로 하고 스스로 되게 한다고 해서 어른이 어린이가 제멋대로 하게 방임하는 것은 교사의 바른 자세가 아니다. 어린이는 스스로 할 줄 모르는 일이 많다. 어린이는 미숙하고 불안정하며 위태롭기도 하다. 교사는 어린이에게 자유롭고 편안한 분위기와 관계를 만들어 주지만 단아하고 엄정한 몸가짐과 맘가짐, 말과 행동으로 어린이를 주의 깊게 안내하고 이끌어야 한다. 어린이들을 방임하고 방치했다가 사고가 나면 그 책임은 오롯이 교사에게 돌아간다. 어린이 교육에서 교사는 무한책임을 져야 한다. 따라서 어린이를 긍정하고 존중하되 금지사항이나 주의사항은 따뜻하면서 분명하고 확고하게 가르치고 안내해야 한다.

어린이는 연약할 뿐 아니라 사리판단과 분별력이 부족한 존재다.

어린이가 높은 옥상에서 뛰어내리거나 남을 밀어서 떨어트리면 죽는다. 기름에 불을 지르면 화재가 난다. 독극물을 먹으면 죽는다. 칼로 찌르면 큰 상처를 입는다. 중한 병에 걸리면 약을 먹어야 한다. 일상생활과 활동에서 어린이는 주의 깊은 배려와 보살핌을 받아야 한다. 어린이를 사랑하고 존중하지만 위험 속에 방임해서는 안 된다. 어린이도 본능적으로 옳고 그른 것, 좋고 나쁜 것을 느끼고 알 수 있다. 그러나 위험에 대처할 능력이 없는 어린이를 위험한 상태에 방임하는 것은 무책임하다.

어린이를 신뢰하고 긍정하고 존중하지만 해서는 안 될 일, 위험하고 나쁜 일을 분명히 가르치고 이끌어야 한다. 준엄하고 엄숙하게 금지와 자제를 가르쳐라. 분노와 미움의 감정을 가지고 신경질로 하는 교육은 교육이 아니다. 단아하면서 엄정하게 그러나 사랑과 품위를 가지고 이치와 법도에 따라 어린이를 가르치고 이끌어야 한다. 어린이의 감각과 감성, 감정과 심정과 의식을 존중하라! 사람을 살리고 자라게 하려면 해서는 안 되는 일이 있다. 아무리 못나고 부족한 사람이라도 사람을 해치거나 학대하고 무시해서는 안 된다. 사랑으로 잘못과 무지와 게으름을 타이르고 깨워야 한다. 함석헌은 맏아들로서 가정에서 특별한 기대와 사랑을 받으며 자랐다. 아버지와 어머니는 이성적이고 점잔은 분이었다. 함석헌이 영특할 뿐 아니라 매우 잘생겼기 때문에 특별한 기대와 사랑을 받으며 자랐다. 그가 6~7세 무렵 텃밭에서 익어가는 오이 하나를 보아두고 더 익으면 따먹으려고 생각했다. 어느 날 오이를 따먹으려고 가보니 이미 누이동생이 따먹고 말았다. 누이동생은 외모도 떨어지고 머리도 모자라 보여서 부모도 은근히 걱정하는 편이었다. 함석헌은 당연한 특권의식을 가지고 화가 잔뜩 나서 누이동생을 야단쳤다. “내가 먹으려고 보아두었던 오이를 어째서 네 까짓 게 따먹었느냐?!” 옆에서 이것을 본 어머니가 단아하고 존절한 음성으로 함석헌을 나무랐다. “얘야, 그것은 사람이 아니라더냐!” 당연히 자신의 편을 들어줄 줄 알았던 어머니의 꾸중을 듣고 함석헌은 잘못을 깨닫고 가부장적 특권을 내려놓게 되었다고 한다. 늙어서 함석헌은 어린 시절 어머니의 가르침이 자신의 민주정신의 밑돌을 놓았다고 하였다. 부모와 교사의 친절하고 지혜로운 말 한 마디, 좋은 생각과 느낌, 따뜻한 감정, 밝고 환한 얼굴, 표정으로, 사랑과 헌신으로 돕는 손길과 따스한 포옹으로 어린이의 인성을 일깨우고 고양시킬 수 있다.

모름을 지키는 교육

‘모름’은 ‘못 앎’에서 온 말이다. 우리말은 ‘알다, 모르다’로 되어 있는데 영어를 비롯해서 서구어들과 중국어 일본어도 ‘알다, 안 알다’(know/not know)의 형태로 되어 있다. ‘못 앎’과 ‘안 앎’의 차이는 크다. ‘시집 못 갔다’와 ‘시집 안 갔다’에서 드러나듯이 ‘못’은 원하지만 능력이 미치지 못해서 하지 못한 것을 나타내고 ‘안’은 사실의 단순한 부정이나 부정과 저항의 의지를 담고 있다. ‘모름’은 알고 싶지만 능력이 부족해서 알지 못한 것을 나타낸다. 모른다는 말은 알고 싶지만 인식능력이 부족함을 겸허하게 인정하고 고백하는 자세를 담고 있다.

몰라야 배우고 알 수 있다. 모름을 지켜야 호기심이 생기고 탐구하고 배울 수 있다. 안다고 생각하면 배울 수 없다. 모름을 지키는 이만 아는 것과 모르는 것을 구별하고 가르칠 수 있다. 모름을 지켜야 아는 것을 뚜렷이 알고 마땅히 말하고 행할 바를 안다. 앎과 모름이 뒤섞이면 저도 모르는 허튼 말과 행동을 하게 되고 마땅하고 바른 삶을 살 수 없다. 학생도 교사도 부모도 모름을 지켜야 한다. 어린이는 모름을 아는 이다. 어린이는 모름을 알기 때문에 호기심으로 가득하다. 부모와 교사도 모름을 지켜야 한다. 모름을 지키는 어린이인성교육은 어린이의 선악을 단정하지 않고 정죄하고 판단하지 않고 겸허한 심정으로 사랑으로 이끌어주는 교육이다. 편견을 가지고 조급하게 판단하고 화를 내는 것은 인성교육교사의 태도가 아니다.

어린이가 실수하고 잘못을 저지르고 말을 듣지 않고 못되게 굴어도 '싹수가 없다'고 '싹이 노랗다'고 미워하고 화내지 말고 어린이의 과거와 현재와 미래를 다 알 수 없음을 인정하고 고백해야 한다. 어린이의 몸과 맘 깊은데 무슨 일이 일어났는지, 무엇이 있는지 무슨 일이 일어나는지 모른다는 것을 알아야 한다. 어린이가 나중에 어찌 될지 아무도 알 수 없다. 오늘은 이렇지만 내일, 모레는 어떨지 하늘만이 아시는 일이다.

인성교육은 농부처럼 하늘과 생명을 믿고 인내하고 희망하며 사랑으로 정성을 다하는 일이다. 씨앗을 뿌리고 심은 농부처럼 오래 참고 기다려야 한다. 인성교육은 사람 만드는 일이고 사람의 인성을 키우고 자라게 하는 일이다. 인성교육은 사람 농사다. 농부가 자라나는 싹과 줄기를 비난하고 화내는 것은 있을 수 없는 일이다. 인성교육의 교사가 어린이를 비난하고 화내는 일도 있을 수 없는 일이다. 어린이에게 교사가 하는 모든 말과 행위는 씨를 뿌리고 심는 심정과 자세로 믿음과 사랑과 희망을 가지고 오래 참고 기다리는 자세로 해야 한다. 인성교육은 사사로운 일이 아니다. 하늘과 땅과 인간이 함께 하는 우주의 큰일이다. 사랑과 정성을 다 할 뿐 비난하고 화를 내지는 말자. 준비가 부족하고 여건이 잘못된 것을 탓할 수는 있다. 그러나 교육의 환경과 조건도 2차 3차의 일이다. 인성교육은 기본적으로 어린이와 교사, 하늘과 땅이 있으면 된다.

어린이의 인성을 일깨우고 발달시키려면 어린이에 대해서 모르는 게 있음을 알아야 한다. 어린이에 대한 모름을 자각하고 지킬 때만 어린이의 눈으로 어린이를 보고 어린이를 바로 알 수 있다. 그런 사람만이 어린이의 심정과 처지에서 어린이를 생각하고 느끼고 판단하고 결정하고 가르칠 수 있다. 어린이를 가르치는 사람은 어린이를 모르고 있음을 늘 자각하고 의식해야 한다. 그래야 어린이를 알고 존중하고 섬기고 가르칠 수 있다.

공감능력을 길러라

어린이 인성교육은 어린이와 교사가 함께 삶에 대한 공감능력을 기르는 것이다. 인간의 생명 속에는 공감과 돌봄과 배려의 능력과 지혜가 깃들어 있다. 어린이에게 기회와 환경을 마련해주면 그런 능력들이 드러나고 발달하고 자라난다. 캐나다의 교육자 메리 고든

(Mary Gordon)은 1996년부터 '공감의 뿌리(roots of empathy)' 교육 프로그램을 진행했다. 유치원에 갓난아기를 데려와서 원아들과 9개월 동안 교감하면서 그들의 공감능력을 향상시켰다. 예를 들어 갓난아기가 우유를 먹으러 가다가 넘어지면 원아들의 마음이 같이 아파지는 체험을 하게 했다. 원아는 아기가 장난감을 보고 웃을 때 아기 기분이 어떨까 하는 선생님의 질문을 받고 생각하였고, 아기가 불안한 표정을 지으면 원아들도 불안한 마음이 들었다. 이렇게 한 결과 원아들의 공감능력이 향상 되었고 교실은 돌봄의 공동체가 되었다. 메리 고든이 공감의 뿌리 교육을 통해 내린 결론은 "감정을 표현하는 능력, 다른 사람의 입장을 이해하는 능력, 다른 사람의 감정 표현에 공감하는 능력은 인간관계를 맺는 데 기본적인 요소"이며, "이런 능력은 학습할 수 있고 개발할 수 있다"는 것이었다.[89] 공감능력은 어린이와 교사와 아기가 함께 키우고 배울 수 있는 능력이다. 생명의 본성 속에 교감과 공감의 능력이 들어 있다.

고난과 희생을 감수하는 마음

생명진화와 인류의 역사 속에서 온갖 시련과 좌절, 실패와 고통, 좌절과 죽음을 거쳐서 인간과 인성이 형성되었다. 고난과 질병, 시련과 좌절, 절망과 죽음의 골짜기를 건너야 사람이 되고 인성을 실

89) 메리 고든, 문희경 옮김 《공감의 뿌리》 샨티 2010. 262쪽. 이도흠, "한국사회에서 개인적·사회적 분노 치유의 길", 2016 만해축전 학술세미나집 만해축전 추진위원회 발행 2016. 873~4쪽.

현할 수 있다. 씨올은 깨지고 죽음으로써 생명의 진화와 고양을 이룬다. 생명과 역사의 씨올인 사람도 고난과 시련, 절망과 죽음의 길을 통해서만 생명과 정신을 꽃 피우고 열매 맺을 수 있다. 생명의 씨알맹이는 죽어도 죽지 않는다. 죽음을 통해서 아름답고 풍성한 생명을 꽃 피운다. 인생을 제대로 살려면 죽음을 각오하고 살아야 한다. 죽음에 대한 불안과 두려움에 사로잡혀 살면 제대로 힘껏 살지 못한다. 죽음을 각오하고 산다는 것은 죽음에 굴복하는 것이 아니라 죽음을 넘어서 죽음을 이기고 사는 것이다. 죽을 각오를 하면 생명을 온전히 제대로 자유롭게 살 수 있다.

물성과 몸을 지닌 인간은 땅의 밑바닥 지옥의 나락에서 하늘나라의 문을 열어야 한다. 웬만한 고난과 시련은 기쁨으로 넉넉하게 감수하고 의연해야 한다. 고난과 시련은 인생과 역사의 길을 격려하는 음악이다. 고난과 시련을 즐길 수 있는 맘이 요구된다. 씨올이 온갖 시련과 난관을 이기고 싹이 트고 가지와 잎과 꽃을 피우고 열매를 맺는 과정은 마치 춤추고 노래하며 축제를 벌이는 듯 하다. 사람도 인생과 역사의 고난과 시련을 춤과 노래로 이겨내고 축제를 벌이듯 살아야 한다. 아리랑은 고난과 시련, 질병과 상처를 노래와 춤으로 이겨내는 생명의 지혜와 힘을 보여준다. 함석헌은 악이 흉악을 부릴수록 고맙다고 하였다. 고난과 시련, 질병과 환란, 절망과 죽음은 생명의 자각과 사명의 실현에로 이끈다. 고난과 죽음은 참 나에 이르게 하고, 참된 인성의 실현을 위한 계기와 자극이 된다. 기독교에서는 십자가의 고난과 죽음이 죄악을 씻고 부활생명으로 이끈다. 고난과 시련, 절망과 죽음을 통해 참된 삶에 이르는 것이 생명과 역사의 진리다.

생명진화의 사다리를 함께 오르며

인간생명의 본성인 인성은 땅의 물성과 몸, 본능과 욕망, 감정과 의식, 생각과 지성, 영성과 신성을 포함한다. 물성과 몸 속에 본능과 욕망이 들어 있고 본능과 욕망 속에 감정과 의식이 들어 있고 감정과 의식 속에 생각과 지성이 들어 있고 생각과 지성 속에 영성과 신성이 들어 있다. 껍질을 벗기면 속에 알맹이가 들어 있다. 그 알맹이 속에 또 알맹이가 들어 있다. 인성의 모든 단계들과 차원들은 껍질이면서 알맹이다. 껍질과 알맹이가 끝없이 겹치고 속으로 파고들수록 생명과 정신의 차원변화를 일으키면서 새로운 존재의 차원과 세계를 열고 있다.

현대과학은 물성과 몸의 신비와 풍성함을 드러내 보이고 있다. 수리(數理), 물리, 생리, 심리가 모두 신통하고 오묘하다. 자연만물의 아름다움과 깊이가 과학을 통해 드러나고 실현되고 있다. 인간은 마땅히 자연만물의 물질과 몸이 지닌 아름다움과 값을 온전히 드러내고 실현하고 찬미하고 누려야 한다. 그러나 물질과 몸의 아름다움과 값에 머물고 거기 집착해서는 안 된다. 물질과 몸을 넘어서 욕망과 감정의 아름다움과 값을 알고 더 나아가 생각과 의식의 깊이와 아름다움을 알아야 한다. 생각과 지성의 아름다움과 값을 넘어서 영성과 신성의 아름다움과 존엄과 거룩함을 알고 드러내고 찬미하고 실현해야 한다.

그러기 위해서 인간은 자신의 본성과 삶 속에서 몸과 본능을 존중하고 실현하면서 그것을 넘어서 자기초월과 정화를 통해서 보다 높고 새로운 차원의 생명과 정신을 드러내고 실현하고 완성해야 한다. 인성 속으로 파고들어 깊이 들어갈수록 하늘의 자유와 깊이에 이르고 전체의 하나 됨에 이를 수 있다. 인성 속에서 하늘이 열려서 참 나의 자유와 깊이에 이르고 그 자유와 깊이에서 전체의 하나 됨에 이른다. 거기서 사람은 저마다 저답게 자유로우면서 나, 너, 그의 '나'들이 하나로 되는 나라를 세울 수 있을 것이다.

어린이가 하늘의 뜻을 이루는 사람으로 자라게 하는 일은 부모와 교사의 책임과 사명일 뿐 아니라 부모와 교사가 참 사람으로 되는 일이다. 어린이는 어른보다 생명의 근원에 가까운 존재이며 아름답고 깨끗한 사람이다. 어린이 속에 하늘과 땅의 기운이 깃들어 있고 생명의 창조와 진화가 일어나고 있다. 어린이로 하여금 스스로 자라고 스스로 되게 하라! 몸, 맘, 얼을 살리는 어린이교육은 어린이로 하여금 스스로 자라고 스스로 되도록 격려하고 돕는 교육이다. 부모와 교사는 어린이의 나라와 시대로 안내할 수는 있지만 어린이의 나라와 시대로 들어갈 수는 없다. 어른은 어른의 시대를 살고 어린이는 어린이의 시대를 살아야 한다. 어른은 지나가는 시대에 속하고 어린이는 다가오는 시대에 속한다. 그러나 어른은 어린이를 통해 미래의 시대에 참여할 수 있다. 어른인 교사는 어린이와 함께 어린이를 통해서 새 역사, 새 시대를 짓는 큰일을 하고 있다. 교사는 어린이를 축복하고 격려하며 기다리고 기대할 뿐 아니라 새 시대의 주인인 어린이를 위해서 기꺼이 밑거름이 되는 어버이의 맘을 지녀야 한다.